CASINO
MANAGEMENT
제2판 카지노경영론

오수철·서정모·김영표·허광무 공저

백산출판사

머리말

현대의 카지노는 단순한 도박이란 개념에서 벗어나 여가활동의 일환으로 인식의 전환이 이루어짐과 동시에 관광산업의 중심축으로 자리잡아가고 있다. 카지노산업은 여타 산업에 비하여 고용창출효과가 높고, 고부가가치 청정산업으로 인식되면서 환경 및 정보통신산업과 함께 21세기를 주도할 3대 국가 전략산업의 하나로 평가받고 있다.

오늘날 관광수입에 있어 세계 10위권에 드는 미국을 비롯한 선진관광국가들이 카지노산업 육성에 더욱 심혈을 기울이고 있다는 사실은, 카지노가 관광상품으로서의 중요한 위치를 차지하고 있음을 의미한다고 하겠다. 또한 세계 각국은 외화획득을 통해 국제수지를 개선할 뿐만 아니라 지역경제의 회생, 고용창출, 소득증대 및 세수증대 등을 위해 카지노를 고부가가치 서비스산업으로 육성하고 있는 것이 세계적인 추세이기도 하다.

우리나라도 이러한 세계적인 흐름에 따라 종래 「사행행위등 규제 및 처벌특례법」에서 '사행행위영업'의 일환으로 규제해 오던 카지노업을 1994년 8월 13일 「관광진흥법」 개정 때 '관광사업'의 일종으로 전환 규정함으로써 카지노업 발전의 전기를 마련하였다. 이로써 우리나라는 2017년 12월 말 기준으로 총 17개소의 카지노업체를 운영하고 있는데, 세계 주요 30개 카지노운영 국가 중 13위에 위치하고 있다.

이 책은 총 8개 장으로 구성되었는데, 특히 제1장의 우리나라 사행산업의 개요를 상세히 고찰한 것은 우리나라 카지노산업을 이해하는 데 있어서 긴요하다고 생각했기 때문이며, 우리나라 사행산업을 이해한다는 것은 카지노에 관심있는 초보 학생들에게는 많은 도움이 되리라고 믿는 바다. 그러나 많은 노력을 기울였음에도 불구하고 이 책의 내용구성에 있어서 미흡한 점이 한두 가지 아님을 자인하면서, 이러한 미비한 부분은 앞으로 관심있는 독자들의 충고를 받아 수정·보완해 나가겠음을 약속드린다.

그리고 이 책이 완성되기까지에는 여러 저명한 학자들의 저서와 정부간행물 등을 참조하였고 많은 분들의 도움이 있었는데, 특히 관련 자료수집과 편집체제 구성 등에 있어서 조진호(전 백산출판사 전무)님의 도움이 컸음을 밝히고 이 자리를 빌어 감사의 말씀 드린다.

끝으로 본서가 출간될 수 있도록 적극 협조해 주신 백산출판사 진욱상회장님과 더 좋은 교재를 만들기 위해 노력하시는 편집부 여러분에게도 감사의 말씀 드린다.

2018년 1월

오수철 씀

차 례

제**5**장 카지노게임 / 153

제**6**장 카지노 마케팅 / 183

제**7**장   카지노 인사관리 / 209

제 **1** 장

카지노산업의 이해

카지노산업의 이해

제 1 장

제1절 우리나라 사행산업의 개요

1. 사행산업의 정의[1]

1) 어원적 정의

국어사전에서 "사행(射倖)"이란 '요행을 바라는 것'이라고 해석되고 있다. 즉 '우연에 의해 이익을 얻으려는 것'을 말한다. 여기서 사행성(射倖性)이란 능력과 무관하게 우연에 의해서 재물이나 재산상 이익을 취득할 수 있는 성질을 의미한다. 사행성은 인간의 본성으로 간주되기도 하지만, 그것이 건전한 경제활동의 기초가 되는 국민의 근로관념과 공공의 미풍양속 및 경제도덕에 반하는 측면이 있으므로 사행성을 조장하는 행위에 대해서는 국가 차원에서 관리할 필요가 있다.

옥스퍼드 사전에 따르면 "갬블(gamble)"이라는 단어는 '본질적으로 비난의 말로 여겨졌으며, 돈을 걸고 하는 모든 도박행위를 비판하는 사람들이 주로 사용

---

1) 사행산업통합감독위원회, 2016 사행산업백서, pp.33~35.

하는 말'이라고 정의하고 있고, 웹스터 사전에는 "갬블링(gambling)"이란 '돈을 벌기 위한 목적으로 게임을 하는 것' 또는 '불특정하거나 위험을 동반하는 그 무엇'이라고 정의하고 있다.

웹스트 사전에 따르면 게이밍(gaming)은 갬블링과 동의어로 표시된다. 또한 게이밍(gaming)과 갬블링(gambling)의 차이에 대하여, 게이밍은 가끔씩 참여했다가 곧 잊어버리는 기분 전환용 포괄적인 오락활동을 의미하는 데 반해, 갬블링은 참여자에게 열정을 불러일으키는 도박성이 강한 내기 게임을 말한다는 설명도 있다.

2) 행위적 정의

사행행위(射倖行爲)란 여러 사람으로부터 재물이나 재산상의 이익을 모아 우연적(偶然的) 방법으로 득실(得失)을 결정하여 재산상의 이익이나 손실을 주는 행위를 말한다(「사행행위등 규제 및 처벌특례법」 제2조제1항).

법률상 "사행행위영업"이라 함은 다음과 같이 구분되고 정의된다. 첫째, 복표발행업은 특정한 표찰(컴퓨터 프로그램 등 정보처리 능력을 가진 장치에 의한 전자적 형태를 포함한다)을 이용하여 여러 사람으로부터 재물 등을 모아 추첨 등의 방법으로 당첨자에게 재산상의 이익을 주고 다른 참가자에게 손실을 주는 행위를 하는 영업으로 정의된다. 둘째, 현상업은 특정한 설문 또는 예측에 대하여 그 해답을 제시하거나 예측이 적중하면 이익을 준다는 조건으로 응모자로부터 재물 등을 모아 그 정답자나 적중자의 전부 또는 일부에게 재산상의 이익을 주고 다른 참가자에게 손실을 주는 행위를 하는 영업으로 정의된다. 그 밖의 사행행위업은 복표발행업과 현상업 외에 영리를 목적으로 회전판 돌리기·추첨·경품 등 사행심을 유발할 우려가 있는 기구 또는 방법 등에 의한 영업으로서 대통령령이 정하는 영업으로 정의된다.

한편, 「사행행위등 규제 및 처벌특례법」 제2조 제5호와 제6호에서는 투전기와 사행성유기기구의 개념을 정의하면서 이러한 기구를 이용한 사행행위영업을 절대적 허가 금지영업으로 정하고 있다. 여기서 투전기란 동전·지폐 또는 그 대

용품을 넣으면 우연의 결과에 따라 재물 등이 배출되어 이용자에게 재산상 이익이나 손실을 주는 기기를 말한다. 또 사행성 유기기구란 투전기 외에 기계식 구슬치기 기구, 사행성 전자식 유기기구 등 사행심을 유발할 우려가 있는 기계·기구 등을 말한다. 사행성 전자식 유기기구의 대표적인 예가 '바다이야기'이며, 이외에 파친코, 파치슬로[2] 등이 있다.

사행행위는 운동경기나 장기, 바둑 등의 경기에 있어서는 경기를 하는 당사자의 능력이나 기량 등이 승패에 영향을 미친다고 하더라도 조금이라도 우연의 지배를 받는다면 도박이라고 본다는 견해가 일반적이다.

사행산업의 행위적 측면은 사행행위가 자발적이고 즐거움을 추구한다는 점에서 레저의 기능을 가지고 있으나, 베팅으로 인한 보상(reward)을 추구하고 과도하게 몰입할 경우 금전적 손실 가능성 및 도박중독 가능성 등으로 인해 일반 레저산업과는 구별된다.

3) 법적 정의

법적 의미에서의 사행산업(射倖産業)이란 인간의 사행심을 이용하여 이익을 추구하거나 관련된 재화나 서비스를 생산하는 산업, 즉 우연의 결과에 따라 특정인에게 재산상의 이익과 손실을 주는 행위를 하는 산업으로 카지노업, 경마, 경륜, 경정, 복권, 체육진흥투표권 및 소싸움경기 등으로 규정하고 있다(「사행산업통합감독위원회법」 제2조).

이러한 사행산업을 구성하는 카지노, 경마, 경륜, 경정, 복권, 체육진흥투표권 및 소싸움경기 등에 대하여 개별법에서 규정하고 있는 정의는 다음과 같다.

---

2) 파치슬로는 일본의 "풍속영업 등의 규제 및 업무의 적정화 등에 관한 법률"에 의해 규제받는 7호 영업점 즉 파친코 가게 등에 설치되는 슬롯머신으로 정식명칭은 "회동식 유기기기(回胴式 遊技機)"이다.

〈표 1-1〉 사행산업의 정의

명칭	법적 정의
카지노업	■ 카지노업이란 전문 영업장을 갖추고 주사위·트럼프·슬롯머신 등 특정한 기구 등을 이용하여 우연의 결과에 따라 특정인에게 재산상의 이익을 주고 다른 참가자에게 손실을 주는 행위 등을 하는 업을 말한다(관광진흥법 제3조제1항제5호).
경마	■ 경마란 기수가 기승(騎乘)한 말의 경주에 대하여 승마투표권(乘馬投票券)을 발매하고, 승마투표 적중자에게 환급금을 지급하는 행위를 말한다(한국마사회법 제2조제1호).
경륜	■ 경륜이란 자전거 경주에 대한 승자투표권(勝者投票券)을 발매하고 승자투표 적중자(勝者投票的中者)에게 환급금을 내주는 행위를 말한다(경륜·경정법 제2조제1호).
경정	■ 경정이란 모트보트 경주에 대한 승자투표권을 발매하고 승자투표 적중자에게 환급금을 내주는 행위를 말한다(경륜·경정법 제2조제2호).
복권	■ 복권이라 함은 다수인으로부터 금전을 모아 추첨 등의 방법에 의하여 결정된 당첨자에게 당첨금을 지급하기 위하여 발행하는 표권(票券)을 말한다(복권 및 복권기금법 제2조제1호). ■ 복표발행업은 '특정한 표찰(컴퓨터프로그램 등 정보처리능력을 가진 장치에 의한 전자적 형태를 포함한다)을 이용하여 여러 사람으로부터 재물등을 모아 추첨 등의 방법으로 당첨자에게 재산상의 이익을 주고 다른 참가자에게 손실을 주는 행위를 하는 영업'을 말한다(사행행위등 규제 및 처벌특례법 제2조제1항제2호).
체육진흥투표권	■ 체육진흥투표권이란 운동경기 결과를 적중시킨 자에게 환급금을 내주는 표권(票券)으로서 투표 방법과 금액, 그밖에 대통령령으로 정하는 사항이 적혀 있는 것을 말한다(국민체육진흥법 제2조제12호).
소싸움경기	■ 소싸움경기란 소싸움에 대하여 소싸움경기 투표권을 발매(發賣)하고, 소싸움경기 투표 적중자에게 환급금을 지급하는 행위를 말한다(전통소싸움경기에 관한 법률 제2조).

2. 사행산업의 특성3)

1) 본질적 특성

불확실한 상황에서 내기를 거는 것, 즉 도박을 하는 것은 인간 내면에 잠재하고 있는 자극 추구 욕구를 충족시켜 주는 기능을 할 뿐만 아니라, 게임에서 이겼을 경우에 그에 대한 보상이 즉시 이루어진다는 특성으로 인해 도박은 다른 놀이에 비해 태생적으로 중독성을 내포하고 있다.

도박행동은 일상에서 쉽게 할 수 있는 복권구입부터 전문적 도박장인 카지노에서의 게임에 이르기까지 그 범위가 다양하다. 도박은 알게 모르게 생활 주변에서 일어나고 있는 일이지만 그 일이 도박인지, 놀이인지, 여가활동인지에 대해 정확히 인식하지 못하는 경우가 많다.

이와 같이 도박은 게임이면서 놀이인 동시에 물질교환 및 자극추구라는 요인을 포함하고 있어 의존과 남용으로 정의되는 중독의 속성을 지닌다. 사행산업은 동기측면에서 사행성 추구와 레저성 추구를 동시에 내포하고 있으며, 생리적으로 흥분(스릴)을 유발하는 몰입형 산업이다.

사행산업은 기본적으로 여가로서의 유희성뿐만 아니라 도박과 관련된 통념상의 부정적 속성 모두를 내포하고 있다. 사행산업에 있어서 '레저성'이란 '흥미와 체험을 제공', '스릴 등으로 인한 스트레스 해소기능', '승마, 사이클 등 레저활동의 기회 확대' 등의 요건 제시가 가능하다. 또한, 공익목적성이라는 순기능 특성과 사회적 부작용이라는 역기능의 속성도 내포한다.

사행산업의 양면 가치적 속성으로 인해, 법규에 의해 제한적으로 허용되고 있는 합법적 사행산업은 여가적 가치를 잃지 않는 범위 내에서 '순기능은 확대하고 역기능은 최소화'하도록 적정수준으로 관리되고 통제되는 것이 타당하다. 즉 사행산업이 본질적으로 내포하고 있는 제반 위험을 줄이고 레저산업이라는 순기능적인 가치의 제고를 위하여 수요자 및 공급자 모두를 대상으로 하는 국가

---

3) 사행산업통합감독위원회, 2016 사행산업백서 제1부 사행산업개요, pp.36~38.

차원에서의 합리적 규제가 필요하다.[4]

〈표 1-2〉 사행산업의 특징

특징	내용
사행성	적은 돈을 베팅해서 큰돈을 벌 수 있다는 기대심리를 갖도록 하므로 사행성을 가지며, 게임을 하기 위해서 위험을 감수하는 속성을 가짐
자극 추구성	사행산업의 생리적 속성으로 자극 추구로 인한 흥분 유발이 용이
레저성	레저활동, 놀이수단으로서 유희성을 내포
예외적 합법성	법규에 의해 예외적, 제한적으로 허용되므로 합법적 운영이 가능
중독성	통제력을 넘어선 과도한 사행 행위는 도박중독 혹은 병적 도박으로 발전하여 본인 및 가족, 대인 관계, 사회 활동 등에 심각한 악영향을 미침

자료: 사행산업통합감독위원회(2008), 「사행산업 건전발전 종합계획」.

2) 구조적 특성

사행산업은 오락 및 레저 활용 측면보다는 지역경제 활성화, 사회 공헌 등의 목적지향적 산업으로 도입되었다. 이에 따라 공익적 목적 달성을 위해 민간사업자의 참여가 제한된 채 공공부문에 독점적 권한을 부여하여 운영하고 있다.

합법 사행산업은 대부분 국가가 예외적으로 허용하고 주도해 온 산업이기 때문에, 일반산업과는 상이한 구조적 특성을 내포한다. 그 특징으로는 첫째, 사행산업이 정책 전반적으로 국민여가선용과 재정확충을 목적으로 한다는 점이다. 각 산업별로 보면, 카지노업은 폐광지역의 경제를 진흥시키고 외국인 관광객 유치를 목적으로 하고, 경마와 소싸움의 경우에는 마사, 전통소싸움의 진흥 및 축산의 발전이라고 하는 공익적 목적을 지향하기 위해 허용된 사행산업이다. 또한, 경륜과 경정은 청소년의 건전육성·국민체육진흥·지방재정확충이라는 공익적 목적을 위해 시행되고 있으며, 복권은 국민의 복지증진이라고 하는 목적에서, 체육진흥투표권은 국민의 여가체육 육성 및 체육진흥 등에 필요한 재원조성

---

4) 한국레저산업연구소(2003), 「레저백과」

이라는 실제 목적을 가진다. 둘째, 사행산업은 재산상의 이익을 획득하지 못하거나 손실을 입을 가능성이 반드시 존재한다. 셋째, 대부분의 사행산업은 이용자들의 수익에 대한 기대와 사행심을 자극하여 도박중독의 가능성을 높이는 요인으로 작용한다는 특징을 가진다.

일반적으로 사행산업은 그 특성상 국가별 차이는 있지만 일반기업들과는 달리 정부의 허가나 면허 등으로 1차 진입장벽이 존재하며, 그 게임방식에 따라 2차적 영업규제를 받고 있다. 이처럼 사행산업을 국가에서 허용하여 관리하는 이유는 그 위험성에도 불구하고 첫째, 사행산업이 인류와 함께 지속해온 역사적 산물이고 인간의 본성에 사행심이 존재하는 이상 무조건 금지하는 근절정책의 실효성이 없기 때문이며, 둘째, 오히려 지하화·음성화될 경우 그 부작용에 대한 대처가 더 어려워지게 되고, 셋째, 공인된 합법적 사행산업으로부터 거두는 세금 및 기금은 사회적 약자를 위한 복지비용과 재정사업의 재원이 될 수 있기 때문이다. 사행산업의 시장은 합법 시장의 합리적인 관리와 더불어 불법도박 시장에 대한 철저한 규제가 요구되는 영역이며, 또한 일반적인 재화 및 서비스 판매 시장과는 달리 차별화된 정책적 접근이 필요하다.

3. 사행산업의 기능[5]

1) 순기능

합법적인 사행산업은 다양한 측면에서 긍정적 영향을 미치게 되는데, 그 예로는 국가나 지방자치단체에 지급하는 세금과 기금, 기업의 이윤, 관광객 유치로 인한 외화획득, 여가시설 제공 등의 직접적인 효과와 고용창출과 소득창출, 지역사회의 경제활성화 등의 효과가 있다. 또한 우연의 게임으로 일종의 놀이이자 오락이며, 일과 노동, 일상적이고 지루한 생활로부터의 탈출구를 제공해주는 즐

---

5) 사행산업통합감독위원회, 2016 사행산업백서, pp.38~41.

거움이 있다. 사행산업의 긍정적인 기능을 개인적, 사회·문화적, 산업·경제적 측면에서 자세히 살펴보면 다음과 같다.

(1) 개인적 측면

개인적 측면에서 사행산업은 사행욕구의 합법적 충족을 통해 사회적 욕구 분출의 완충지대 역할을 수행한다. 비록 현재까지 국내 사행산업이 레저로서의 기능은 미약하나, 경주 관람 및 베팅을 통한 여가·오락 활동의 기회를 제공하고 있으며, 적절한 수준으로 통제할 경우 사회활동을 위한 심신의 충전(recreation) 기능을 한다.

(2) 사회·문화적 측면

사회·문화적인 관점에서 사행산업은 국민의 사행욕구를 충족시키고 여가(레저)공간 활용의 기회 등을 제공한다. 인간의 기본적 욕구인 공격성과 경쟁성을 제도화된 스포츠 활동 등을 통해 효과적으로 해소해 주는 역할을 담당하는 것과 같이, 인간의 기본적 욕구라 할 수 있는 사행욕구 또한 사행산업이 효과적으로 충족해주고 있다.

사행심도 인간의 내면에 존재하는 욕구 중 하나이기 때문에 무조건 억제하기보다 사회의 틀을 허물지 않는 범위 내에서 허용하는 것이 불가피하므로 사행산업을 통해 음성적인 사행욕구를 양성화하는 것이 오히려 사회 전체를 위해 바람직하다는 측면에서 이해할 수 있다. 이는 미국이나 일본 등 선진국가에 자동차경주, 경마, 경륜, 경견, 카지노, 파친코, 각종 복권 등 인간의 사행욕구를 순기능적으로 소화해주는 시설과 프로그램이 다수 있다는 점에서도 알 수 있다.

또한 사행산업은 여가(레저)공간 활용의 기회를 제공한다. 여가활동은 여가시간이 급속히 증가하고 사회의 주요 가치가 일 중심에서 여가 중심으로 변화된 오늘날 인간의 행복한 삶의 가장 중요한 척도로 자리매김하였다. 여가가 삶의 중요한 가치로 대두되면서 여가활동에 대한 욕구가 다양해졌으며, 여가산업 또한 급격한 성장을 보이고 있다. 사행성 산업이라는 이유로 무조건 배척하기보다는 건전 레저로서 정착 발전할 수 있도록 다양한 노력을 기울이는 것이 바람직할 것이다.

(3) 산업 · 경제적 측면

사행산업은 공공재정 확충, 세수증대효과, 고용창출효과, 외화획득 등 산업 · 경제적 측면에서 긍정적 기능을 하고 있다. 사행산업에서 발생하는 수익은 관광산업 및 체육진흥, 청소년 건전육성, 지방재정확충을 위한 재원마련, 중소기업진흥 및 산업기반기금 조성, 농어촌 현대화, 교육 및 기타 공익사업, 각종 기금지원 등 특정 목적의 공공자본을 형성할 수 있으며, 이러한 공공자본은 지방자치단체를 활성화시키고 각종 공익사업을 지원함으로써 국가 발전의 숨은 원동력이 될 수 있게 한다.

그리고 사양산업, 재정자립도가 낮은 지방정부, 취약계층 등에 대한 지원을 통해 경제 양극화 해소에 큰 도움을 준다. 강원랜드의 경우 국세와 지방세는 물론 관광진흥개발기금과 폐광지역개발기금 등의 공공재정 조성에 기여하고 있으며, 경륜에서는 레저세, 교육세, 농어촌특별세 및 국민체육진흥기금, 청소년육성기금, 문화예술진흥기금 등을 납부하고 있으며, 경마는 레저세, 농어촌특별세 및 축산발전기금, 공익기부금 등을 납부하고 있다. 사행산업은 노동집약적인 산업으로 직간접적인 숙련자와 미숙련자의 고용을 창출하는 효과도 있다.

2) 역기능

사행산업은 단기적으로 고용창출, 세수확대 등 긍정적 효과가 있으나, 중장기적으로는 생산적 산업 위축, 사회적 비용 확대 등의 부정적 효과도 존재한다.

건전하지 않은 도박으로서의 사행산업 참여는 참여자 자신뿐만 아니라 배우자, 가족, 친구 그리고 사회와 문화에도 부정적인 영향을 끼친다. 이러한 부정적인 영향은 참여자의 우울증, 직장에서의 생산성 저하, 범죄의 증가, 가족에 대한 피해 등으로 발전할 수도 있다. 사행은 강박적 충동에 의한 참여를 고무시키며,

그럼으로써 중독자를 양산해 내고 경제적 여유가 없는 사람들을 끌어들이는 결과를 초래한다.

또한 사행은 노동에 대한 윤리를 무너뜨리며 절약이나 근면과 같은 가치에 비하여 운이나 우연에 의한 이익을 가치 있게 생각하도록 참여자들을 유인하고, 범죄행동들과의 연결이 쉽다. 앞서 말한 사행산업의 부작용을 개인적, 사회·문화적, 산업·경제적 측면에서 자세히 살펴보면 다음과 같다.

(1) 개인적 측면

도박의 개인적 피해로 지적될 수 있는 것으로는 도박으로 인한 가정파괴, 재정적 부담가중, 건강 악화 등이 있다. 도박의 폐해에 관한 조사에서는 도박 중독자들이 가족문제, 건강문제, 경제적 손실, 직장문제, 학업문제, 생활문제, 대인관계 문제 등을 다양하게 겪고 있는 것으로 나타났으며, 합법도박과 불법도박을 막론하고 경제적 손실 문제가 가장 큰 비중을 차지하는 것으로 나타났다.

또한 가족문제 중에서는 가족 간 다툼, 가정폭력, 별거 및 이혼, 대화의 단절 등을 겪는 것으로 조사되었고, 건강문제로는 수면장애, 불안과 우울, 의욕상실, 음주 및 흡연과다 등이 많은 비율로 나타났고, 직장문제로는 업무능력의 저하, 10~20대의 경우 학업능력의 저하와 학업시간의 감소 등 학업문제가 두드러지게 나타났다.[6]

(2) 사회·문화적 측면

도박으로 인한 범죄의 증가문제도 심각한 것으로 드러났다. 도박이 범죄의 주원인이 된다고 단정하기는 어려우나 도박 중독자가 도박자금을 마련하거나 도박 빚을 갚기 위해서 서류조작, 위조, 절도, 사기, 재산의 부정적인 처분과 같은 범죄 행위를 고려하거나 저지를 가능성이 있다. 미국 내 연구에 의하면 도박 중독자 확산에 따라 가정 파괴·자살, 도박 자금 마련을 위한 절도, 강도 등 사회 범죄가 증가하는 것으로 조사되었다. 예로, 병리적 도박과 범죄행위 사이에 존

---

6) 사행산업통합감독위원회(2016), "제3차 불법도박 실태조사", 171면 이하.

재하는 인과관계에 대하여, 미국 도박영향 평가 위원회(National Gambling Impact Study Commission: NGISC)의 최종보고서(1999)는 도박을 한 적이 없는 사람은 7%만 투옥되었으나, 지난 생애동안 병리적 도박자인 적이 있었던 사람의 경우 약 3배 이상(21.4%) 투옥을 경험한 바 있다고 보고했다.

과도한 도박은 합법적 사행산업의 레저문화로서의 순기능을 저해한다. 또한 사회의 건전한 경제활동의 기초가 되는 국민의 근로관념과 공공의 경제도덕에 반하는 측면이 있다. 그 외에 도박의 사회·문화적 폐해로 도박중독 문제, 범죄의 증가, 지하경제 비중 증가 등을 들 수 있다.

사행산업의 부작용 중 대표적인 것은 도박 중독자의 발생이다. 도박중독은 여러 가지 부작용에도 불구하고 도박을 하고자 하는 충동을 자제하지 못하여 개인, 가족, 그리고 직업에 심각한 손상을 받는 상태(미국 정신의학협회, 1994)로서, 도박중독은 개인적 문제뿐만 아니라 사회적 문제 등 다양하고 심각한 문제를 초래한다.

(3) 산업·경제적 측면

도박은 주변산업의 고용감소와 성장잠재력 약화, 사회적 비용 증가 등의 부작용을 초래한다. 그리고 사행산업의 합법화와 활성화는 이에 따르는 부작용을 방지하기 위한 사회적 비용의 증가를 초래한다. 도박으로 인한 부작용을 막기 위한 도박중독자 치료비용, 사행산업사업자 관리·감독 비용, 범죄예방 시스템 구축비용, 증가한 범죄자에 대한 교정비용 등이 이에 해당된다.

우리나라의 경우 도박으로 인한 사회적 비용은 78조원에 이르며 도박중독자 1인당 사회적 비용은 약 2,631만원으로 조사된 바 있다(사행산업통합감독위원회, 도박문제의 사회·경제적 비용추계 연구, 2010). 또한 인구는 정체되어 있으나 도박중독으로 인한 비용은 지속적으로 증가하고 있으므로 도박문제가 야기하는 사회적 비용은 계속해서 늘어날 것으로 예상된다.

〈표 1-3〉 사행산업의 부작용

구분	내용
개인	스트레스, 우울증, 분노, 건강 악화, 자살 등
대인관계	가족의 무시, 타인에 대한 부정적인 영향, 대인관계 단절 등
재정	재정적 어려움, 부채, 자산 손실, 파산 등
직업	실직, 장기 결근, 성과 저하 등
법률	절도, 경제범죄 등
사회	공공재정에 대한 부담요인, 자선활동에 대한 부담요인 등

자료: 사행산업통합감독위원회(2008), 「사행산업 건전발전 종합계획」.

4. 우리나라 사행산업 현황[7]

1) 사행산업 총괄 현황

우리나라 사행산업은 카지노(내국인출입 카지노, 외국인전용 카지노), 경마, 경륜, 경정, 복권, 체육진흥투표권, 소싸움경기 등 총 7개 업종이 허용되고 있다. 업종별 시설은 강원랜드 1개소, 외국인전용 카지노 16개소, 경마 3개소, 경륜 3개소, 경정 1개소, 소싸움경기 1개소 등이 있으며, 복권 12종, 체육진흥투표권 23종이 판매되고 있다.

국내 사행산업의 2016년 총매출액은 전년대비 7.2% 증가한 21조 9,777억원으로 집계되었다. 업종별 총매출액은 경마 7조 7,459억원, 복권 3조 8,855억원, 체육진흥투표권 4조 4,414억원, 경륜 2조 2,818억원, 강원랜드 1조 6,277억원, 외국인전용 카지노 1조 2,757억원, 경정 6,898억원, 소싸움경기 299억원 순으로 집계되었다.

국내 사행산업의 2016년 순매출액은 9조 3,357억원으로 전년대비 5.9% 증가하였다. 업종별 순매출액은 경마 2조 795억원, 복권 1조 9,082억원, 강원랜드 1조

---

7) 사행산업통합감독위원회, 2016 사행산업백서, pp.15~71 참조.

6,277억원, 체육진흥투표권 1조 6,050억원, 외국인전용 카지노 1조 2,757억원, 경륜 6,386억원, 경정 1,926억원, 소싸움경기 84억원 순으로 집계되었다.

국내 사행산업 업종별 이용객 수는 경마 1,316만 8천 명, 경륜 552만 명, 강원랜드 316만 9천 명, 외국인 전용 카지노 236만 3천 명, 경정 212만 6천 명, 소싸움경기 71만 7천 명 순으로 나타났다. 복권은 총 38억 6,167만 3천 건, 체육진흥투표권은 총 3억 4,658만 1천 건이 판매되었다.

2016년도 국내 사행산업에서 납부한 조세는 국세 8,520억원, 지방세 1조 5,609억원 등 총 2조 4,129억원으로 전년 대비 0.08% 감소하였다. 업종별로는 경마 1조 5,183억원, 경륜 3,791억원, 강원랜드 3,040억원, 경정 1,142억원, 외국인 전용 카지노 943억원, 소싸움경기 29억원 순으로 나타났다.

국내 사행산업에서 발생한 기금 등의 납부액은 2016년 총 3조 6,625억원으로 전년 대비 6.5% 증가하였다. 업종별로는 복권 1조 6,672억원, 체육진흥투표권 1조 2,757억원, 강원랜드 3,287억원, 경마 1,752억원, 외국인전용 카지노 1,201억원, 경륜 789억원, 경정 167억원 순으로 집계되었다.

2) 카지노

(1) 내국인 카지노((주)강원랜드)

가) 설립배경 및 연혁

(주)강원랜드(이하 "강원랜드"로 칭함)는 석탄산업의 사양화로 폐광지역 경제기반이 붕괴됨에 따라 관광산업을 대체산업으로 하여 폐광지역의 경제활성화를 위한 목적으로 「폐광지역개발지원에 관한 특별법」에 따른 개발사업 시행자로서 1998년 6월 29일 설립되었다.

강원랜드는 설립 이후 2000년 10월 28일 스몰카지노를 개장하였고, 2003년 3월 28일에는 메인 카지노를 개장하여 현재에 이르고 있다. 리조트 개발사업을 지속적으로 추진하여 스키장, 골프장, 관광호텔 등의 시설을 갖추는 한편, 지역연계사업을 추진하기 위하여 2009년 (주)하이원엔터테인먼트와 (주)하이원 모터리조트를 설립하였다.

강원랜드는 한국광해관리공단, 강원도개발공사 그리고 인근 4개 시·군과 강원도가 참여한 공공부문과 민간부문 등에서 총 1,070억원을 출자하였으며, 지분 구조는 공공부문 51%, 민간부문 44%, 자사주 5%로 구성되어 있다. 이 중 한국광해관리공단이 전체 지분의 36%를 보유하여 대주주의 위치를 확보하고 있다.

〈표 1-4〉 강원랜드 주주 현황

(단위:백만원)

구분	공공부문								민간부문	자사주	합계
	한국광해관리공단	강원도개발공사	정선군	태백시	삼척시	영월군	강원도	소계			
출자액	38,794	6,273	5,243	1,337	1,337	1,070	515	54,570	46,799	5,601	106,970
지분율	36.27	5.86	4.90	1.25	1.25	1.00	0.48	51.01	43.75	5.24	100

자료: 사행산업통합감독위원회(2017), 「2016년 사행산업 관련 통계」

〈표 1-5〉 강원랜드 연혁

연월	내용
1995. 12.	• '폐광지역개발지원에관한특별법' 제정 공포
1996. 8.	• '폐광지역 진흥지구' 지정 고시
1997. 2.	• '탄광지역개발 촉진지구 개발계획' 지정 고시
1998. 6. 29.	• (주)강원랜드 설립(자본금 486억원)
2000. 10. 28.	• 스몰카지노 호텔 개장 (테이블 30대, 슬롯머신 480대, 객실 199실 규모의 특2급 호텔)
2001. 10. 25.	• 코스닥 협회 등록, 코스닥 상장
2002. 6.	• 강원랜드 스키팀 창단
2003. 3. 28.	• 메인카지노 개장 (테이블 100대, 슬롯머신 960대) • 본점 소재지 변경 (강원도 정선군 사북읍 사북리 424)
2003. 4.	• 강원랜드 테마파크 오픈
2003. 9. 4.	• 한국증권거래소 상장
2004. 2.	• 테이블 32대 증설허가 취득(문화체육관광부)
2004. 7.	• '도박중독센터' 서울상담소 개소

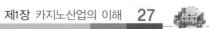

연월	내용
2004. 9.	• 강원랜드 아이스하키팀 창단
2005. 3. 2.	• '폐광지역개발 지원에 관한 특별법' 개정안 통과 (특별법 적용 시한 2015.12.31.로 10년 연장)
2005. 7. 19.	• 골프장(HIGH 1 CC) 개장 (퍼블릭, 18홀, Par 72)
2006. 6.	• 최대주주 변경(석탄산업합리화사업단→광해방지사업단)
2006. 11.	• 강원랜드 비전 선포 '문화관광산업의 대한민국 대표브랜드'
2006. 12. 8.	• HIGH 1 스키장, 콘도 개장(스키장 슬로프 18면, 콘도 403실)
2009. 1.	• '하이원엔터테인먼트 주식회사' 설립
2009. 10.	• '주식회사 하이원모터리조트' 설립
2010. 2.	• 2012 Vision 수립 선포
2010. 7. 1.	• 한국도박중독예방치유센터 명칭 변경 → KLACC(강원랜드중독관리센터)
2010. 11.	• '지속가능경영종합대상' 수상(기획재정부장관상)
2010. 12. 17.	• 증축콘도 개장(500실)
2011. 9. 1.	• 컨벤션호텔 개장(250실)
2011. 12.	• "폐광지역개발 지원에 관한 특별법" 개정('25. 12. 31.까지 시효연장)
2012. 5.	• 국제스키연맹(FIS) 총회 개최
2013. 4.	• 하이원베이커리 개장
2013. 6.	• 카지노 환경개선사업(테이블 68대, 머신 400대 증설)
2013. 9.	• 강원랜드 다우존스 지속가능 경영지수(DJSI) 월드지수 편입
2013. 12.	• 국제표준 에너지경영시스템 ISO50001 획득(국내 리조트 업계 최초)
2014. 2.	• '친환경 그린 리조트' 선정(환경부)
2014. 7.	• 사회공헌 기업 대상 수상(지역사회발전부문 4년 연속 수상) • 안전보건활동 우수사례 고용노동부장관 대상 수상
2014. 10.	• '다우존스 지속가능 경영지수 DJSI월드' 2년 연속 편입
2015. 10.	• 2015년 한국나눔대상 '보건복지부장관상' 수상 • '다우존스 지속가능 경영지수 DJSI월드' 3년 연속 편입

나) 시설 현황

강원랜드는 강원도 정선군 사북읍 사북리 및 고한읍 고한리 일원에 총 5,324,432㎡ 규모의 카지노 리조트를 조성하였다. 주요 시설물로는 강원랜드 호텔·카지노, 하이원 호텔·골프장, 하이원 스키장 및 콘도 등이다.

강원랜드의 카지노시설은 강원랜드 호텔 내 12,792.95㎡ 공간에 테이블게임 200대와 머신게임 1,360대로 구성되어 있다. 테이블게임 기구는 바카라 88대, 블랙잭 70대, 룰렛 14대, 다이사이 7대, 포커 16대, 빅휠 2대, 카지노워 3대 등이며, 머신게임 기구로는 슬롯머신 296대, 비디오게임 1,064대 등을 보유하고 있다.

〈표 1-6〉 강원랜드 게임구성 현황

(단위:대)

구분	테이블 게임								머신 게임		계
	블랙잭	룰렛	바카라	빅휠	다이사이	포커	카지노워	소계	슬롯머신	비디오게임	
대수	70	14	88	2	7	16	3	200	296	1,064	9종, 1,560대

자료: 사행산업통합감독위원회(2017), 「2016년 사행산업 관련 통계」

〈표 1-3〉 강원랜드 영업시설 현황

(단위:㎡)

구분	소재지	토지	건물
강원랜드 호텔&카지노	강원도 정선군 사북읍 사북리 424	274,388	• 연면적 　- 강원랜드호텔: 72,040 　- 컨벤션호텔: 46,699 　- 카지노: 12,792.95(허가면적) 　- (구)테마파크(사무실 포함): 10,390 　- 주차장(페스타프라자 포함): 74,728 　- 운암정 부대시설: 5,062
하이원 호텔&골프장	강원도 정선군 고한읍 고한리 산1-139	53,954	• 연면적 　- 호텔: 19,296 　- 컨퍼런스홀/곤돌라스테이션: 4,952 　- 옥외시설: 350 • 골프장 면적: 1,080,000 • 기타: 18홀, Par 72, 코스연장 6,583m
하이원 스키장&콘도	강원도 정선군 고한읍 고한리 산1-17	4,996,090	• 콘도 연면적: 195,156 • 기타: 18면, 슬로프면적 947,000, 　슬로프총연장 21㎞, 표고차 680m
합계		5,324,432	-

자료: 사행산업통합감독위원회(2017), 「2016년 사행산업 관련 통계」

다) 운영 현황

2016년의 강원랜드 순매출액은 1조 6,277억원으로 전년 대비 4.3% 증가하였다. 2010년까지 지속적인 증가 추세를 보인 이후 2011년 소폭 감소하였다가 2012년부터 다시 증가하였다. 2016년 강원랜드 1일 평균 매출은 4,447백만원으로 전년 대비 4.0% 증가하였고, 지속적인 증가 추세를 나타내고 있다.

2016년 강원랜드 카지노 입장객은 316만 9천 명으로 전년 대비 1.1% 증가하였다. 입장객은 2006년과 2011년 일시적 감소가 있었으나 전반적으로는 증가 추세를 나타내고 있다. 2016년의 일평균 입장객은 8,658명으로 전년 대비 0.8% 증가하였다.

라) 공공재정 기여 현황

2016년 강원랜드는 조세 및 기금으로 총 6,327억원을 납부하였다. 강원랜드가 납부한 국세 및 지방세는 3,040억원이며, 카지노 운영에 따라 납부하여야 하는 관광진흥개발기금 1,622억원, 폐광지역개발기금 1,665억원 등 총 3,287억원의 기금을 납부하였다.

(2) 외국인전용 카지노

가) 설립배경 및 연혁

외국인전용 카지노는 1960년대 외래관광객의 유치와 관광 외화수입 확대 등을 위하여 국내에 도입되었는데, 1961년 11월에 「복표발행현상기타사행행위단속법」이 제정됨으로써 카지노 설립의 법적 근거가 마련되었다. 이와 같은 법적 근거에 따라 외래관광객 유치를 위한 관광산업정책의 일환으로 카지노의 도입이 결정되어 1967년 인천 올림포스호텔 카지노가 최초로 개장되었다. 1991년 3월에는 동법이 「사행행위등 규제 및 처벌특례법」으로 개정됨에 따라 계속적으로 사행행위영업의 일환으로 규정되어 오던 카지노를 1994년 8월 3일 「관광진흥법」을 개정할 때 관광사업의 일종으로 규정하여, 문화체육관광부장관이 허가권과 지도·감독권을 갖게 되었다. 다만, 제주도에는 2006년 7월부터 「제주특별자치도 설치 및 국제자유도시 조성을 위한 특별법」이 제정·시행됨에 따라 제주특별자치도에서 외국인전용 카지노업을 경영하려는 자는 제주도지사의 허가를 받도록 하였다.

〈표 1-8〉 외국인전용 카지노 사업체 현황

	업체명 (법인명)	최초 허가일	영업 장소	허가증 면적(㎡)	운영형태 (등급)
서울	파라다이스카지노 워커힐 【(주)파라다이스】	'68. 3. 5.	워커힐호텔	2,569.65	임대 (특1)
	세븐럭카지노 서울강남코엑스점 【그랜드코리아레저(주)】	'05. 1.28.	코엑스 컨벤션별관	2,110.35	임대 (컨벤션)
	세븐럭카지노 서울강북힐튼점 【그랜드코리아레저(주)】	'05. 1.28.	밀레니엄 서울힐튼호텔	1,728.42	임대 (특1)
부산	세븐럭카지노 부산롯데점 【그랜드코리아레저(주)】	'05. 1.28.	롯데호텔부산	1,583.73	임대 (특1)
	파라다이스카지노 부산지점 【(주)파라다이스】	'78.10.29.	파라다이스 호텔	1,451.36	임대 (특1)
인천	파라다이스카지노 【(주)파라다이스세가사미】	'67. 8.10.	파라다이스시티	8,726.80	직영 (특1)
강원 평창	알펜시아카지노 【(주)지바스】	'80.12. 9.	알펜시아 리조트	518.23	임대 (특1)
대구	인터불고대구카지노 【(주)골든크라운】	'79. 4.11.	인터불고호텔	1,504.56	임대 (특1)
제주	GONGZI카지노 【길상창휘(유)】	'75.10.15.	라마다프라자 제주호텔	2,328.47	임대 (특1)
	파라다이스카지노 제주지점 【(주)파라다이스】	'90. 9. 1.	메종글래드제주	2,756.76	임대 (특1)
	마제스타카지노 【(주)마제스타】	'91. 7.31.	제주신라호텔	2,886.89	임대 (특1)
	로얄팔레스카지노 【(주)건하】	'90.11. 6.	오리엔탈호텔	1,353.18	임대 (특1)
	파라다이스카지노 제주롯데 【(주)두성】	'85. 4.11.	롯데호텔제주	1,205.41	임대 (특1)
	제주썬카지노 【(주)지앤엘】	'90. 9. 1.	제주썬호텔	2,802.09	직영 (특1)
	랜딩카지노 【람정엔터테인먼트코리아(주)】	'90. 9. 1.	하얏트리젠시 제주호텔	803.30	임대 (특1)
	메가럭카지노 【(주)메가럭】	'95.12.28.	제주칼호텔	1,528.58	임대 (특1)
16개 업체(외국인 대상)				35,857.78	직영: 2 임대: 14

자료: 사행산업통합감독위원회(2017), 「2016년 사행산업 관련 통계」

이에 따라 제주특별자치도 지역에서 카지노업을 하고자 하는 외국인 투자자는 투자하고자 하는 투자금액이 미합중국화폐 5억달러 이상으로서 투자계획서에 호텔업을 포함하여 「관광진흥법」 제3조에 따른 관광사업을 3종류 이상 경영하는 내용이 포함되어 있는 경우에는 외국인전용 카지노 신규허가가 가능하도록 하였다.

나) 시설 현황

외국인전용 카지노는 1967년 인천 올림포스호텔 카지노 개설을 시작으로 2005년 한국관광공사에 신규 허가 3개소를 포함하여 2016년 12월 말 기준으로 전국에 16개소가 운영 중에 있으며, 지역별로는 서울 3개소, 부산 2개소, 인천 1개소, 강원 1개소, 대구 1개소, 제주 8개소이다.

2016년 외국인전용 카지노 종사원 수 및 게임시설 현황은 〈표 1-9〉와 같다.

〈표 1-9〉 외국인 전용 카지노 종사원 수 및 게임시설 현황

(단위:대)

지역	업체명	종사원수	테이블 게임							머신 게임		총대수
			블랙잭	룰렛	바카라	빅휠	다이사이	포커	카지노워	슬롯머신	비디오게임	
서울	(주)파라다이스 파라다이스카지노 워커힐	811	12	9	69	-	2	15	-	6	129	7종, 242대
	그랜드코리아레저(주) 세븐럭카지노(서울강남코엑스점)	816	9	3	63	-	1	6	-	8	112	7종, 202대
	그랜드코리아레저(주) 세븐럭카지노(서울강북힐튼점)	507	7	4	34	-	2	3	1	24	128	8종, 203대
부산	그랜드코리아레저(주) 세븐럭카지노(부산롯데점)	330	8	4	30	-	1	2	-	5	111	7종, 161대
	(주)파라다이스 파라다이스카지노 부산지점	415	3	3	32	-	1	1	-	1	46	7종, 87대
인천	(주)파라다이스세가사미 파라다이스카지노	662	18	12	107	2	5	14	-	19	272	8종, 449대
강원 평창	(주)지바스 알펜시아카지노	8	3	1	9	1		1				6종, 16대
대구	(주)골든크라운 인터불고대구카지노	180	5	4	24	-	1	9	-	9	41	7종, 93대

지역	업체명	종사원수	테이블 게임							머신 게임		총대수
			블랙잭	룰렛	바카라	빅휠	다이사이	포커	카지노워	슬롯머신	비디오게임	
제주	길상창휘(유) GONGZI카지노	256	3	2	30	-	1	2	-	-	24	6종, 62대
	(주)파라다이스 파라다이스카지노 제주지점	263	3	1	29	-	1	5	-	-	44	6종, 83대
	(주)마제스타 마제스타카지노	205	3	1	53	-	1	2	-	-	40	6종, 100대
	(주)건하 로얄팔레스카지노	167	4	1	34	-	1		-	-		4종, 40대
	(주)두성 파라다이스카지노 제주롯데	166	2	1	23	-	1		-	-	30	5종, 57대
	(주)지앤엘 제주썬카지노	128	4	3	52	-	1		-	-	51	5종, 111대
	람정엔터테인먼트코리아(주) 랜딩카지노	258	1	1	23	-	1	3	-	-	15	6종, 44대
	(주)메가럭 메가럭카지노	157	2	1	25	-	1		-	-	24	5종, 53대
계		5,329	87	51	637	3	22	63	1	72	1,067	9종, 2,003대

자료: 사행산업통합감독위원회(2017), 「2016년 사행산업 관련 통계」

다) 운영 현황

2016년 외국인전용 카지노 이용객은 236만 2544명으로 전년 대비 10.7% 감소하였다. 업체별 이용객 수는 세븐럭카지노(서울힐튼점) 76만 3천명, 세븐럭카지노(서울강남점) 52만 4천명, 워커힐카지노 37만 9천명, 세븐럭카지노(부산롯데점) 23만 1천명, 파라다이스그랜드카지노 11만 5천명, 파라다이스카지노부산 9만 3천명, 인터불고대구카지노 9만명, 더호텔엘베가스카지노 6만명 등 순으로 나타났다.

2016년 외국인전용 카지노 매출액은 1조 2,757억원으로 전년 대비 2.5% 증가하였으며, 2014년까지 증가 추세를 보이다가 2015년부터 감소세에 접어들었다.

라) 공공재정 기여현황

2016년 외국인전용 카지노에서 납부한 조세액은 943억원으로 전년 대비 93.0% 감소하였다. 외국인전용 카지노는「관광진흥법」제30조에 따라 관광진흥 개발기금을 납부하고 있는데, 2016년의 경우 전년 대비 3.0% 증가한 1,201억원을 해당 기금으로 납부하였다.

〈표 1-10〉 외국인전용 카지노 조세기금 현황

(단위:억원)

구분	2007년	2008년	2009년	2010년	2011년	2012년	2013년	2014년	2015년	2016년
조세	112	352	494	573	951	1,023	1,264	1,644	1,820	943
기금	552	689	855	935	1,051	1,172	1,286	1,297	1,165	1,201

자료: 사행산업통합감독위원회(2017), 「2016년 사행산업 관련 통계」

3) 경마

(1) 설립배경 및 연혁

「한국마사회법」은 한국마사회의 조직·운영과 경마(競馬)에 관한 사항을 정하고 있으며, 경마는 마사(馬事)의 진흥 및 축산의 발전에 이바지하고, 국민의 여가 선용을 도모함을 목적으로 하고 있다.

경마산업은 1922년 일제 강점하에서 일본인에 의해 경마구락부가 발족되면서 시작되었다. 순수한 한국경마는 1954년 뚝섬경마장이 개장하면서 시작되었다. 이후 1962년 1월 20일「한국마사회법」이 제정·공포되었으며, 1990년 10월 28일 에는 제주마의 보호·육성과 축산 및 관광산업 진흥을 통해 지역사회 발전에 기여하기 위해 제주경마장이 개장되었다. 2004년 6월 14일에는 IFHA(세계경마연맹) PartIII 경마시행국으로 승인을 받았으며, 2005년 5월에는 제30회 아시아경마회(ARC)를 개최하였다. 2005년 9월에는 아시안게임 승마장을 개조한 '부산경남경마장'을 개장하면서 국내 경마장은 기존의 과천·제주경마장 2곳에서 3곳으로 늘어나게 되었다. 2011년 3월에는 말산업의 발전기반을 조성하고 경쟁력을 강화하여 농어촌의 경제활성화와 국민의 삶의 질 향상에 이바지함을 목적으로 하는「말산업육성법」이 제정·공포되었다.

한편, 경마에 관한 소관부처는 2001년 1월 정부조직 개편에 따라 문화관광부에서 농림부로 이관되었던 것이, 2008년 2월 29일 「정부조직법」 개정으로 농림부에서 농림수산식품부로 명칭이 바뀌었고, 2013년 3월 23일에는 다시 농림축산식품부로 명칭이 변경되어 현재에 이르고 있다.

(2) 시설 현황

가) 경마공원

서울경마공원은 전체면적 1,149,937㎡로 1983년 2월 국무총리 지시 제8호에 의거 한국마사회가 1984년 5월에 착공하여 1988년 7월에 완공하였다. 서울경마공원의 관람대는 지하 1층, 지상 6층의 규모로 길이 210m, 폭 50m에 달하며 수용인원은 77,000명이다. 어린이 승마장, 놀이터, 정원, 연못, 인라인, 야외공연장 등의 시설이 있다.

제주경마공원은 마사진흥과 축산 발전에 기여한다는 「한국마사회법」의 입법 취지에 따라 세주 도종마인 제주 조랑말을 보호·육성하고 제주특별자치도의 축산·관광산업 진흥을 통해 지역사회 발전에 기여하기 위해 1990년 제주경마장으로 개장하였다. 726,188㎡의 대지 위에 지상 3층, 지하 1층에 걸친 관람대와 기타 부대시설 등으로 구성되어 있으며, 총 6,393명의 수용이 가능하다. 승마장, 자전거광장, 모험놀이터, 전시관, 자연학습장 등의 시설을 갖추고 있다.

부산·경남 경마공원은 종합 레포츠 공간의 구현이라는 목표로 조성되었으며, 총 1,243,103㎡의 부지에 입장객 3만명을 동시에 수용할 수 있는 관람대와 공원, 어린이 승마장, 말체험 전시장, 정원, 체육공간 등을 갖추고 있다.

나) 경마장 장외발매소

경마장 장외발매소는 2004년 29개소에서 2006년 33개소로 증가하였으나 2016년 현재는 총 31개소가 운영 중이다. 경마 장외발매소는 서울 11개소(그 중 워커힐지점 1개소는 외국인 전용임), 경기도 9개소, 인천 4개소, 충청권 2개소, 경상권 4개소, 전라권 1개소가 운영 중이다. 경마 장외발매소는 총 면적 333,597㎡에 6만 5,593명 동시 수용이 가능하다.

〈표 1-11〉 경마 시설 현황

구분		서울 경마공원	제주 경마공원	부산경남 경마공원
개장 시기		1989. 9.	1990. 10.	2005. 9.
대지(㎡)		1,149,936	726,188	1,243,103
건물		215개동	62개동	132개동
관람대	연면적(㎡)	111,622	13,312	40,500
	동	2개	2개	1개
	수용인원	77,000명	6,393명	30,000명
마사	연면적(㎡)	33,676	11,297	22,596
	동	60개	7개	42개
	마방	1,442	550	1,120
승마장(㎡)		37,884	-	11,000

자료: 사행산업통합감독위원회(2017), 「2016년 사행산업 관련 통계」

(3) 운영 현황

가) 이용객

2016년 경마 이용객은 1,336만 8천명으로 전년 대비 3.3% 감소하였다. 경마 이용객은 2010년까지 전반적인 증가 추세를 이어오다 2011년 이후로는 감소 추세를 나타내고 있다. 2016년 기준 경마 참여 형태는 본장 이용객이 521만 9천명, 장외발매소 이용객이 794만 9천명으로 장외발매소 이용 비중이 60.4%로 높게 나타났다.

나) 경주 시행

2016년 경주 시행일 수는 서울 98일, 제주 97일, 부산·경남 98일이며, 경주 수는 서울 1,110회, 제주 842회, 부산·경남 807회 시행되었다. 연간 출주 두수는 서울 12,174두, 제주 7,921두, 부산 8,653두 출주하였다.

2016년 일반경주는 서울 1,079회, 제주 815회, 부산·경남 791회 시행하였다. 특별경주는 서울 8회, 제주 17회, 부산·경남 6회 시행하였으며 대상경주는 서울 23회, 제주 10회, 부산·경남 10회 시행하였다.

다) 매출

2016년 경마의 총 매출액은 7조 7,459억원으로 전년 대비 0.2% 증가하였다. 총 매출액 구조는 본장 2조 3,955억원, 장외 발매소 5조 3,505억원으로 장외발매소에서 발생한 매출액이 전체 매출액의 69.1%를 점하고 있다.

(4) 공공재정 기여 현황

2016년 경마 조세액은 전년 대비 4.9% 증가한 1조 5,183억원으로 그 중 국세 4,041억원, 지방세 1조 1,142억원을 납부하였다.

2016년 경마 기금은 총 1,752억원으로 축산발전기금 1,596억원, 공익기부금 156억원을 납부하였으며, 2014년부터 한국마사회법 시행령 제23조의 개정으로 인하여 그동안 농어촌복지사업에 20%를 출연하던 특별적립금 전액을 축산발전기금으로 출연하게 되었다.

경마의 매출액 배분구조는 총 매출액의 73%를 고객에게 환급금으로 지급하고, 나머지 27% 중 16%는 각종 세금(레저세 10%, 지방교육세 4%, 농어촌특별세 2%)으로 납부되고, 나머지 수득금 11% 중 경주개최 비용을 제외한 이익금은 다시 이익준비금(10%), 경마사업 확장 적립금(20%), 축산발전기금(70%) 등으로 사용하고 있다.

4) 경륜

(1) 설립배경 및 연혁

경륜은 1991년 12월 31일 제정되고 1992년 7월 1일부터 시행된 「경륜·경정법」에 따라 국민의 여가 선용과 청소년의 건전 육성, 국민체육진흥 도모, 지방재정 확충, 자전거 경기수준 향상 등을 목적으로 국내에서 시행되고 있다. 경륜은 시행주체가 동법 제4조에 의거하여 지방자치단체 또는 「국민체육진흥법」에 따라 설립된 서울올림픽기념 국민체육진흥공단이며 문화체육관광부장관의 허가를 받아 경륜을 시행하고 있다.

국내 최초의 경륜은 1994년 10월 15일 서울올림픽공원 내 잠실경륜장에서 개최되었으며, 한국은 덴마크와 일본에 이어 세계에서 3번째로 경륜을 개최한 국가가 되었다. 이후 경륜사업이 호조를 보이면서 2000년 12월에 창원시와 경상남도가 공동으로 투자하여 지방 최초이자 국내 최초로 돔형 경륜장을 개장하였으며, 2003년 11월에는 금정체육공원 내에 부산금정경륜장을 개장함으로써 우리나라 경륜장은 3개소로 늘어났다.

〈표 1-13〉 2016년 경륜시설 현황

구 분	국민체육진흥공단 (광명 돔경륜장)	창원경륜공단 (창원 돔경륜장)	부산지방공단 스포원 (부산 금정경륜장)
개장일	2006. 2. 17.	2000. 12. 8.	2003. 11. 15.
대지(㎡)	190,208	52,880	291,190
건축연면적(㎡)	76,377	24,877	36,541
수용인원(명)	30,000	12,000	20,000 (고정석: 6,730석)
주차규모(대)	2,300	1,500	2,354
부대시설	경주장, 선수숙소, 문화·체육시설, 중독예방·치유센터 등		

자료: 사행산업통합감독위원회(2017), 「2016년 사행산업 관련 통계」

국민체육진흥공단은 2008년 11월 기존 경륜과 경정의 조직을 통합하여 경주사업본부를 출범하여 현재에 이르고 있으며, 2010년 9월부터는 그린카드(전자카드) 제도를 시행해왔다. 한편, 경륜 관람인구의 급격한 증가에 따라 최초로 1997년 수원에 장외발매소를 설치하였고, 이후 지속적으로 확대되어 2016년에는 총 20개소에 달하고 있다.

(2) 시설 현황

국민체육진흥공단은 국내 최초로 경륜경기가 이루어졌던 서울 올림픽공원 내 잠실경륜장을 2006년 2월 광명돔 경륜장 개장과 함께 본장을 이전하였다. 광명돔 경륜장은 연면적 76,337㎡으로 최대 3만명의 동시 수용이 가능한 국내 최대 규모이며, 자전거테마파크, 시민공원, 산책로 등의 시설을 보유하고 있다.

창원경륜장은 1996년 말부터 만 4년간 52,880㎡ 부지에 약 774억원을 투자하여 건설한 국내 최초의 돔 형태 경륜장이다. 관람석 6,300석에 최대 1만 2천명을 수용할 수 있으며, 경주가 열리지 않는 날에는 지역 주민을 위한 공간으로 개방하여 다목적으로 활용하고 있다.

부산광역시 금정구에 위치한 금정경륜장은 부지 291,190㎡에 지하 1층, 지상 4층 건물로 약 2만명 동시 수용이 가능하며, 경륜장 이외에 농구장과 테니스코트, 자전거도로, 조깅코스, 수변공원 등 부대시설을 조성하여 시민휴식공간으로 제공하고 있다.

장외발매소는 1997년 수원지점의 개장을 시작으로 2008년 2월 부산서면지점까지 총 20개소로 국민체육진흥공단 경주사업본부 17개소, 부산지방공단스포원 2개소, 창원경륜공단 1개소 등을 운영하고 있다.

〈표 1-14〉 경륜 장외발매소 현황

구분		개장일자	규모(㎡)	입장 정원(명)
서울특별시(5개소)	중 랑	2003. 3. 26.	5,063	2,630
	장 안	2003. 3. 26.	7,880	4,260
	성 북	2003. 6. 4.	4,208	2,180
	관 악	2005. 3. 30.	5,278	2,350
	강 남	2005. 3. 2.	5,737	2,048
경기도(4개소)	일 산	2004. 12. 8.	7,633	2,750
	분 당	2005. 4. 20	7,621	2,385
	시 흥	2004. 5. 6.	6,465	3,400
	의정부	2007. 5. 2.	4,878	780
충청권(2개소)	대 전	2003. 3. 26.	6,992	2,429
	천 안	2005. 10. 19.	4,420	1,805
인천광역시(1개소)	인 천	2004. 5. 6.	6,087	2,580
경상권(4개소)	창원경륜 김해지점	2008. 4. 16.	3,156	978
	부산경륜 광복지점	2007. 5. 16.	3,043	1,419
	부산경륜 서면지점	2008. 2. 27.	3,863	1,210
	부산경륜 금정지점	2012. 8. 22.	36,541	10,315
계		-	118,865	43,519

자료: 사행산업통합감독위원회(2017), 「2016년 사행산업 관련 통계」

(3) 운영 현황

2016년 경륜 이용객은 총 552만명으로 전년 대비 2.9% 감소하였는데, 구체적으로는 본장 147만 2천명으로 전년 대비 5.4% 증가하였고, 장외발매소 404만 8천명으로 전년 대비 5.6% 감소한 것으로 집계되었다.

〈표 1-15〉 경륜 연도별 이용객 현황

(단위:천명)

구분		2007년	2008년	2009년	2010년	2011년	2012년	2013년	2014년	2015년	2016년
계		9,048	8,848	9,429	9,409	9,306	7,848	6,981	5,368	5,684	5,520
	본장	1,724	1,690	1,950	1,885	1,780	1,648	1,526	1,402	1,397	1,472
	장외 (비중,%)	7,324 (80.9)	7,158 (80.9)	7,479 (79.3)	7,524 (80.0)	7,526 (80.9)	6,200 (79.0)	5,455 (78.1)	3,966 (73.9)	4,287 (75.4)	4,048 (73.3)

자료: 사행산업통합감독위원회(2017), 「2016년 사행산업 관련 통계」

2016년에 경륜이 개최된 경주 일수는 국민체육진흥공단 152일, 창원경륜공단 155일, 부산지방공단 160일 등이다. 2016년 연간 개최된 경기 횟수는 국민체육진흥공단이 총 2,683회, 창원경륜공단이 총 1,275회, 부산지방공단이 총 2,984회를 개최하였다.

2016년 연간 경륜의 전체 매출액은 전년 대비 0.4% 증가한 2조 2,818억원에 이르고 있다. 구체적으로는 국민체육진흥공단이 1조 8,666억원, 창원경륜공단이 2,355억원, 부산경륜공단이 1,797억원으로 집계되었다.

이들 매출액은 자체 경주와 교차투표를 통한 매출액으로 구분되며, 국민체육진흥공단의 경우 본장 및 장외 경주 매출액이 전체 매출액의 84.7%를 점유하고 있는 반면, 창원 경륜장은 전체 매출액의 51.4%를, 부산 경륜장은 35.3%만을 본장 및 장외에서 거두고 있어 지방경륜장의 경우 교차투표로 인한 매출 의존도가 본장보다 상대적으로 높은 것으로 나타나고 있다.

〈표 1-16〉 경륜 연도별 매출액 현황

(단위:억원)

구 분		2007년	2008년	2009년	2010년	2011년	2012년	2013년	2014년	2015년	2016년
국민체육진흥공단	본장	1,667	1,663	1,965	2,248	2,357	2,318	2,158	2,125	2,254	2,367
	장외	13,482	12,860	13,692	14,763	14,857	14,564	13,641	12,956	13,403	13,444
	교차송신	2,246	2,250	2,312	2,606	2,953	3,026	2,752	2,614	2,692	2,855
	소계	17,395	16,773	17,969	19,617	20,167	19,908	18,551	17,695	18,349	18,666
창원경륜공단	본장	1,157	1,170	1,214	1,334	1,358	1,319	1,203	1,121	1,084	1,047
	장외	116	131	145	181	201	215	184	173	167	164
	교차송신	760	757	898	1,131	1,210	1,192	1,087	1,153	1,208	1,144
	소계	2,033	2,058	2,257	2,646	2,769	2,726	2,474	2,447	2,459	2,355
부산지방공단	본장	268	299	373	437	402	488	469	446	426	419
	상외	72	136	198	229	211	228	241	234	214	215
	교차송신	1,405	1,258	1,441	1,492	1,457	1,458	1,241	1,197	1,283	1163
	소계	1,745	1,693	2,012	2,158	2,070	2,174	1,951	1,877	1,923	1,797
합계		21,173	20,524	22,238	24,421	25,006	24,808	22,976	22,109	22,731	22,818

자료: 사행산업통합감독위원회(2017), 「2016년 사행산업 관련 통계」

(4) 공공재정 기여 현황

2016년 경륜 조세액은 총 3,791억원으로 전년 대비 0.7% 증가하였다. 기금 등 액수는 총 789억원으로, 국민체육진흥공단이 770억원을 납부하였고, 창원경륜공단은 누적 적자로 인하여 기금을 적립하지 못하였으며 부산지방공단은 19억원을 납부하였다.

〈표 1-17〉 경륜 조세 현황

(단위:억원)

구분		2007년	2008년	2009년	2010년	2011년	2012년	2013년	2014년	2015년	2016년
국민체육진흥공단	경주관련	3,245	3,136	3,014	3,301	3,373	3,304	3,080	2,955	3,088	3,112
	입장권관련	1.3	1.6	1.6	1.6	7.6	15.8	14.3	25	26	50
	소계	3,246	3,138	3,016	3,303	3,381	3,320	3,094	2,980	3,114	3,162
창원경륜공단	경주관련	366	370	347	396	443	436	395	391	439	428.5
부산지방공단	경주관련	265.2	254.2	210.3	229.4	219.4	235.4	217.4	208.4	208.3	197.6
	입장권관련	0.4	0.3	0.4	0.4	0.8	1.2	1.0	2.30	2.54	3.26
	소계	265.6	254.5	210.7	229.8	220.2	236.6	218.4	211	211	201
계		3,878	3,762	3,573	3,928	4,044	3,993	3,708	3,582	3,764	3,791

자료: 사행산업통합감독위원회(2017), 「2016년 사행산업 관련 통계」

　경륜 개최를 통한 매출액 배분구조는 경마와 유사하며, 총 수입금 중 약 72% 를 배당금으로 환급하고, 16%는 각종 세금(레저세 10%, 지방교육세 4%, 농어촌 특별세 2%)으로, 나머지 12%는 발매수득금 등으로 배분된다. 발매수득금 중 경 주개최 비용, 시설환경개선 준비금 1%, 손실보전 준비금 0.2%를 제외한 수익금 은 국민체육진흥기금 40%, 문화예술진흥기금 24.5%, 청소년육성기금 19.5%, 중 소기업 창업 및 진흥기금 4%, 지방재정 지원 10%, 공익사업 지원 2% 등에 사용 하고 있다.

〈표 1-18〉 경륜 기금 현황

(단위:억원)

구분	2007년	2008년	2009년	2010년	2011년	2012년	2013년	2014년	2015년	2016년
국민체육진흥공단	583	500	698	870	941	803	575	480	714	770
창원경륜공단	-	-	-	6.0	17.8	13.8	10.0	-	-	-
부산지방공단	-	4.5	5.2	6.6	25	24	24	23	22	19.1
계	583	505	703	883	984	841	609	503	736	789

주: 창원경륜공단 2004~2006년까지 3년 연속 적자로 기금 미적립, 2007년 36억, 2008년 6억원, 2009년 10억원으로 흑자전환 되었으나, 누적 적자로 인해 기금 미 적립
　　부산경륜공단 개장 이후 지속된 적자로 2008년부터 기금 적립
자료: 사행산업통합감독위원회(2017), 「2016년 사행산업 관련 통계」

5) 경정

(1) 설립배경 및 연혁

경정은 「경륜·경정법」에 따라 설립 및 운영되고 있으며, 경륜과 동일한 목적을 공유하되, 모터보트 경기의 수준 향상에 이바지함에서 차이를 보이고 있다.

경정은 모터보트에 승자투표권을 발매하고 승자를 맞춘 사람에게 배당금을 주는 것으로, 1952년 4월 일본 나가사키현 오무라경정장에서 최초로 경정이 시작되어 지금까지 약 50년 동안 시행되고 있다. 우리나라에서는 1991년 12월 「경륜·경정법」이 제정된 이후 1998년 11월에 국민체육진흥공단에서 경정사업개발팀을 발족하였고, 4년여의 준비 끝에 2002년 6월 미사리경정장에서 국내 최초로 경정사업이 시행되었다.

한편, 국민체육진흥공단은 2008년 11월에 경륜과 경정의 조직을 통합하여 경주사업본부(현 경륜경정사업본부)로 출범하였다.

(2) 시설 현황

미사리조정경기장은 경기도 하남시 미사동 올림픽조정경기장 총 233,485㎡의 부지 중 135,461㎡ 부지에 조성되어 있다. 경주로 구조는 총 길이 700m, 폭 140m의 경주수면과 1,800m의 경주거리 등이 있다. 주요 시설로는 관람동 1개소, 보트동·선수동 각 1개소, 부심판탑 3개소 등 총 6개소의 건축시설을 갖추고 있다.

2016년 경정의 장외발매소는 경륜의 장외발매소와 공동으로 운영하고 있으며, 서울 6개소(중랑, 동대문, 장안, 성북, 관악, 강남), 경기 4개소(일산, 분당, 시흥, 의정부), 충청 2개소(대전, 천안), 인천 1개소(인천), 경상 4개소(창원경륜 김해지점, 부산경륜 광복지점, 서면지점, 금정지점) 등 총 17개소를 운영하고 있다.

(3) 운영 현황

2016년 경정은 개최기간 11개월 동안 총 96일을 개최하고 1,536회 경주를 실시하였다. 경정 개최 일수와 경주 횟수는 전년 대비 각 5일, 171회 증가하였다.

경정 매출액은 본장 1,183억원, 장외발매소 5,715억원으로 전년 대비 2.5% 상승한 총 6,898억원의 매출을 기록하였으며, 장외발매소의 매출액 비중이 82.9%로 나타나 장외발매소에 대한 높은 매출 의존도를 보이고 있다.

경정 이용객 수는 본장 30만명, 장외발매소 182만 6천명으로 총 212만 6천명이 이용하였으며, 장외발매소 이용객 비중은 85.9%로 집계되었다. 경정 이용객 수는 2011년까지 증가 추세를 보이다가 그 이후로 감소세가 계속되고 있다.

(4) 공공재정 기여 현황

2016년 경정에서 납부한 조세액은 총 1,142억원으로, 경주 관련 1,118억원, 입장권 관련 24억원의 조세를 납부하였다.

경정에서 기금 등으로의 납부는 개장 이후 지속적인 운영 적자 및 투자금 보전 등으로 미납되었으며, 2008년에 최초 납부하기 시작하였다. 2016년에는 총 167억원을 납부하였다.

경정 개최를 통한 매출액 배분 구조는 경륜과 동일하며, 총 수입금 중 약 72%

를 배당금으로 환급하고, 16%는 각종 세금으로, 나머지 12%는 발매수득금 등으로 배분된다. 발매수득금 중 경주개최 비용, 시설환경개선준비금 및 손실보전준비금을 제외한 수익금은 국민체육진흥기금 40%, 문화예술진흥기금 24.5%, 청소년육성기금 19.5%, 중소기업 창업 및 진흥기금 4%, 지방재정 지원 10%, 공익사업지원 2% 등에 사용하고 있다.

6) 복권

(1) 설립배경 및 연혁

복권발행의 시작은 1947년 해방 이후 제16회 런던올림픽의 참가경비 마련을 위해 대한올림픽위원회가 발행한 '올림픽후원권'이라고 할 수 있다. 올림픽후원권은 100원권 총 140만장이 발행되었고, 당첨인원은 총 21명으로 1등은 1백만원을 수령하였다. 그 이후에도 재해대책 및 이재민 구호자금 조성을 목적으로 후생복표(1949년)가 총 3회 발행되었고, 산업부흥자금 및 사회복지자금 마련을 위한 애국복권(1956년)이 월 1회씩 총 10회 발행되었다. 이후 산업박람회(1962년) 복표와 무역박람회 복표(1968년) 등과 같이 박람회 개최경비 마련을 위한 복권도 발행되었다.

현재와 같은 정기발행 복권이 등장한 것은 1969년에 한국주택은행에서 발행한 주택복권이었다. 최초의 즉석식 복권은 '엑스포 복권'으로 대전국제무역박람회가 1990년 9월부터 1993년 12월까지 총 40회 발행하여 415억원의 기금 등을 조성하였고, 체육복권은 1990년 9월부터 2013년 현재까지 즉석식과 추첨식 복권을 발행하여 국민체육진흥기금을 조성하고 있다.

2004년 복권위원회 설치 이전에는 복권발행기관 간 복권발행 규모 및 당첨금 등을 조정하기 위해 국무총리실 소속의 '복권발행조정위원회', 복권발행기관 간 자율규제기구인 '복권발행협의회'가 설치 및 운영되었다.

그러나 건설교통부 등 10개 기관이 개별 법률에 근거하여 복권사업을 영위하면서 공공재원 조성률 저하 및 복권상품 난립에 따른 혼란 등의 문제가 발생하였다. 또한 2002년 12월에 도입된 로또복권 수익금이 당초 예상보다 10배 이상 됨에 따라 복권상품 정비, 유통구조 개선 등 복권 발행업무를 체계적으로 관리하고, 복권 수익금을 효율적이고 투명하게 사용할 수 있도록 복권업무 전반에 걸쳐 총괄기능을 마련할 필요성이 제기되었다.

이러한 필요성에 따라 2004년 4월 국무총리 산하 기관으로 복권위원회가 출범하였다. 현재 복권위원회는 2008년 2월 정부조직개편으로 국무총리실에서 기획재정부로 소관이 변경되었다. 2009년 4월에는 인쇄·전자복권을 발행·판매·통합하는 한국연합복권(주)이 설립되었다. 2013년 12월부터는 통합복권 위탁사업이 개시되었고, 수탁사업자도 (주)나눔로또가 설정되었다.

〈표 1-19〉「복권 및 복권기금법」상 복권의 정의(제2조제1호〈전문개정 2011.3.30.〉)

구분		정의
인쇄복권	추첨식	복권면에 추첨용 번호를 미리 인쇄한 후에 추첨으로 당첨번호를 결정하는 복권
	즉석식	당첨방식을 미리 정한 후 복권면에 당첨방식에 관한 내용을 인쇄하여 복권의 최종구매자가 구입하는 즉시 당첨 여부를 확인할 수 있는 복권
전자복권	추첨식	「정보통신망 이용촉진 및 정보보호 등에 관한 법률」 제2조제1항제1호에 따른 정보통신망(이하 "정보통신망"이라 한다)을 통하여 발행 및 판매가 이루어지는 전자적 형태의 복권으로서 복권면에 추첨용 번호를 미리 정하여 두거나 최종구매자가 번호를 선택할 수 있도록 한 후에 추첨으로 당첨번호를 결정하는 복권
	즉석식	정보통신망을 통하여 발행 및 판매가 이루어지는 전자적 형태의 복권으로서, 당첨방식을 미리 정한 후 복권면에 당첨방식에 관한 내용을 표시하고 복권의 최종구매자가 구입하는 즉시 당첨 여부를 확인할 수 있는 복권
온라인복권		복권의 최종구매자가 직접 번호를 선택하거나 전산에 의하여 자동으로 번호를 받은 후에 추첨으로 당첨번호를 결정하는 복권으로서 복권발행시스템을 갖춘 중앙전산센터와 정보통신망으로 연결된 복권의 발매단말기를 통하여 출력된 복권 또는 복권발행시스템을 갖춘 중앙전산센터와 연결된 정보통신망을 통하여 발행 및 판매가 이루어지는 전자적 형태의 복권

자료: 「복권및복권기금법」 제2조 제1호〈전문개정 2011.3.30.〉

(2) 운영 현황

현재 복권사업 추진체계는 복권위원회−수탁사업자의 2단계로 구성되어 있다. 복권정책을 수립 · 시행하는 정부기관인 복권위원회가 복권의 발행 · 판매 · 관리업무에 대한 권한을 가지고 이를 수탁사업자에게 위탁하는 체계이다. 이러한 운영체계에 따라 민간사업자인 (주)나눔로또가 온라인 · 결합 · 인쇄 · 전자복권의 수탁사업자로서의 역할을 수행하고 있다.

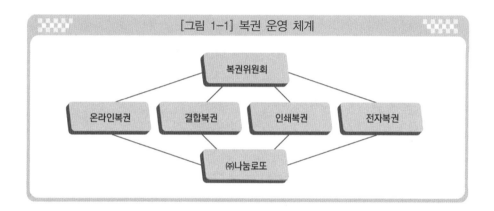

[그림 1-1] 복권 운영 체계

「복권 및 복권기금법」은 복권으로 인한 과도한 사행심 조장 및 중독성 등을 방지하기 위해 다음의 〈표 1-20〉과 같은 제도적 장치를 마련하고 있다.

〈표 1-20〉 복권의 사행성 억제관련 주요 규제

위반행위	처벌조항	처벌내용
액면가격 외의 가격으로 복권을 판매한 경우(제5조 제1항)	제34조 제2항 제1호	1년이하 징역 또는 500만원 이하 벌금
청소년에게 복권을 판매한 경우(제5조 제3항)	제36조 제1항 제1호	1천만원 이하 과태료
1인 판매한도를 초과하여 복권을 판매한 경우(제5조 제2항)	제36조 제2항	500만원 이하 과태료
온라인복권에 대한 판매계약 체결 없이 영리목적으로 온라인복권을 판매한 경우(제6조 제1항)	제34조 제2항 제2호	1년이하 징역 또는 500만원 이하 벌금
온라인복권을 계약장소에서 정한 판매장소 외의 장소에서 판매한 경우(제6조 제3항)	제34조 제2항 제4호	1년이하 징역 또는 500만원 이하 벌금
영리를 목적으로 온라인복권의 구매를 대행한 경우(제6조 제4항)	제34조 제2항 제5호	1년이하 징역 또는 500만원 이하 벌금

〈표 1-21〉 발행 복권 현황

구분	온라인복권	결합복권*	인쇄복권	전자복권	
		추첨식	즉석식	추첨식	즉석식
발행 상품	로또 6/45	연금복권520	스피또500 스피또1000 스피또2000	스피드 키노 메가빙고 파워볼	트리플럭 트레저헌터 더블잭마이더스 캐치미
총 12종	1	1	3	3	4

* 추첨식 인쇄복권(연금복권520)을 결합복권으로 전환('15.4)
자료: 사행산업통합감독위원회(2017), 「2016년 사행산업 관련 통계」

2016년 기준 온라인복권은 1종이 발행중이고, 추첨식 인쇄복권의 형태였던 연금복권520이 2015년 4월부터 결합복권으로 전환되어 현재 결합복권은 1종이 발행되고 있으며, 인쇄복권은 즉석식 3종이, 전자복권은 추첨식 3종 및 즉석식 4종의 총 7종이 발행되고 있다. 해당 복권들은 모두 ㈜나눔로또에서 발행하고 있다.

2016년 복권 판매 총액은 온라인복권 3조 5,660억원, 결합복권 981억원, 인쇄복권 1,802억원, 전자복권 412억원 등 전년 대비 9.3% 증가한 총 3조 8,855억원으로 집계되었다. 구체적으로 온라인복권의 총매출액은 전년 대비 9.5% 증가하였고 결합복권은 1.7%, 인쇄복권과 전자복권은 각 7.2%, 29.1% 증가하였다.

2016년 복권의 총 발매건수는 온라인 복권 35억 6,601만 2천건, 결합복권 9,814만 8천건, 인쇄 복권 1억 5,191만 5천건, 전자 복권 4,559만 8천건 등 지난 해 대비 9.4% 증가한 총 38억 6,167만 3천건이 발매되었다.

(3) 공공재정 기여 현황

2016년 복권에서 납부한 기금 등은 총 1조 6,672억원으로 법정배분사업에 5,367억원, 공익사업에 1조 1,304억원 등을 납부하였다. 법정배분사업 기금 등은 10개 기관 및 기금에 납부되고 있으며, 공익사업 기금 등은 총 19개 기금 및 기관에 납부되고 있다. 2007년부터 2016년까지 최근 10년간 복권으로 인한 기금 납부액은 총 12조 4,799억원이다.

복권 발매를 통한 매출액 배분구조는 총 수입금 중 약 50~51%를 배당금으로 환급하고, 약 9%는 사업운영비로, 나머지 40~41%는 수익금으로 배분된다. 수익금 중 법정배분금사업에 35%, 공익사업에 65%를 사용하고 있다.

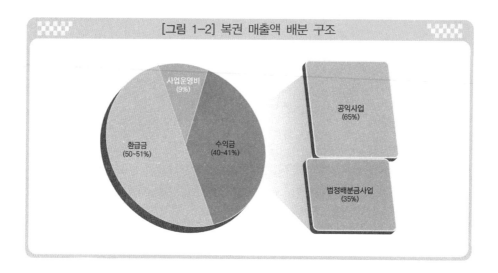

[그림 1-2] 복권 매출액 배분 구조

7) 체육진흥투표권(스포츠토토)

(1) 설립배경 및 연혁

체육진흥투표권은 「국민체육진흥법」에 따라 국민체육을 진흥하여 체육을 통한 국위선양에 이바지함을 목적으로 설립되었다.

체육진흥투표권은 대중스포츠를 대상으로 경기결과를 예측 투표하여 경기결과를 적중시킨 자에게 환급금을 교부하는 스포츠 레저게임으로 2002년 한·일 월드컵의 성공적인 개최를 위한 기금조성 및 재원 마련을 위해 2001년 10월부터 축구토토와 농구토토의 발매를 시작으로 도입되었다.

이후 체육진흥투표권은 2004년 「국민체육진흥법 시행령」 개정을 통해 대상종목을 확대하고 특별식 및 고정배당률 게임을 도입하였으며, 2005년에는 연간 발행 회차를 확대하였다. 또한 2009년에는 동법 시행령 개정을 통해 발행대상 운동종목의 제한도 폐지하였으며, 2012년에는 법개정을 통해 불법 도박 관련 금지

행위를 구체화하였고 벌칙조항을 신설 및 강화하였다.

「국민체육진흥법」 제24조에 의하여 체육진흥투표권의 발행사업자는 국민체육진흥공단이고, 동법 제25조에 의하여 수탁사업자는 2016년 현재 (주)케이토토이다.

(2) 운영 현황

2016년 현재 체육진흥투표권을 발행하는 운동종목은 축구, 농구, 야구, 골프, 씨름, 배구 등 총 6개 종목이다. 2001년 10월 축구와 농구 종목의 투표권이 발행되었고, 2004년 4월에는 야구, 골프, 씨름, 배구 등 4개 종목이 추가로 발행되었다.

투표권의 종류는 투표방법과 환급방법에 따라 구분되며, 투표방법은 승부식, 점수식, 혼합식, 특별식 등으로 구분되고, 환급방법은 고정환급률, 고정배당률 등으로 구분된다. 투표금액은 100원부터 1,000원까지이며, 구매한도는 1인 10만원 이하로 제한된다.

매출액 배분은 고정환급률과 고정배당률로 구분된다. 고정환급률과 고정배당률 항목은 환급금, 순수위탁운영비, 시스템 투자비, 판매점수수료, 수익금 등이 있으며, 각 항목별 비율에 따라 배분되고 있다.

〈표 1-22〉 체육진흥투표권 현황

구분		내용
대상 운동종목		축구 · 농구 · 야구 · 골프 · 씨름 · 배구(총 6개 종목)
투표권 종류	투표방법	승부식, 점수식, 혼합식, 특별식(우승자 맞히기)
	환급방법	고정환급률, 고정배당률(사전에 배당률을 고지하는 방식)
발행횟수		국민체육진흥공단과 수탁사업자가 매년 협의하여 정하되, 문화체육관광부장관의 승인을 받아야 함
투표금액		100원~1,000원(1인 구매한도 10만원 이하)
매출액 배분	고정환급률	환급금 50%, 순수위탁운영비 1.3096%, 시스템투자비율 등 0.3073%, 판매점수수료 5.25%, 수익금 23.1331%~43.1331%
	고정배당률	환급금 50%~70%, 순수위탁운영비 1.3096%, 시스템투자비 등 0.3073%, 판매점수수료 5.25%, 수익금 23.1331%~43.1331%
수익금 배분		국민체육진흥기금 100%

자료: 사행산업통합감독위원회(2017), 「2016년 사행산업 관련 통계」

수익금은 2014년 12월 「국민체육진흥법」 개정으로 인하여 주최 단체별 수익금 전액이 국민체육진흥기금으로 편입되고 있다.

체육진흥투표권은 발행 종류에 따라 경기방법 및 환급방법이 다르게 정해진다. 고정환급률식 토토는 당첨금을 당첨자 수로 나누어 배당률을 결정하는 방식을 적용하고 있다. 이에 비해 고정배당률식 프로토는 운영업체에서 제시한 배당률에 의해 참가자가 돈을 거는 방식으로 자신이 원하는 경기만을 선택해서 베팅이 가능하다.

〈표 1-23〉 체육진흥투표권 환급방법

구분	내용
고정환급률식 [토토]	• 경기방법: 당첨금을 당첨자 수로 나누어 배당률을 결정하는 방식
고정배당률식 [프로토]	• 경기방법: 운영업체에서 제시한 배당률에 의해 참가자가 돈을 거는 방식 • 자신이 원하는 경기만을 선택해서 베팅 가능 • 승부적중유형과 기록적중유형으로 구분

자료: 사행산업통합감독위원회(2017), 「2016년 사행산업 관련 통계」

2016년의 체육진흥투표권 총매출액은 판매점 3조 9,119억원, 온라인 5,295억원 등 총 4조 4,414억원으로 집계되었다.

〈표 1-24〉 체육진흥투표권 총매출액 및 발매건수

(단위:억원, 천건)

구 분		2007년	2008년	2009년	2010년	2011년	2012년	2013년	2014년	2015년	2016년
판매점	총매출액	12,055	14,043	15,091	15,716	16,111	24,421	26,995	28,839	30,479	39,119
	점유율(%)	88.3	88.0	85.8	83.9	83.2	85.9	87.7	87.9	88.4	88.1
	발매건수	108,726	124,870	135,095	136,838	156,197	205,862	215,694	208,948	208,213	252,749
	점유율(%)	80.6	79.8	77.0	75.1	75.6	76.4	77.1	75..2	75.6	72.9
온라인(모바일)	총매출액	1,595	1,919	2,499	3,014	3,264	4,014	3,787	3,974	4,015	5,295
	점유율(%)	11.7	12.0	14.2	16.1	16.8	14.1	12.3	12.1	11.6	11.9
	발매건수	26,130	31,590	40,264	45,282	50,527	63,448	64,172	68,909	67,396	93,832
	점유율(%)	19.4	20.2	23.0	24.9	24.4	23.6	22.9	24.8	24.4	27.1
계	총매출액	13,650	15,962	17,590	18,730	19,375	28,435	30,782	32,813	34,494	44,414
	발매건수	134,856	156,460	175,359	182,120	206,724	269,310	280,406	277,857	275,609	346,581

주: 1) 모바일서비스는 2007년 6월에 발매 종료(2007년 해당 매출 17억원)
　　2) 2011년부터는 총매출액에 증량발행분이 포함되어 있음
자료: 사행산업통합감독위원회(2017), 「2016년 사행산업 관련 통계」

2016년 체육진흥투표권의 유형별 총매출액을 살펴보면 토토 4,829억원, 프로토 3조 59,585억원 등 총 4조 4,414억원의 총매출을 기록하였으며, 토토는 전년 대비 4.8% 감소하였고, 프로토는 34.5% 증가하였다.

2016년 체육투표진흥권 주최 단체별 총매출액은 축구 2조 7,282억원, 남자농구 3,910억원, 여자농구 3,416억원, 야구 7,550억원, 배구 2,252억원, 남자골프 2억원, 여자골프 3억원 등이다. 축구, 남자농구, 여자농구, 야구, 배구 등 5개 단체 매출액은 증가 추세를 나타내고 있으며, 남자골프, 여자골프, 씨름 등 3개 단체 매출액은 감소 추세를 나타내고 있다.

(3) 공공재정 기여 현황

2016년 체육진흥투표권에서 납부한 기금 등은 전년대비 15.9% 증가한 1조 2,757억원으로 집계되었다. 2014년부터 별도의 증량발행분을 제외한 기금 전액이 국민체육진흥기금으로 편입되고 있으며, 기금 납부액은 해마다 증가하고 있다.

한편, 국제경기대회지원법 제17조에 의하여 체육진흥투표권의 증량발행이 가능하고, 이 수익금은 전액 국제경기대회 조직위원회에 배분된다. 해당 수익금은 최근 5년동안 2015광주하계유니버시아드대회, 2015문경세계군인체육대회, 2018 평창동계올림픽대회 조직위원회 지원금으로 사용되었다.

체육진흥투표권 발매를 통한 매출액 배분 구조를 살펴보면, 총 수입금 중 약 50~70%를 배당금으로 환급하고, 약 8%는 사업운영비로, 나머지 32% 가량은 수익금으로 배분된다. 2014년 「국민체육진흥법」 개정으로 인하여 수익금 전액은 국민체육진흥기금으로 편입되고 있다.

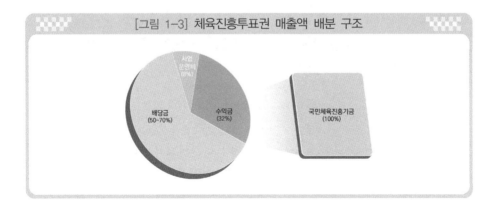

[그림 1-3] 체육진흥투표권 매출액 배분 구조

8) 소싸움경기

(1) 설립배경 및 연혁

소싸움경기는 「전통 소싸움경기에 관한 법률」에 따라 설립 및 운영되고 있으며, 전통적으로 내려오는 소싸움을 활성화하고 소싸움경기에 관한 사항을 규정함으로써 농촌지역의 개발과 축산발전의 촉진에 이바지함을 목적으로 한다.

소싸움경기는 소싸움에 대하여 소싸움경기 투표권을 발매하고, 소싸움경기 투표 적중자에게 환급금을 지급하는 행위를 말하는 것으로서, 예로부터 한국고유의 민속놀이로 시행되어 왔으나, 1990년대 이후 본격적인 지역행사로서 민속투우대회가 개최되기 시작하였고, 점차 전국규모로 확대되었다.

1999년에는 청도소싸움축제가 문화관광부의 10대 집중 육성 축제로 지정되었고, 2002년 8월에는 「전통 소싸움경기에 관한 법률」이 제정되기에 이르렀다. 2007년 시작한 청도소싸움경기장 공사는 2011년 9월 완료되어 개장하였고, 2009년 7월에는 소싸움경기 시행규정이 개정되었다. 한편, 2012년 5월 「사행산업통합감독위원회법」 개정으로 사행산업의 범위에 「전통 소싸움경기에 관한 법률」에 따른 소싸움경기가 추가되었다.

(2) 시설 현황

2011년 9월 개장한 청도소싸움 경기장은 경상북도 청도군 화양읍에 위치하고 있으며, 총 58,559㎡ 부지에 건물 5개동과 약 1만명을 수용할 수 있는 경기장, 1,479대를 수용할 수 있는 주차장, 7,276㎡ 규모의 테마파크, 우사 등을 갖추고 있다.

(3) 운영 현황

2016년 한 해 동안 소싸움경기는 총 51일이 개최되었고 1,224회의 경기가 시행되었으며, 연간 출전 싸움소의 두수는 279두였다.

〈표 1-25〉 소싸움경기 시설 현황

구 분		내용
개장 시기		2011. 9. 3.
대지		58,559㎡
건축연면적		20,943.74㎡
건물		5개동
주차규모(대)		1,479(일반 1,435/장애 36/대형 8)
경기장	연면적	19,145.95㎡
	수용인원	약10,000명(고정석: 9,726석)
우사동	연면적	1,416.32㎡
	동	3개
	우방	53개
테마파크		7,276㎡

〈표 1-26〉 연도별 소싸움경기 현황

구분	2011년	2012년	2013년	2014년	2015년	2016년
시행 일수	32일	91일	90일	6일	80일	51일
경기 수	313회	889회	899회	72회	950회	1,224회
출전 두수	626두	1,778두	1,798두	144두	283두	279두

자료: 사행산업통합감독위원회(2017), 「2016년 사행산업 관련 통계」

2016년 소싸움경기 이용객은 71만 7천명으로 전년 대비 12.6% 증가하였다. 총 매출액은 2조 9,905억원으로 전년 대비 68.9%가 증가한 수치이다. 소싸움경기의 이용객과 매출액 모두 2011년 이후 증가하다가 2014년에 잠시 감소한 후 다시 빠르게 증가하는 추세이다.

〈표 1-27〉 소싸움경기 이용객수 및 매출 현황

(단위:억원, 천명)

구 분		2011년	2012년	2013년	2014년	2015년	2016년
매출액	총매출액	16	115	195	10	177	299
	순매출액	4	32	54	2	49	83
이용객수		92	340	1,017	34	637	717
발매건수(천건)		108	528	820	50	795	1,316

자료: 사행산업통합감독위원회(2017), 「2016년 사행산업 관련 통계」

(4) 공공재정 기여 현황

2016년 소싸움경기에서 납부한 조세액은 국세 약 7억원, 지방세 약 23억원 등 총 30억원 가량으로 집계되었으며, 개장 이후 이익금이 발생하지 않았으므로 기금 등의 출연 실적은 없다.

〈표 1-28〉 소싸움경기 공공재정 기여 현황

(단위:억원)

구 분		2011년	2012년	2013년	2014년	2015년	2016년
조세	국세	0.09	2.4	4.0	4.6	12.5	6.9
	지방세	2.7	11.4	14.0	1.5	12.0	22.9
	소계	2.8	13.8	18.0	6.1	24.5	29.8
기금+기부금		-	-	-	-	-	-

자료: 사행산업통합감독위원회(2017), 「2016년 사행산업 관련 통계」

소싸움경기의 매출액 배분 구조는 총 매출액의 72%를 고객에게 환급금으로 지급하고, 나머지 28% 중 16%는 각종 세금(레저세 10%, 지방교육세 4%, 농어촌특별세 2%)으로 납부되고, 나머지 수익금 12% 중 경주개최 비용을 제외한 이익금은 다시 소싸움경기 투자적립금(10%), 축산발전기금(60%), 지역개발사업(30%) 등으로 사용되고 있다.

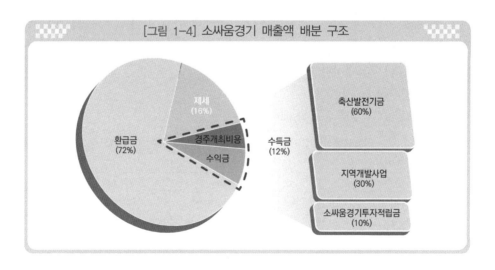

[그림 1-4] 소싸움경기 매출액 배분 구조

제2절　세계 사행산업 현황[8)]

1. 세계 사행산업 총 매출

영국의 사행산업 관련 통계조사 및 컨설팅 기구인 Global Betting and Gaming Consultants(GBGC)에서 집계하여 발표하고 있는 'GBGC Global Gambling Report' 에 따르면 세계 사행산업 2015년 매출액은 4,165억 달러로 집계되었고, 2016년에 는 전 세계적으로 4,492억 달러의 매출을 기록할 것으로 예측하였다.

〈표 1-29〉 세계 사행산업 매출액 현황

(단위:억 US$)

연도	2010년	2011년	2012년	2013년	2014년	2015년
매출액	3,931	4,257	4,379	4,443	4,463	4,165

자료: Global Betting and Gaming Consultants(2017), 「Data Appendix and Forecasts」

2. 세계 사행산업 업종별 매출

세계 사행산업 업종별 매출액 현황을 살펴보면, 베팅(Betting)은 2010년 56,760 백만 달러에서 2015년 59,024백만 달러로 5년간 2,264백만 달러 증가하였으며, 카 지노(Casino)는 2010년 123,834백만 달러에서 2015년 140,076백만 달러로 16,242백 만 달러 증가하였다.

복권(Lottery)은 2010년도 107,947백만 달러에서 2015년 127,783백만 달러로 19,836백만 달러 증가하였고, 게이밍머신(Gaming Machines)은 2010년 93,277백만 달러에서 2015년 78,367백만 달러로 14,910백만 달러 감소하였다.

빙고 및 기타 업종은 2010년 11,322백만 달러에서 2015년 11,216백만 달러로 106백만 달러 감소하였다.

---

8) 사행산업통합감독위원회, 2016 사행산업백서, pp.89~100.

〈표 1-30〉 세계 사행산업 업종별 매출액 현황

(단위:백만 US$)

구분	2010년	2011년	2012년	2013년	2014년	2015년
베팅	56,760	58,261	57,266	56,912	59,345	59,024
카지노	123,834	141,611	149,157	157,536	156,741	140,076
게이밍머신	93,277	92,876	97,909	89,894	85,834	78,367
복권	107,947	121,205	122,188	128,169	132,673	127,783
빙고/기타	11,322	11,695	11,385	11,738	11,670	11,216
계	393,141	425,650	437,906	444,252	446,264	416,467

자료: Global Betting and Gaming Consultants(2017), 「Data Appendix and Forecasts」

1) 베팅(Betting)[9]

2014년 베팅 매출액 상위 5개국을 살펴보면, 미국이 10,983백만 달러로 1위, 영국이 4,461백만 달러로 2위, 우리나라가 4,019백만 달러로 3위를 기록하고 있고, 프랑스가 3,904백만 달러로 4위, 홍콩이 3,384백만 달러로 5위로 나타났다. 상위 5개국이 전체 베팅 시장에서 차지하는 매출액 비율은 45.1%이다.

〈표 1-31〉 2014 베팅 매출액 상위 5개국

(단위:백만 US$)

순위	베팅	2014년
1	US	10,983
2	UK	4,461
3	South Korea	4,019
4	France	3,904
5	Hong Kong	3,384
계		26,753
베팅 시장 점유율(%)		45.1

자료: Global Betting and Gaming Consultants(2017), 「Data Appendix and Forecasts」

---

9) 경주류, 스포츠 경기를 토대로 하 베팅 게임을 포함한다.

2) 카지노(Casino)

2014년 카지노 매출액 상위 5개국을 살펴보면, 미국이 62,206백만 달러로 1위, 마카오가 43,995백만 달러로 2위, 캐나다가 6,896백만 달러로 3위를 기록하고 있으며 싱가포르가 4,281백만 달러로 4위, 호주가 3,995백만 달러를 기록하여 5위로 나타났다. 상위 5개국이 전체 카지노 시장에서 차지하는 매출액 비율은 77.2%에 달한다.

〈표 1-32〉 2014 카지노 매출액 상위 5개국

(단위:백만 US$)

순위	카지노	2014년
1	US	62,206
2	Macau	43,995
3	Canada	6,896
4	Singapore	4,281
5	Australia	3,995
계		121,375
카지노 시장 점유율(%)		77.2

자료: Global Betting and Gaming Consultants(2017), 「Data Appendix and Forecasts」

3) 게이밍머신(Gaming Machine)[10]

2014년 게이밍머신 매출액 상위 5개국을 살펴보면, 일본이 24,575백만 달러로 1위, 이탈리아가 12,293백만 달러로 2위, 호주가 10,065백만 달러로 3위, 미국이 7,538백만 달러로 4위, 독일이 7,506백만 달러로 5위이며, 상위 5개국이 전체 게이밍머신 시장에서 차지하는 매출액 비율은 71.7%이다.

---

10) 주로 카지노 밖에 있는 게이밍머신을 의미함(Amusements with Prizes, Fixed Odds Betting Terminals, Video Lottery Terminals 등)

〈표 1-33〉 2014 게이밍머신 매출액 상위 5개국

(단위:백만 US$)

순위	게이밍머신	2014년
1	Japan	24,575
2	Italy	12,293
3	Australia	10,065
4	US	7,538
5	Germany	7,506
계		61,981
게이밍머신 시장 점유율(%)		71.7

자료: Global Betting and Gaming Consultants(2017), 「Data Appendix and Forecasts」

4) 복권(Lottery)

2014년 복권 매출액 상위 5개국을 살펴보면, 중국이 30,836백만 달러로 1위, 미국이 24,564백만 달러로 2위, 이탈리아가 7,221백만 달러로 3위, 독일이 6,036백만 달러로 4위, 영국이 5,522백만 달러로 5위이며, 상위 5개국이 전체 복권 시장에서 차지하는 매출액 비율은 55.5% 정도이다.

〈표 1-34〉 2014 복권 매출액 상위 5개국

(단위:백만 US$)

순위	복권	2014년
1	China	30,836
2	US	24,564
3	Italy	7,221
4	Germany	6,036
5	UK	5,522
계		74,180
복권 시장 점유율(%)		55.5

자료: Global Betting and Gaming Consultants(2017), 「Data Appendix and Forecasts」

5) 기타(Bingo/Others)

2014년 빙고/기타 사행산업 매출액 상위 5개국을 살펴보면, 미국이 4,917백만 달러로 1위, 캐나다가 1,147백만 달러로 2위, 스페인이 752백만 달러로 3위, 이탈리아가 738백만 달러로 4위, 영국이 574백만 달러로 5위이며, 상위 5개국이 전체 빙고/기타 사행산업 시장에서 차지하는 매출액 비율은 70%이다.

〈표 1-35〉 2011~2012 기타 매출액 상위 5개국

(단위:백만 US$)

순위	기타	2014년
1	US	4,917
2	Canada	1,147
3	Spain	752
4	Italy	738
5	UK	574
계		8,131
빙고/기타 사행산업 시장 점유율(%)		70.0

자료: Global Betting and Gaming Consultants(2017), 「Data Appendix and Forecasts」

3. 세계 사행산업 대륙별 매출

1) 연도별 · 대륙별 사행산업 매출 현황

2015년 대륙별 사행산업 매출액은 아시아가 1,298억 달러로 대륙 중 가장 높게 집계되었으며, 북미 1,208억 달러, 유럽 1,148억 달러, 중남미 267억 달러, 오세아니아 189억 달러, 아프리카 55억 달러 순으로 집계되었다.

〈표 1-36〉 연도별 · 대륙별 사행산업 매출액 현황

(단위:백만 US$)

구분	2010년	2011년	2012년	2013년	2014년	2015년
아시아	116,430.19	129,272.41	146,915.61	150,277.56	151,600.72	129,845.49
유럽	115,241.03	126,218.92	116,101.00	118,889.87	121,431.41	114,750.54
북미	111,383.40	114,486.84	117,875.83	119,151.37	119,419.55	120,778.60
중남미	26,111.94	28,638.65	28,035.55	28,281.58	26,853.86	26,655.90
아프리카	4,994.68	5,150.45	5,801.99	5,540.57	5,518.69	5,510.33
오세아니아	18,980.19	21,883.06	23,176.56	22,111.18	21,440.73	18,926.46
합 계	393,141.42	425,650.33	437,906.53	444,252.15	446,264.95	416,467.32

자료: Global Betting and Gaming Consultants(2017), 「Data Appendix and Forecasts」

2) 업종별 · 대륙별 사행산업 매출 현황

2015년 주요 대륙별 · 업종별 사행산업 매출액을 살펴보면 다음과 같다. 베팅의 경우, 아시아 대륙의 매출액이 23,661백만 달러로 가장 높았고, 유럽, 중남미, 북미, 오세아니아, 아프리카 대륙 순으로 나타났다. 카지노는 북미 대륙이 69,556백만 달러로 가장 높았으며, 아시아, 유럽, 중남미, 오세아니아, 아프리카 대륙 순으로 나타났다. 게이밍머신의 경우는 유럽, 아시아, 북미, 오세아니아, 중남미, 아프리카 순으로 나타났고, 복권은 아시아, 유럽, 북미, 중남미, 오세아니아, 아프리카 순으로 나타났다.

아시아는 전체 사행산업 매출 중 복권이 차지하는 비중이 35%로 가장 높았고, 유럽 및 중남미도 복권이 차지하는 비중이 각 34.7%, 39.2%로 집계되었다. 북미의 경우 전체 사행산업 매출 중 카지노가 차지하는 비중이 57.6%로 가장 높았으며, 아프리카 및 오세아니아도 카지노가 차지하는 비중이 각 39.9%, 22.7%로 나타났다.

〈표 1-37〉 2015년 대륙별 · 연도별 사행산업 매출액 현황

(단위:백만 US$, %)

구분	베팅	카지노	게이밍머신	복권	기타	합계
아시아	23,661.33	40,303.31	20,264.89	45,502.48	113.48	129,845.49
유럽	23,133.28	17,238.55	30,789.37	39,900.12	3,689.22	114,750.54
북미	3,595.55	69,556.46	12,711.51	28,743.19	6,171.90	120,778.60
중남미	3,757.87	6,475.72	4,933.42	10,445.76	1,043.13	26,655.90
아프리카	1,713.68	2,200.97	372.48	1,124.97	98.24	5,510.33
오세아니아	3,162.80	4,301.36	9,295.42	2,066.60	100.29	18,926.46
합계	59,024.51	140,076.37	78,367.09	127,783.12	11,216.26	416,467.32

자료: Global Betting and Gaming Consultants(2017), 「Data Appendix and Forecasts」

4. 주요 국가별 사행산업 현황

1) 주요 국가의 사행산업 매출액 순위

2014년 세계 사행산업 매출에 대하여 미국이 102,301백만 달러로 1위, 마카오가 44,292백만 달러로 2위, 일본이 40,720백만 달러로 3위, 중국이 30,836백만 달러로 4위, 이탈리아가 22,828백만 달러로 5위를 기록하였다.

〈표 1-38〉 세계 사행산업 매출액 순위

(단위:백만 US$)

순위	국가	2014년 매출액
1	US	102,301
2	Macau	44,292
3	Japan	40,720
4	China	30,836
5	Italy	22,828

자료: Global Betting and Gaming Consultants(2017), 「Data Appendix and Forecasts」

2) 유럽 주요 국가 사행산업 매출액 현황

2014년 유럽의 주요 국가 사행산업 매출액은 총 122,402백만 달러로서, 이탈리아가 22,829백만 달러로 유럽 국가 중 가장 높은 것으로 나타났으며, 영국 16,764백만 달러, 독일 15,076백만 달러, 프랑스 12,532백만 달러, 스페인 10,624백만 달러 순으로 집계되었다.

〈표 1-39〉 유럽 주요 국가 사행산업 매출액 현황

(단위:백만 US$)

	구분	2008년	2009년	2010년	2011년	2012년	2013년	2014년
1	Italy	19,516	21,131	20,723	26,578	24,132	23,235	22,829
2	United Kingdom	22,650	19,358	19,067	18,113	18,876	15,425	16,764
3	Germany	12,987	12,622	11,879	13,302	12,224	14,778	15,076
4	France	12,612	11,568	11,093	13,181	12,123	12,288	12,532
5	Spain	14,942	13,303	12,213	12,681	11,161	10,937	10,624
6	Gibraltar	2,374	2,622	3,016	3,380	3,396	3,739	3,848
7	Turkey	2,079	2,187	2,549	2,758	3,133	3,111	3,264
8	Sweden	2,498	2,182	2,325	2,724	2,519	2,621	2,585
9	Malta	1,889	2,055	2,275	2,538	2,511	2,806	2,845
10	Netherlands	3,061	2,708	2,400	2,536	2,325	2,330	2,433
11	Finland	2,101	2,047	1,978	2,283	2,148	2,252	2,409
12	Austria	2,029	1,983	1,837	2,112	1,977	2,024	2,104
13	Switzerland	1,767	1,687	1,673	1,993	1,770	1,743	1,827
14	Isle of Man	1,707	1,969	2,123	1,715	1,739	1,734	1,707
15	Czech	1,756	1,703	1,665	1,627	1,683	1,460	1,473
16	Belgium	1,699	1,633	1,344	1,436	1,682	2,056	2,262
17	Greece	3,158	2,790	2,271	2,025	1,595	2,212	2,397
18	Norway	1,386	1,329	1,418	1,624	1,508	1,531	1,536
19	Portugal	1,519	1,439	1,308	1,567	1,415	1,429	1,459
20	Alerney	1,630	1,787	1,894	1,552	1,356	1,514	1,521
21	Denmark	1,430	1,258	1,180	1,278	1,311	1,310	1,363
22	Ireland	1,681	1,456	1,316	1,280	1,067	1,161	941

구분		2008년	2009년	2010년	2011년	2012년	2013년	2014년
23	Poland	1,921	1,668	1,283	1,244	1,033	1,049	870
24	Cyprus	849	871	893	986	954	1,576	1,588
25	Slovakia	882	705	669	756	690	833	836
26	Romania	849	827	614	662	571	627	647
27	Hungary	1026	737	689	511	498	492	521
28	Russia	4437	1405	430	478	494	580	574
29	Slovenia	634	561	484	520	463	410	392
30	Croatia	500	409	372	414	428	432	447
31	Bulgaria	510	462	350	343	286	270	280
32	Serbia	294	274	245	270	234	247	274
33	Latvia	345	195	168	210	224	243	267
34	Monaco	380	293	260	242	222	232	253
35	Bosnia & Herzegovina	243	206	190	200	198	222	241
36	Aland, Finland	150	132	117	135	135	143	165
37	Luxembourg	147	139	125	136	120	123	141
38	Montenegro	159	149	134	134	120	143	153
39	Albania	90	91	99	111	115	140	144
40	Lithuania	128	91	77	100	108	122	130
41	Estonia	169	94	89	101	106	118	118
42	Ukraine	246	99	63	70	84	155	167
43	Belarus	109	116	137	111	82	162	194
44	Iceland	85	59	61	64	62	65	66
45	Macedonia	57	50	48	49	48	47	49
46	Kosovo	28	28	29	33	34	37	40
47	Moldova	8	8	8	9	8	9	9
48	Jersey	4	3	4	4	4	5	6
49	Guernsey	2	2	2	2	2	3	5
50	Liechtenstein	66	59	56	44	-	-	-
유럽 합계		131,088	120,553	115,241	126,219	118,974	120,201	122,402

자료: Global Betting and Gaming Consultants(2017), 「Data Appendix and Forecasts」

3) 아시아 주요 국가 사행산업 매출 현황

2014년 아시아 주요 국가별 사행산업 매출액은 총 152,256백만 달러로 마카오가 44,292달러로 처음으로 가장 높게 집계되었으며, 일본 40,720백만 달러, 중국 30,836백만 달러, 한국 8,212백만 달러, 싱가포르 6,283백만 달러 순으로 집계되었다.

일본은 아시아 시장에서 가장 높은 매출액을 기록하다가 2010년부터 매출액이 감소하기 시작하였고, 마카오와 중국의 경우는 매출액이 지속적으로 상승하고 있다.

〈표 1-40〉 아시아 주요 국가 사행산업 연도별 매출액 현황

(단위:백만 US$)

	구분	2008년	2009년	2010년	2011년	2012년	2013년	2014년
1	Japan	49,161	51,291	52,861	47,174	46,664	45,474	40,720
2	Macau	13,855	15,190	23,832	33,712	38,295	45,440	44,292
3	China	7,631	9,695	12,251	17,165	20,722	24,946	30,836
4	South Korea	6,003	5,321	6,252	6,901	7,305	7,600	8,212
5	Singapore	2,217	2,144	5,081	6,827	6,682	6,059	6,283
6	Philippines	3,181	3,430	3,850	4,406	4,972	6,059	6,438
7	Hong Kong	2,639	2,599	2,727	3,048	3,233	3,503	3,854
8	Malaysia	2,361	2,314	2,668	2,775	2,814	2,696	2,436
9	Vietnam	1,727	1,948	2,012	2,051	2,152	1,492	1,616
10	Taiwan	1,146	1,108	1,294	1,586	1,591	2,354	2,001
11	India	1,437	1,118	1,115	1,003	856	1,492	1,594
12	Israel	641	638	704	735	745	876	949
13	Thailand	614	570	636	699	497	918	867
14	Cambodia	317	177	220	309	379	847	945
15	Burma	217	257	291	360	359	338	339
16	Armenia	198	156	154	158	153	142	128
17	Lebanon	95	96	96	95	106	114	106
18	Georgia	100	83	82	89	97	216	231
19	Sri Lanka	57	63	73	83	85	142	155
20	Azerbaijan	14	15	21	15	26	67	84
21	Laos	10	16	17	22	24	36	44

구분		2008년	2009년	2010년	2011년	2012년	2013년	2014년
22	Kazakhstan	13	14	18	19	20	44	42
23	Mongolia	-	-	-	1	8	9	8
24	Iraq	4	5	5	6	7	7	7
25	Nepal	16	14	15	7	6	5	2
26	Syria	8	8	7	9	5	2	1
27	Turkmenistan	3	3	3	4	5	5	5
28	North Korea	5	5	5	5	4	7	5
29	Uzbekistan	5	4	4	4	4	4	4
30	Iran	2	1	1	1	1	1	1
아시아 합계		93,650	98,284	116,415	129,260	137,617	150,911	152,256

자료: Global Betting and Gaming Consultants(2017), 「Data Appendix and Forecasts」

4) 북미 주요 국가 사행산업 매출액 현황

2014년 북미 대륙 주요 국가별 매출액은 총 119,432백만 달러로서 미국이 102,302백만 달러로 가장 높게 집계되었으며, 캐나다 15,442백만 달러, 멕시코 1,628백만 달러, 버뮤다 59백만 달러 순으로 집계되었다. 북미 대륙의 사행산업 매출액은 2010년부터 소폭 상승하는 추세이다.

〈표 1-41〉 북미 주요 국가 사행산업 연도별 매출액 현황

(단위:백만 US$)

구분		2008년	2009년	2010년	2011년	2012년	2013년	2014년
1	US	96,150	93,000	92,495	94,673	99,003	100,772	102,302
2	Canada	16,060	14,954	16,134	16,134	16,822	16,313	15,442
3	Mexico	2,785	2,127	2,696	2,696	2,254	2,010	1,628
4	Bermuda	63	59	58	58	56	55	59
북미 합계		115,058	110,140	111,383	111,383	118,134	119,150	119,432

자료: Global Betting and Gaming Consultants(2017), 「Data Appendix and Forecasts」

5) 중남미 주요 국가 사행산업 매출액 현황

2014년 중남미 대륙 주요 국가별 매출액은 총 22,006백만 달러로서 브라질이 7,195백만 달러로 가장 높게 집계되었으며, 아르헨티나 5,668백만 달러, 코스타리카 2,805백만 달러 순으로 집계되었다. 중남미 대륙의 사행산업 매출액은 2011년 이후로 감소하는 추세이다.

〈표 1-42〉 중남미 주요 국가 사행산업 연도별 매출액 현황

(단위:백만 US$)

	구분	2008년	2009년	2010년	2011년	2012년	2013년	2014년
1	Brazil	6,357	6,464	7,906	8,675	7,251	7,349	7,195
2	Argentina	4,997	5,254	6,214	6,899	7,090	7,379	5,668
3	Costa Rica	2,034	2,139	2,305	2,521	2,691	2,695	2,805
4	Colombia	1,034	1,102	1,311	1,429	1,550	1,209	1,169
5	Panama	937	1,000	1,072	1,257	1,375	1,402	1,459
6	Belize	637	688	745	839	906	905	946
7	Peru	325	468	618	825	871	737	766
8	Chile	391	497	614	647	691	771	720
9	Uruguay	348	344	417	477	501	549	559
10	Venezuela	1,180	956	431	295	314	232	232
11	Ecuador	218	227	246	243	194	132	141
12	Paraguay	109	92	104	127	123	136	139
13	Nicaragua	131	117	107	104	102	106	103
14	Honduras	41	41	42	43	43	38	34
15	Boliva	19	20	21	19	18	17	13
16	French Guiana	13	12	12	14	14	15	16
17	Guatemala	15	13	12	12	12	12	13
18	El Salvador	7	7	7	7	7	7	7
19	Suriname	6	7	7	6	6	10	11
20	Guyana	2	2	3	3	3	9	10
	중남미 합계	18,802	19,447	22,193	24,441	23,761	23,708	22,006

자료: Global Betting and Gaming Consultants(2017), 「Data Appendix and Forecasts」

6) 오세아니아 주요 국가 사행산업 매출액 현황

2014년 오세아니아 대륙 주요 국가별 매출액은 총 21,568백만 달러로서 오스트레일리아가 19,505백만 달러로 가장 높게 집계되었으며, 뉴질랜드 1,712백만 달러, 파푸아뉴기니 184백만 달러, 바누아투 52백만 달러 순으로 집계되었다. 오세아니아의 사행산업 매출액은 2009년 이후로 증가하다가 2013년부터는 소폭 감소하는 추세이다.

〈표 1-43〉 오세아니아 주요 국가 사행산업 연도별 매출액 현황

(단위:백만 US$)

	구분	2008년	2009년	2010년	2011년	2012년	2013년	2014년
1	Australia	15,102	14,932	17,468	20,150	21,347	20,263	19,505
2	New Zealand	1,437	1,267	1,376	1,583	1,676	1,638	1,712
3	Papua New Guinea	83	85	102	133	188	175	184
4	Vanuatu	45	49	42	45	44	51	52
5	Fiji	28	28	28	30	31	31	31
6	French Polynesia	28	25	24	26	25	25	24
7	New Caledonia	16	15	16	17	16	17	18
8	Solomon Islands	5	5	5	6	6	6	6
	오세아니아 합계	16,682	16,343	18,980	21,883	23,174	22,237	21,568

자료: Global Betting and Gaming Consultants(2017), 「Data Appendix and Forecasts」

7) 아프리카 주요 국가 사행산업 매출액 현황

2014년 아프리카 대륙 주요 국가별 매출액은 총 5,522백만 달러로서 남아프리카공화국이 2,228백만 달러로 가장 높게 집계되었으며, 모로코 550백만 달러, 나이지리아 383백만 달러 순으로 집계되었다. 아프리카 대륙의 사행산업 매출액은 2012년까지 상승하다가 2013년부터 소폭 감소하는 추세이다.

〈표 1-44〉 아프리카 주요 국가 사행산업 연도별 매출액 현황

(단위:백만 US$)

	구분	2008년	2009년	2010년	2011년	2012년	2013년	2014년
1	South Africa	2,059	2,100	2,532	2,684	2,793	2,439	2,228
2	Morocco	387	402	416	473	481	516	550
3	Nigeria	439	340	347	341	353	347	383
4	Egypt	407	379	374	247	264	161	180
5	Mauritius	126	119	131	141	140	221	210
6	Namibia	125	115	134	137	127	113	107
7	Reunion	122	118	116	132	124	195	201
8	Tanzania	133	109	110	108	121	212	232
9	Ghana	83	75	78	93	94	123	101
10	Swaziland	33	40	52	66	75	41	40
11	Kenya	99	95	105	111	138	157	183
아프리카 합계		4,781	4,690	5,316	5,576	5,808	5,548	5,522

자료: Global Betting and Gaming Consultants(2017), 「Data Appendix and Forecasts」

제3절 ## 카지노산업의 개요

1. 카지노의 개념

오늘날 미국을 비롯한 많은 국가들이 자국의 관광산업을 육성하기 위한 정책의 일환으로 카지노산업을 관광산업의 전략산업으로 부각시키고 있으나, 이론적 배경이 호텔산업 등 여타산업과는 달리 학문적 연구가 미흡하여 카지노에 대한 개념정의가 정립되지 않아서 일부 학자들의 논리(論理)와 사전(辭典)을 통해 전문용어를 해석하는 수준에서 정의(定義)되고 있다.

카지노란 갬블링(gambling), 음악, 쇼, 댄스 등 여러 가지 오락시설을 갖춘 연회장이라는 의미의 이탈리아어 카사(Casa)에서 유래한 것으로 르네상스(Renaissance)시대에 귀족들이 소유하고 있던 사교·오락용의 별장을 의미하였으나, 오늘날에 와서는 일반적인 사교 또는 여가선용을 위한 공간으로서 각종 게임기구를 설치하여 갬블링이 이루어지는 장소를 의미한다고 정의하고 있다.[11]

그리고 웹스터사전(Webster's College Dictionary)에서는 카지노란 모임·춤 특히 전문 갬블링(professional gambling)을 위해 사용되는 건물이나 넓은 장소로 정의하고 있으며, 국어사전에서는 음악·댄스·쇼 등 여러 가지 오락시설을 갖춘 실내 도박장으로 정의하고 있다.

우리나라에서 카지노업은 종래 「사행행위등 규제 및 처벌특례법」에서 '사행행위영업'의 일환으로 규정되어 오던 것을 1994년 8월 3일 「관광진흥법」을 개정할 때 관광사업의 일종으로 전환 규정한 것이다. 그리고 「관광진흥법」은 제3조 제1항 5호에서 카지노업이란 "전문영업장을 갖추고 주사위·트럼프·슬롯머신 등 특정한 기구 등을 이용하여 우연의 결과에 따라 특정인에게 재산상의 이익을 주고 다른 참가자에게 손실을 주는 행위 등을 하는 업"이라고 정의내리고 있다.

우리나라의 카지노업은 관광산업의 발전과 크게 연관되어 있다. 특히 카지노

---

11) Alan Wykes, The Complate Illustrated Guide to Gambling, London, 1994, p.27.

는 특급호텔 내에 위치하여 외래관광객에게 게임·오락·유흥 등 야간관광활동을 제공함으로써 체류기간을 연장시키고, 관광객의 소비를 증가시키는 주요한 관광산업 중의 하나로 발전되어 왔다. 또한 카지노업은 외래관광객으로부터 외화를 벌어들여 국제수지를 개선하는 데 기여해 왔으며, 국가재정수입의 확대와 소득·고용창출 등 긍정적인 경제적 효과를 가져온 주요 수출산업이라고도 할 수 있다.

한편, 오늘날의 카지노는 단순히 게임만을 제공하는 차원에서 벗어나 가족여행객을 포함한 대중관광객을 유치하기 위해 다양한 볼거리를 제공하는 리조트 형태로 바뀌어가고 있다. 대중관광객을 위한 엔터테인먼트센터나 테마파크를 건설하고, 부담없이 즐길 수 있는 슬롯머신이나 비디오게임을 도입했으며, 회의 참가자들을 위한 컨벤션센터를 건립했다. 이처럼 현대의 카지노는 고객층을 특수계층에서 일반대중 관광객계층으로 확대했을 뿐만 아니라, 이를 통하여 과거의 '도박'이란 개념에서 '여가활동'이란 개념으로 사람들의 인식을 전환하는 데 중요한 역할을 했다.

2. 카지노산업의 특성

카지노산업은 관광객의 게임욕구와 다양한 여가활동의 상호관계를 살펴볼 때, 카지노 핵심(核心)부문과 카지노 연관(連關)부문으로 구성되어 있다. 카지노 핵심부문은 관광객의 핵심욕구를 직접 충족시켜주는 테이블게임·머신게임과 같은 카지노 시설(施設)과 딜러와 같은 인적(人的)서비스가 포함되며, 연관부문은 관광객의 게임욕구와 여가욕구를 극대화하는 다양한 시설 및 이벤트 프로그램으로 숙박시설·테마파크, 이벤트 및 쇼 프로그램, 카지노정보서비스·교통수단·컨벤션시설 및 카지노기구의 제작·공급·판매사업 등을 말한다.

카지노가 '도박(gambling)'이란 개념에서 '여가활동'이란 개념으로 인식의 전환이 이루어짐과 동시에 카지노는 관광산업의 중심축(pivot)으로 등장, 도박으로 고정된 이미지에서 탈피하여 멀티-엔터테인먼트 콤플렉스(multi-entertainment complex)의 기능을 가진 카지노산업으로 발전하고 있다.[12] 이에 카지노산업의 특징을 살펴보면 다음과 같다.

첫째, 카지노업은 여타산업에 비하여 고용창출효과가 높다. 카지노업은 여타 관광 관련 산업에 비해 규모나 시설은 적으나 카지노의 특수한 조직구조와 운영으로 인해 하루 24시간 게임테이블을 운영하기 위하여 많은 종사원을 필요로 하기 때문에 경영규모에 비해 많은 고용창출을 하고 있다. 카지노는 순수한 인적 서비스상품이며 노동집약적인 산업으로, 수출산업인 섬유·가죽업, TV부문, 반도체산업 및 자동차산업에 비해 고용승수가 훨씬 높게 나타나고 있다.

둘째, 카지노업은 전천후 관광상품이다. 카지노가 주로 실내공간에서 이루어지는 여가활동이므로 악천후에도 전혀 상관하지 않고 이용이 가능한 관광상품이다. 또한 24시간 영업함으로써 야간 관광상품으로도 이용될 수 있으며, 자연관광자원의 기후에 대한 한계성을 극복할 수 있는 훌륭한 대체관광산업이 된다.

셋째, 카지노업은 무공해 관광산업이라고 정의할 수 있는데, 카지노산업의 외화가득률은 우리나라 대표적 수출산업인 자동차산업, 섬유·가죽 등의 의류산업, 텔레비전·세탁기 등 가전제품산업 및 반도체산업에 비해 훨씬 높은 산업이다. 카지노이용객 한 사람을 유치하면 컬러TV 4대, 반도체 76개 수출한 것과 같으며, 카지노에 외국인 관광객 11명이 유치된다면 고급승용차 1대를 수출하는 것과 맞먹는 효과가 있다고 한다.

넷째, 카지노는 외래관광객의 소비액을 증가시키고 체류기간을 연장시킨다. 카지노 이용객 1인당 소비액은 외래관광객 1인당 소비액의 약 48%를 차지할 정도로 단일지출항목으로는 상당히 높은 비중을 차지한다. 카지노는 외래관광객에게 게임장소와 오락시설을 제공하는 기능을 함으로써 체류기간 연장과 소비지출을 증가시키기 때문에 실제로 카지노가 없는 나라의 관광객의 체류 일수가 평균 1.5일인데 비해 카지노 게임을 하는 고객들의 체류 일수는 3.4일로 2일이나 차이가 나는 현상으로 설명할 수 있다.

---

12) 고택운, 「카지노산업 프로젝트 기획실무」, 2009, p.7.

다섯째, 카지노산업의 경제적 파급효과는 매우 크다고 본다. 정부의 강력한 규제와 도박산업이라는 사회적으로 부정적인 인식하에서도 각 지방자치단체에서 카지노를 유치하려는 치열한 경쟁에서 볼 수 있듯이 세수의 확보, 외래관광객 유치에 따른 외화가득효과(外貨稼得效果), 호텔 등 관광 관련 산업의 매출에 지대한 영향을 미치는 등 다양한 경제적 효과를 발생시킨다.

여섯째, 카지노는 양면성이 있다. 카지노가 여가선용을 위한 건전한 오락산업이며 세수확보, 외화유출방지, 고용창출 등 지역경제 활성화에 지대한 영향을 미치고 있어 국가 및 지방자치단체에서 적극적으로 카지노의 도입을 추진하려고 하는 긍정적인 사회경제적 측면이 있는가 하면, 카지노는 단순한 도박산업이며 범죄와 도박중독증, 가정파탄 및 도산, 과소비, 사행심 조장, 폭력조직과의 연루 등 각종 사회악의 온상이라는 부정적인 측면이 공존하고 있다.

제**2**장

외국 카지노산업의 현황

제2장 외국 카지노산업의 현황

제1절 카지노산업의 발전과정

중세 유럽 귀족들의 사교수단과 수도원 성직자들의 여가선용의 놀이방법 중 하나로 시작된 카지노는 17~18세기에 걸쳐 유럽 각국에 소규모 회원제 카지노가 개설된 것이 근대적인 카지노의 시작이며, 특히 독일에서는 18세기 중엽부터 Baden-Baden과 Wiesbaden에 정식 카지노가 개설되어 운영되었고 1830년경에는 20여개의 카지노가 있었다고 전해지고 있다. 이후 19세기에 들어 제국주의가 성행하면서 유럽 국가들이 진출하는 각 나라로 소규모의 카지노가 들어가기 시작하여 전 세계로 퍼져 나갔다.

이처럼 20세기 초까지는 유럽지역이 소규모의 카지노를 중심으로 한 근원지(根源地)였으나, 앵글로색슨족에 의한 신대륙 발견으로 서유럽의 갬블링이 도입된 미국의 카지노는 1930년대에 네바다 주에서 대공황(panic)을 극복하기 위한 경제정책의 일환으로 카지노를 육성하기 시작하여 전형적인 카지노산업으로 발전하면서 미국이 카지노의 중심지역으로 등장하였다.

미국에 도입된 카지노는 1990년대에 들어와서 라스베이거스(Las Vegas)를 중심으로 다양한 건축 · 테마 · 오락 · 쇼 등 엔터테인먼트를 제공하는 대규모 카지노호텔이 중심을 이루게 되었는데, 이와 같이 네바다주에서 활성화된 카지노는 미국 전역으로 확산되어 오늘날에는 한두 개의 주(州)를 제외한 미국의 모든 주에서 카지노의 합법화(合法化)를 위한 입법조치가 완료되었거나 진행중인 것으로 전해지고 있다.

한편, 유럽지역으로부터 시작된 카지노산업은 아프리카, 아시아, 호주지역으로도 급속히 확산되어 하물며 도박을 금기시하는 사회주의국가에서도 가속화되는 추세인데, 특히 체코(2009년 기준 135개소로 세계 5위), 러시아(106개소로 세계 6위), 폴란드(31개소로 세계 11위), 헝가리(6개소로 세계 26위) 등 동유럽국가들의 카지노 확산이 두드러진다.

아시아 국가는 유교문화의 영향을 강하게 이어가고 있으나, 관광상품의 다양화, 외화획득 및 외화유출방지의 목적으로 카지노사업을 주요 관광산업으로 육성하고 있는 추세이다.

마카오는 40여년 간 지속된 스탠리 호(Stanley Ho)의 독점권을 폐지하고 신규허가를 외국인에게도 부여하여 2004년에 최초로 미국자본의 카지노가 개장되었다. 마카오에서는 20세기 초에 마약과 매춘을 일소하면서 대신에 도박장을 개설하여 마카오로 하여금 주요 관광지로 변화시켰으며, 오늘날에는 이른바 "동양의 라스베이거스"라 불릴 정도로 카지노가 활성화되어 있다.

아시아에서 세계적인 도덕국가로 자부하고 있는 싱가포르도 2005년에야 경제 활성화 차원에서 카지노 도입을 추진하기 시작하여, 2006년 '카지노컨트롤법'을 만들었고, 2010년에는 내국인 출입이 허용된 카지노가 있는 복합리조트 2곳을 연 뒤 그해 관광객이 60% 가까이 증가함으로써 카지노산업의 대표적인 성공국가로 불리고 있다.

대만도 20여년에 걸친 공론화 끝에 2009년에야 카지노가 합법화됐지만, 주민투표를 통해 찬성 여부를 결정하도록 단서를 달았다.

오랫동안 카지노 사각지대였던 일본도 최근 카지노 합법화에 나서고 있다. 일본은 도쿄올림픽이 열리는 2020년까지 내국인 출입이 가능한 카지노를 3곳가량 허용할 예정으로 있으나, 도박중독자 양산과 범죄조직의 자금줄 전락 등을 우려하는 반대여론이 만만치 않아 합법화 여부는 여전히 불투명하다. 그러나 일본에서는 카지노가 공식적으로는 인정되지 않으나, 자국민의 카지노욕구를 다소나마 충족시키고 외화유출을 방지하고자 준카지노형태인 카지노 바(Bar)를 승인하여 운영 중에 있으며, 실제로 일본인들이 가장 많이 즐기는 게임인 파친코(일명 구슬치기) 업소는 1만 여개나 된다고 한다.

호주(오스트레일리아)는 1997년 5월 멜버른에 세계 최대의 도박센터인 크라운 카지노가 개장되어 아시아의 카지노 고객들을 노리고 있으며, 카지노고객의 약 10% 정도가 온라인 카지노를 이용하는 것으로 나타났다.

최근에는 인터넷 통신을 이용한 "온라인 카지노(On-Line Casino)"가 급속히 확산되면서 이젠 도박을 즐기기 위하여 라스베이거스나 경마장에 갈 필요가 없이 집에서도 편안히 도박을 즐길 수 있게 되었다.

캐나다 토론토에서는 컴퓨터로 블랙잭게임을 즐길 수 있는 "카리비안 카지노"가 개설(카리브 카이크스 섬에 컴퓨터 설치)되었으며, 게임을 원하는 사람은 인터넷상으로 금전거래를 취급하는 네덜란드 E캐시사에 등록하면 된다. 이러한 카지노는 실제 카지노(Virtual Casino)에 비해 운영경비가 거의 들지 않는다는 장점이 있다. 영국의 브리크시 항공사는 항공기 좌석에 스크린을 부착, 비디오 게임과 블랙잭, 룰렛을 즐길 수 있는 시스템을 올 연말쯤 가동할 계획이어서 이젠 "인터넷 카지노"는 육지와 바다에서뿐만 아니라 하늘에서도 도박을 가능케 하고 있다.

외국의 카지노 현황

1. 세계 카지노시설 현황

2009년 말 기준 전 세계적으로 카지노시설은 5,648개소가 운영 중에 있는 것으로 집계되고 있다(2009 사행산업백서, pp.92~100).

전 세계적으로 카지노 개소수는 2004년에는 3,023개소, 2006년 3,120개소에서 2007년 7,777개소로 급격히 성장한 이후 2008년에는 4,974개소로 크게 감소하였다. 이는 2007년 중남미 및 카리브 대륙의 무분별한 카지노 영업허가권 남발로 인하여 일시적으로 카지노 개소수가 증가하였고, 2008년에는 카지노 허가에 대한 대대적인 단속으로 인해 카지노 개소수가 급격하게 감소한 것이다. 그러나 2009년에는 전년대비 674개소가 증가한 5,648개소로 나타났다.

2. 세계 10대 카지노 대국

관광수입에 있어서 세계 10위권에 속하며 카지노산업에 있어서도 세계 10위권에 드는 미국을 비롯한 선진 관광국가들이 카지노산업을 더욱 육성하고 있다는 사실은 카지노가 관광상품으로서의 중요한 위치를 차지하고 있다는 것을 의미한다고 본다. 또한 카지노가 관광상품의 일부분으로 단순한 도박이란 개념에서 벗어나 관광객의 게임이나 오락욕구를 충족시켜 줄 수 있는 합법화된 여가활동의 일부분으로 즐기고 있는 것이다.

주요 국가별 카지노시설 규모(2009년 기준)는 미국이 1,246개소로 1위를 차지했으며, 2위는 캐나다 630개소, 3위는 프랑스 197개소, 4위는 영국 151개소, 5위는 체코 135개소, 6위는 러시아 106개소, 7위는 아르헨티나 84개소, 8위는 독일 71개소, 9위는 스페인 38개소, 10위는 남아프리카공화국 36개소로 10대 카지노대국으로 분류되고 있다.

우리나라 카지노시설은 2009년 말 기준으로 17개소인데, 세계 주요 30개 국가 중 13위를 차지하였다(위의 〈표 2-1〉 참조).

〈표 2-1〉 세계 주요 30개국 카지노 업체수(2009년 12월 말 기준)　(단위:개소)

국가별(순위)		업체수	국가별(순위)		업체수
1	미국	1,246	16	오스트리아	14
2	캐나다	630	17	오스트레일리아	13
3	프랑스	197	18	네덜란드	13
4	영국	151	19	포르투갈	10
5	체코	135	20	벨기에	9
6	러시아	106	21	슬로바키아	9
7	아르헨티나	84	22	아일랜드	8
8	독일	71	23	이탈리아	7
9	스페인	38	24	뉴질랜드	6
10	남아프리카공화국	36	25	덴마크	6
11	폴란드	31	26	헝가리	6
12	스위스	19	27	스웨덴	4
13	한국	17	28	룩셈부르크	1
14	그리스	17	29	필란드	1
15	인도	15	30		

자료: 2009 사행산업백서, pp.99~100의 통계를 참조 저자 작성.

3. 해외 카지노산업의 현황 및 분석

1) 해외 카지노산업의 현황

세계적으로 카지노는 미국이 1,246개소로 1위를 차지하고 있고, 다음으로 2위는 캐나다 630개소, 3위 프랑스 197개소, 4위 영국 151개소, 5위 체코 135개소, 6위 러시아 106개소, 7위 아르헨티나 84개소, 8위 독일 71개소, 9위 스페인 38개소, 10위 남아프리카공화국 36개소로 세계 10대 카지노 대국으로 분류되고 있다.

오스트레일리아(호주)는 1973년에 국민투표에 의해 카지노 설립을 허용하여 2009년 말 현재 13개 카지노업체가 운영 중에 있고, 동구권은 1980년대 말부터 카지노를 도입하면서 현재 82개 사업장을 운영하고 있다. 또한 특이한 것은 카리브해 연안국에 83개소가 운영되고 있는데, 멕시코는 관광객 유치와 경제개발을 목적으로 카지노 설립안을 상정 중에 있다.

유럽지역의 카지노는 영국, 독일, 프랑스를 중심으로 발달되어 왔는데, 다른 대륙의 카지노와는 달라서 고급사교장의 이미지가 강할 뿐만 아니라, 자국민의 외화유출 방지와 경제활성화를 위하여 카지노를 운영하고 있는 것이 유럽 대부분 국가의 현실정이다.

유럽에서 주요 카지노국가라 할 수 있는 영국은 1960년대에 제정된 '게임법'을 근거로 151개소의 카지노가 스코틀랜드 및 웨일즈 등지에 분포되어 있으며, 엄격한 멤버십으로 관리·운영되고 있다. 또한 프랑스에서는 197개소의 카지노가 영업 중이며, 스페인에서는 게임산업이 관광산업의 선도적 역할을 담당하고 있다. 카지노게임 외에도 슬롯머신, 빙고 등이 활성화되어 다양한 형태의 게임을 통해 자국민 및 외래객의 여가욕구를 충족시키고 있다.

2) 카지노산업의 세계적 동향

전 세계적으로 매년 200여 개의 카지노업체가 세계 여러 지역에서 카지노 개발에 박차를 가하고 있으며, 특히 동유럽을 중심으로 한 유럽국가 및 독립국가

연합(CIL), 카리브해 연안지역, 남미 그리고 태평양 연안국가 등에서 신설 카지노 개발사업이 이루어지고 있다.

동유럽국가 및 독립국가연합에서는 1990년 이후 자본주의의 상징인 카지노시설이 많이 증설되었는데, 그 이유는 이들 국가에서 국가시스템을 자유시장경제체제로의 전환과 함께 새로운 정치구조로의 변화를 추구하는 데 필요한 자금과 국제통화($)를 조달하기 위하여 이러한 현상이 나타나고 있는 것으로 생각된다.

특히 1989년 베를린장벽 붕괴 이후 동유럽국가들의 카지노 확산이 두드러지는데, 체코 135개소, 러시아 106개소, 폴란드 31개소, 슬로바키아 9개소, 헝가리 6개소가 운영 중에 있다. 한편, 독일은 현재 71개소가 운영 중에 있으며, 터키의 경우는 정부에서 지중해 연안의 휴양지역을 중심으로 관광객 유치와 국제통화 조달을 위하여 카지노산업을 검토 중에 있다.

이상과 같이 대부분의 국가는 관광객 유치 및 외화조달을 위해 계속적으로 카지노사업을 연구하고 있으며, 국가의 정책사업으로 이끌어 가고 있다.

(1) 북미지역

세계에서 가장 카지노에 관심을 쏟고 있는 지역으로 세 개의 국가만으로도 다른 어떤 대륙보다 많은 카지노를 보유하고 있는 곳이 북미지역인데, 18~19세기경 유럽인들이 미국지역으로 진출하면서 기존 카지노보다 더욱 활성화되기 시작하였다.

1930년대에 미국은 경제대공황으로 경기침체 속에서 벗어나지 못할 때 네바다주 라스베이거스를 중심으로 경제공황 돌파구로 카지노산업을 합법화하면서 본격적으로 육성·활성화되기 시작했는데, 2009년 현재 한두 개의 주를 제외한 미국 전 지역에서 1,246개 카지노업체가 운영되고 있다. 미국의 카지노 리스트를 보면 라스베이거스가 미국 카지노의 중심지임을 알 수 있고, 또 라스베이거스 카지노는 미국을 포함한 세계 모든 겜블러들에게 최고의 게임장으로 동경의 대상이 되고 있다. 그 외 미국 내 게임지로는 애틀랜틱시티, 빌럭시, 리노 등이 있고, 미시시피와 루이지애나는 골프와 게임장으로서 그 성장세는 눈여겨 볼 만하다. 캘리포니아와 콜로라도 역시 성장세가 뚜렷하며, 그 중에서도 콜로라도의

Black Hawk 카지노가 두드러진다. 또 일리노이즈와 인디애나의 선상카지노 역시 나날이 번창하고 있으며, 펜실베이니아도 성장세의 게임지역으로 눈에 띄고 있다.

캐나다의 카지노와 게임산업은 가파른 성장세를 보이고 있다. 1969년에 최초로 지방자치단체에서 카지노업체 1개소를 운영하였던 것이, 최근에 자국민의 게임산업에 대한 욕구와 달리 유출을 막기 위해 카지노를 활성화함으로써 2009년 현재에는 630개의 카지노업체가 운영되고 있다.

캐나다의 카지노는 중간 크기에서 초대형에 이르기까지 다양하여 슬롯머신, 크랩스, 룰렛, 키노, 블랙잭, 바카라 등 많은 게임을 즐길 수 있으며, 자국민 및 북서지역의 미국인들에게도 각광을 받고 있어 이들 카지노에서는 다양한 서비스와 식사를 즐길 수 있다.

멕시코는 2006년 휴양지와 관광지에 관광객 유치와 경제활성화를 목적으로 카지노를 추진하여 몇 개의 카지노가 오픈하였지만 영업을 하지 않고 다시 오픈할 계획도 없는 것으로 알려지고 있다(출처: World Casino Directory).

가) 미국의 카지노 역사

앵글로색슨족에 의한 신대륙 발견으로 서유럽의 갬블링이 도입된 미국의 카지노는 1931년 네바다 주에서 대공황(panic)을 극복하기 위한 경제정책의 일환으로 카지노를 육성하기 시작하여 전형적인 카지노산업으로 합법화되면서 미국이 세계 "카지노의 메카"라 불릴 정도로 대규모 상업성을 갖춘 현대화를 이룩하였다.

1978년 뉴저지주 애틀랜틱시티에 카지노가 문을 열어 동부 해안지역에 새로운 카지노시대가 개막되었고, 1981년에는 노스다코타에 저액베팅 블랙잭이 합법화되어 버스관광 정킷(Junket) 활동이 시작되었으며, 1988년에는 "인디안게임 규제방안"이 통과됨으로써 130여개의 인디안 보호구역에 카지노가 합법화되었다. 1990년에는 제한된 저액베팅 카지노가 콜로라도주의 폐광지역, 선상카지노가 아이오와주, 일리노이주, 루이지애나주, 미시시피주에 합법화되었다.

미국의 카지노산업은 미국 전역에 걸쳐 빠른 속도로 확산되어 2009년 현재 1,246개소(세계 1위)가 운영되고 있다. 이렇게 미국의 게임산업이 성공적으로 추진되고 있는 데는 몇 가지 요인이 있다.

첫째, 게임활동은 자발적인 세원을 확보할 수 있다고 믿고 있기 때문에 주정부에서 카지노게임을 허가해 주고 있다.

둘째, 시간이 지날수록 많은 사람들이 카지노게임을 여가활동의 일부분으로 인식하고 있으며, 또한 카지노게임을 "흥겨운 저녁나들이"로 생각하고 있다.

셋째, 부유한 은퇴자들은 카지노와 복권시장 모두에 있어서 가장 큰 단일시장이라 생각하고 있다.

넷째, 카지노산업은 고액베팅 VIP 고객 위주에서 비전문 도박인 저액베팅 고객을 유치하기 위한 마케팅활동으로 게임 다양화에 노력하고 있다.

다섯째, 카지노산업의 확대는 여가활동의 목적으로 카지노를 이용할 수 있도록 많은 사람들에게 게임할 기회를 제공하고 있다.

나) 네바다주

네바다주는 1864년 이래 몇 개의 게임형태가 허용되어 왔으나, 카지노가 합법화된 것은 1931년 경제대공황이 최고조에 달한 때였으며, 네바다의 새롭고 완전 개방된 게임법률은 경제활성화 및 세원 확보의 방법으로 이용되었다. 이러한 특성 때문에 네바다 조세위원회에 게임에 대한 지배권이 주어졌다. 네바다 게임산업이 붐을 이루기 시작한 때는 제2차 세계대전 이후이며, 캘리포니아주의 인구증가, 자동차의 대중화, 카지노 영업장에 에어컨의 설치, 상업용 항공기의 운항 증대, 새로운 마케팅 및 유흥전략에 기인되었다. 카지노게임을 불법화한다는 연방정부의 개입에 대한 위협아래 네바다는 규제시스템을 강화하는 점진적 캠페인을 전개하였다.

1955년 게임법의 제정을 담당하는 상임집행기관으로서 주정부게이밍 통제위원회(State Gaming Control Board)가 창설되었다. 그 뒤에 조세위원회는 포괄적인 규제관리시스템(System of Regulatory Control)을 채택하였다. 1959년 허가와 규정에 대한 권한이 조세위원회에서 새로 구성된 네바다게이밍위원회로 이양되었으며, 그 집행에 대한 책임은 주정부 게임통제위원회에 그대로 위임되었다. 이 두 규제기관은 부적격한 사람들을 가려내고 제지하기 위하여 엄격한 지원 및 조사과정을 단행하였다. 1950년대와 1960년대 초에 이르기까지 네바다 게임산업은 리노와 레이크타로의 게임 확장과 더불어 라스베이거스 스트립에 비상이 걸렸다. 1960년대 말엽에는 하워드 휴즈(Howard Hughes)가 일곱 개의 네바다 카지노를 매입함으로써 카지노산업의 신뢰를 확보하였다. 같은 기간 동안 기업게임법안(Corporate Gaming Act)이 채택되어 일반 기업들도 허가된 주주를 구성하지 않고도 카지노를 소유할 수 있었다. 그 결과 힐튼이나 라마다와 같은 유수한 기업들이 카지노 소유자가 되었다. 엄격한 규제시스템과 명성 있는 기업 및 개인의 참여는 연방정부의 개입에 대한 위협을 배제할 수 있었으며, 오늘날 카지노산업이 누리고 있는 사회적 지위를 확보하는 데 기여하였다.

현재 라스베이거스에는 세계에서 가장 큰 초대형 호텔 및 카지노시설을 갖추고 있을 뿐만 아니라, 고액베팅 고객(High Roller)에서 저액베팅 고객(Low Roller)에 이르기까지 다양한 고객층을 유지하기 위한 각종 연예쇼, 놀이시설, 주제공원, 어린이 놀이터를 제공하고 있다. 이는 라스베이거스가 단순한 게임장소가 아니라 다양한 볼거리와 가격이 저렴한 각종 먹거리와 휴식공간 및 오락게임을 제공하는 종합리조트로 인식되고 있다.

〈표 2-2〉 라스베이거스 주요 카지노업체의 카지노 및 유흥시설

카지노명	객실수	카지노 면적 및 시설	유흥시설
Caesars Palace	1,772	① 슬롯머신: 2,500(5¢~$500) ② 게임테이블: 126($5~5000) ③ 포커테이블: 18 ④ 키노, 레이스 & 스포츠북	① 라인지쇼 ② 쇼룸쇼 ③ 옴미맥스 영화관
Circus Circus	2,800	① 슬롯머신: 2,578(5¢~$5) ② 게임테이블: 105($1~5000) ③ 포커테이블: 18 ④ 키노, 레이스 & 스포츠북	① 실제서커스 공연 ② 스카이셔틀 ③ 어린이게임시설 ④ 그랜드스램캐년 스릴타기
MGM Grand	5,005	① 슬롯머신: 3,500(5¢~$100) ② 게임테이블: 165($1~500) ③ 포커테이블: 20 ④ 키노, 레이스 & 스포츠북	① 대형극장 ② 대형행사장 ③ 33에이커의 주제공원
Mirage	3,049	① 슬롯머신: 2,275(5¢~$500) ② 게임테이블: 123($1~5000) ③ 포커테이블: 31 ④ 키노, 레이스 & 스포츠북	① 시그프리드&로이대극장 ② 화산폭발장면 ③ 열대우림 ④ 대형 수족관 ⑤ 백사자 서식지

대부분의 미국인들은 여가생활의 한 부분으로 게임을 즐기고 있으며, 또한 각종 명성 있는 쇼 및 유흥을 즐길 수 있는 각종 놀이시설, 주제공원, 값싼 식음료 및 숙박시설은 가족동반 고객들을 유치하는 주요한 매력 포인트로 부상하고 있다. 라스베이거스의 카지노에는 입장료, 신분증 및 여권(ID/Passport)을 요구하지 않으며 게임연령은 21세 이상이어야 한다.

2005년 이후부터 라스베이거스는 도박의 도시를 넘어 소비자를 유혹하는 고급 놀이시설이 국제회의 및 전문전시 등 다양한 볼거리로 '컨벤션도시' 또는 '비즈니스도시'로 변화가 시작된 후 2009년 개관한 '시티센터'로 완성되었다.

컨벤션도시로서의 라스베이거스는 2008년에는 무려 2만 4천개의 크고 작은 컨벤션이 열려 630만명이 참석했고 이들이 쓴 돈만 76억달러였다. 2009년 라스베이거스의 컨벤션 장소는 88만 2587㎡(26만 6983평)으로, 2017년이 되면 120만 7750㎡(36만 5344평)로 더 늘어날 전망이다.

이런 변화는 카지노게임을 위해 라스베이거스를 찾는 사람보다 컨벤션, 휴식, 엔터테인먼트 등 카지노게임 외 목적으로 찾는 고객들이 더 많아지고 있는데 따른 것이다. 라스베이거스의 전체 매출 중 '카지노부문'과 '컨벤션관련 부문'의 매출은 1970년 및 1980년대만 해도 60% 대 40% 정도였으나, 2005년 이후에는 40% 대 60%로 전환됐다.

다) 뉴저지주

뉴저지주에서는 쇠퇴하고 있는 애틀랜틱시티를 재건하고 고용증대를 목적으로 1976년 카지노를 승인하였으며, 현재에는 동부연안의 가장 큰 카지노 관광지가 되었다. 현재 12개의 카지노가 영업 중에 있으며, 카지노호텔에서는 객실은 물론 다양한 레스토랑, 유명 연예인 쇼, 프로 카지노 게임대회를 제공하고 있다. 카지노 고객도 고액베팅에서 저액베팅 고객으로 변화하고 있으며, 특히 여가생활의 일부분인 기분전환으로 카지노를 이용하므로 단순한 슬롯머신게임을 찾고 있다.

(2) 중남미지역

중남미지역은 정치적 · 경제적 · 사회적으로 안정을 가져온 국가들은 재원확보 및 고용증대, 경제활성화를 목적으로 카지노를 합법화하고 있으며, 그 중 국경 근처에만 70개 이상의 카지노를 보유한 아르헨티나가 카지노로선 가장 두드러진다.

콜롬비아, 페루 및 아르헨티나 국가들은 정치적·사회적으로 안정됨에 따라 카지노를 다시 개장 또는 신규허가를 해주었다. 특히 아르헨티나는 일부 카지노업체를 제외하고 중앙정부에서 소유·운영하고 있으며, 감독은 중앙정부, 규제 및 감독업무는 지방정부에서 맡고 있다.

남아메리카의 카지노는 세계 어느 곳과 비교해도 손색이 없을 만큼 최신식이며 대부분의 시설들이 하나 이상의 게임을 갖춘 복합리조트 형식으로 구성돼 있어, 이러한 시설에서 관광객들은 모든 기본게임 및 이제껏 접해보지 못한 새로운 형식의 게임 등 다양한 것들을 즐길 수 있다. 아르헨티나에는 2009년 현재 84개소의 카지노업체가 운영 중에 있는데, 각 카지노 보유지역은 이 때문에 인구 밀집지역이 되었다. 콜롬비아는 아르헨티나 다음가는 카지노 보유국으로 추정하고 있지만 국내 정치문제로 사실 여부를 판별하기 어려우며, 남아메리카 대륙에서 가장 큰 국가인 브라질을 제외하곤 모든 나라에서 게임을 즐길 수 있다. 또 가이아나는 최근 카지노를 합법화하였고, 칠레도 2006년 중반에 카지노와 리조트를 건설하여 총 325만 달러의 투자유치로 약 4천 개의 일자리를 창출하였다고 한다.

이들 모든 나라들의 카지노 수익금은 사회보건복지시설, 지역경제 활성화를 위한 기여금 및 관광산업 발전을 위한 재투자금 등으로 쓰이고 있다.

(3) 유럽지역

유럽은 일직부터 카지노가 발달한 지역이지만 미국과 같이 대규모 상업적 카지노로 발전하지 못하고, 비교적 소규모 게임시설에 엄격한 회원제로 관리·운영되고 있다.

특히 서유럽지역 대부분 국가들은 자국민의 외화 유출방지와 경제활성화를 위해 카지노를 유럽 전역으로 확산시켰으며 서유럽 거의 모든 국가에 카지노가 있지만, 그 중에서도 우세함을 보이는 나라는 2009년 말 기준으로 프랑스가 197개소, 영국 151개소, 독일 71개소 등이다. 다음으로 스페인 38개소, 폴란드 31개소, 스위스 19개소, 그리스 17개소, 네덜란드 13개소, 오스트리아 14개소, 벨기에 9개소, 포르투갈 10개소 등이다. 이탈리아는 경제적 측면만으로 봤을 때 서유럽 최고의 국가라 할 수 있지만, 카지노는 단 7개소만 보유하고 있을 뿐이다(2009 사행산업백서, pp.99~100).

유럽 대다수의 카지노에는 나름의 역사가 묻어 있지만 가장 유명한 곳은 독일의 바덴바덴으로, 2007년 6월 런던의 클럽들이 유럽 전통 스타일의 카지노에서 라스베이거스식의 현대식 카지노로 탈바꿈하면서 '카지노 궁전'이란 이름아래 대규모로 오픈하였다. 영국의 새로운 법안이 신규 카지노 확장과 라스베이거스의 현대식 'Super Casino'를 가능케 하였고 이러한 신식 카지노는 맨체스터에 들어설 예정이다.

북유럽 국가 중에는 스웨덴이 최근 4개소의 카지노를 오픈하며 카지노산업을 시작하였고, 핀란드는 단 1개소의 카지노만을 허가하며 절대 그 수를 늘리지 않고 있고, 덴마크는 이보다 더 오랫동안 카지노를 유지해 왔지만 그 수는 6개에 그칠 뿐이다. 유럽에서 가장 큰 국가인 노르웨이는 그 영토와는 걸맞지 않게 단하나의 카지노도 허가하지 않고 있으며, 아이슬란드도 마찬가지다.

동유럽국가는 전통적으로 도박을 금기시하는 사회주의 국가임에도 불구하고 카지노 확산이 두드러진다. 2009년 현재 체코가 135개소로 가장 많고, 다음으로 러시아 106개소, 폴란드 31개소, 슬로바키아 9개소, 헝가리 6개소 등으로 나타나고 있다. 오늘날 사회주의국가가 붕괴되면서 카지노가 자유화의 물결을 타고 동유럽국가를 넘어 전역으로 확산되는 추세이다.

가) 영국

1960년 카지노산업이 합법화된 이래 런던, 스코틀랜드, 웨일즈 등 휴양리조트나 공업도시 중심으로 카지노업체가 분포되어 있으며 엄격한 회원제로 관리·운영되고 있다. 1968년 제정된 게임법에 의해 게임위원회가 설립되어 카지노 허가는 엄격하게 심사하여 현존 수요가 충족된다고 확신할 때에만 허가하고 있다. 또한 모든 카지노는 엄격한 회원제로 운영되기 때문에 회원과 동반자만 카지노를 이용할 수 있으며, 회원가입은 18세 이상이면 신청 가능하며 법정시간 동안에 심사를 거쳐 회원권이 주어진다.

나) 프랑스

프랑스의 카지노는 오랜 전통을 자랑한다. 비록 국제수준에 비하면 낮은 소규모 업체가 대부분이지만, 2009년 말 기준으로 197개소의 카지노업체가 운영 중에 있으나, 이 가운데 12개의 유명 카지노업체가 전체 매출액의 60%를 차지하고 있다. 1987년에 새로 제정된 법률에서는 카지노 이용의 연령제한을 18세로 낮추었고, 영국식 룰렛과 슬로머신을 도입했다. 슬롯머신의 도입은 프랑스 카지노산업이 현대화하는 데 커다란 영향을 주었다.

다) 독일

독일의 카지노는 200여년의 역사를 가진다. 19세기 중엽부터 바덴바덴과 비스바덴의 온천도시 중심으로 카지노 게임시설이 운영되었으나, 제2차 세계대전 중에는 모두 영업을 중단하였다. 2009년 말 현재 71개 카지노업체가 운영되고 있으나, 소유권은 완전 주정부소유에서 개인소유에 이르기까지 다양한 형태로 운영되고 있다. 독일연방정부의 헌법은 카지노허가권을 개별 주에 위임하고 있어 카지노허가권은 각 주의 내무부에서 담당하고 있다. 주정부의 회계감사관은 카지노운영에 있어 어떤 변칙이 있는지를 감시하기 위해 카지노 영업 시작에서 종료시까지 상주 감시한다. 카지노의 허가기간은 신규허가의 경우 5년이며, 갱신한 경우 10년이다.

라) 스페인

스페인에서 카지노가 처음으로 합법화된 것은 1977년이다. 스페인에서 카지노산업은 관광산업 중에서 중심적 역할을 하고 있으며, 자국민은 물론 외래객의 여가욕구를 충족시키기 위해 다양한 게임을 선보이고 있다. 2009년 말 현재 38개소의 카지노가 운영되고 있는데, 카나리아제도와 발레아리제도에 각각 6개, 2개가 위치해 있으며 나머지는 내륙에 위치해 있다.

마) 오스트리아

오스트리아의 카지노는 1922년에 세입목적으로 온천이나 휴양지에서 운영되기 시작하여 2009년 말 현재 14개 업체가 운영 중에 있는데, 국제수준의 테이블 게임시설을 갖추고 있다고 한다. 특히 카지노는 '카지노 오스트리아'라는 주식회사에서 독점권을 갖고 운영하고 있는데, 이 회사주식의 3분의 2는 오스트리아 연방공화국이 직간접적으로 소유하고 있다.

(4) 아시아지역

아시아에서 카지노는 종교 및 정치적 이념과 도덕성으로 인해 다른 대륙에 비해 활성화되지 못했으나, 최근에 와서 외래관광객 유치와 외화획득을 목적으로 점차 활성화되는 추세이다.

가) 일본

일본에서는 카지노가 공식적으로 인정되지 않고 있다. 그러나 자국민의 카지노욕구를 다소나마 충족시키고 외화유출을 방지하기 위하여 준카지노형태인 카지노 바(Casino Bar)를 승인하고 있다.

일본의 카지노 바에서는 현금 등을 제공하는 장치를 구비한 오락시설 등을 설치하지 못하게 되어 있고, 또한 카지노 바에서는 원칙상 현금으로 칩을 살 수 있으나 칩을 현금으로 바꿀 수는 없으며, 그 대신 상품으로만 교환이 가능하다. 그러나 그 상품은 노인복지협회에 일정한 수수료를 주고 현금으로 바꿀 수 있다고 하며, 실제로 현금으로 교환해 주고 있다.

일본에서는 가장 인기있는 게임으로 파친코(일명 구슬치기)가 성행하고 있는데, 이는 오늘날 일본인들이 많이 즐기는 게임산업으로 인정받고 있다. 그러나 최근에 와서는 파친코와 슬롯머신을 합친 파치슬롯이 인기를 끌고 있다고 하는데, 파치슬롯은 슬롯머신과 같이 동전을 투입하지만 파친코에 비하면 빠른 속도로 진행되어 업체로서는 매출액을 증대시키는 데 크게 기여하게 되는 것이다.

오랫동안 카지노 사각지대였던 일본도 최근 카지노 합법화에 나서고 있다. 일본은 도쿄올림픽이 열리는 2020년까지 내국인 출입이 가능한 카지노를 3곳가량 허용할 예정으로 있으나, 도박중독자 양산과 범죄조직의 자금줄 전락 등을 우려하는 반대여론이 만만치 않아 카지노 합법화 여부는 여전히 불투명하다. 더욱이 카지노 합법화 반대논거의 하나로 파친코(일명 구슬치기) 업소가 1만 1천개나 있고, 경마·경정·경륜·오토레이스·복권 등이 활성화돼 있는데, 카지노까지 도입되면 사회적 폐해가 더욱 심해진다는 것이다.

나) 마카오

마카오(Macau)는 2002년 정부가 카지노영업권 추가를 발표하면서 라스베이거스의 대규모 자본이 본격적으로 유입되기 시작한 후, Sands Macau(2006), Venetian Macau(2007), MGM Grand Macau(2007) 등이 차례로 마카오에 입성하면서 아시아 제1의 카지노대국이 되었으며, 마카오카지노 영업장은 2004년 14개소에서 2011년 총 34개소로 증가하였으며, 게임테이블은 총 5,302대, 슬롯머신 총 16,056대로 운영 중이다.

2001년 이후 비약적으로 성장하여 외래관광객은 2005년 1,000만명을 돌파하였고 연평균 22.2%씩 성장하여 2011년 기준으로 약 2,800만명을 유치 관광대국으로 발전, 세계적인 관광도시로 변모하고 있다. 또한 마카오는 2006년 미국의 라스베이거스 매출액을 넘어섰고, 2008년에는 네바다주 전체 매출액을 추월한 이래 2011년 매출액은 한화 38조 5,000억원으로 이는 전년 동기 대비 42.2% 증가한 매출규모로 마카오는 세계 제1위의 카지노대국으로 부상하였다.

이와 같은 폭발적인 신장은 중국정부 지원과 중국 본토의 방문객에 기인하는데, 2010년 1,322만명, 2011년 1,616만명이 방문하여 마카오 전체 외래관광객의 58%의 점유율을 보이고 있고, 향후 마카오는 2015년까지 '타이파섬'과 '콜로안섬' 사이의 매립지에 총 150억 달러(한화 16.5조원)를 투자해 종합휴양지를 건립할 계획으로 방문객은 지속적으로 증가할 것으로 예측된다.

2011년 기준 마카오의 GDP는 약 326억USD이고 관광수입은 약 305억USD로 이는 마카오 GDP의 94%에 해당되며, 세수는 약 40%인 117억 6400만USD를 징수하였으며, 이는 정부 세수입의 80%에 해당된다. 마카오는 2011년 기준 1인당 국민소득은 5만 1400USD로 12년간 무상교육을 실시하는 복지정책을 실시하고 있고, 2012년에는 전 주민에게 $100을 지급하기도 하였다.

그러나 마카오는 도박 및 기타 레저산업이 GDP에서 차지하는 비중이 50%에

육박하는 등 경제가 도박산업을 주축으로 성장하였던 바, 이에 따라 불평등한 소득재분배, 전반적 소득수준에 맞지 않는 물가상승(부동산 포함) 등의 부작용을 초래한다는 비판여론이 형성됨으로써 최근 마카오정부는 이에 대한 해소를 위해 적극적으로 나서고 있다. 2008년 4월 카지노산업 제한정책의 일환으로 향후 신규 카지노 개발 및 기존 사업장의 슬롯머신 및 게임테이블 추가를 불허하겠다는 입장을 표명한 바 있다. 또한 과도한 본토(mainland)자금의 마카오 유입을 우려, 중국정부는 본토인들의 마카오 방문을 제한하기 시작하면서 카지노에 전적으로 의존하고 있던 마카오경제가 흔들리고 있다. 중국은 본토인들이 개별적으로 마카오를 방문할 수 있는 횟수를 2008년 6월 1일부터 한 달에 1회, 7월 1일부터는 두 달에 1회로 제한하기 시작하였고, 2008년 9월부터는 홍콩입국허가만 받으면 홍콩을 거쳐 마카오를 방문할 수 있도록 되어 있던 규정을 수정해 마카오 방문을 위한 별도 비자를 받도록 강제하고 있다. 또한 카지노산업의 주요 고객인 광동성 주민들이 단체관광을 제외하고 개별적으로 마카오를 방문할 수 있는 횟수를 2008년 6월 1일부터 한 달에 1회, 7월 1일부터는 두 달에 1회로 제한하는 조치를 취했으며, 10월 1일부터는 석 달에 1회로 제한한 바 있다. 비자발급 제한으로 본토인들의 마카오 방문이 급격하게 줄어들면서 마카오의 카지노 수입은 급격하게 감소할 것으로 예측된다. 반면, 필리핀과 한국의 카지노로 중국 본토인들이 원정도박을 오게 되면서 한국의 외국인전용 카지노업체에 호재(好材)로 작용할 것으로 분석된다.

다) 필리핀

필리핀은 2001년 카지노시장 규모는 약 280백만US$에서 2007년 약 500백만US$로 연평균 약 12.0%의 높은 성장세를 보이고 있으며, 2003년 매출액은 350백만US$로 2002년 대비 소폭 감소하였으나, 2004년에 약 370만US$로 오르면서 다시 성장세를 나타내고 있다. 이러한 추세가 지속되면 2010년경에는 1,167백만US$의 매출로 아시아시장의 5.4%를 점유할 것으로 예상된다. 1997년 카지노를 공식적으로 허가하여 국영기업인 필리핀 유흥·게임공사(PAGCOR: Philippine Amusement & Gaming Corporation)가 마닐라(Manila), 세부(Cebu) 등의 주요 관광지에 14개소의 카지노를 직접 운영하고 있으며, 외국인 투자자에 의해 2개의 카지노가 운영 중이다. 필리핀 중앙정부는 불공정한 관행과 사기도박 등의 이미지를 만회하기 위해 총 150억달러 규모의 카지노개발 프로젝트를 발표한 바 있으며, 필리핀의 카지노산업은 지속적으로 성장하고 있으나, 2008년에 PAGCOR면허가 만료될 예정이고 직영 카지노의 경우제한적인 자금과 시설만을 보유하고 있어 추가적인 개발에 어려움을 격고 있으나, 필리핀도 복합리조트 개발에 나서 '리조트월드마닐라(Resort World Manila)'가 완공단계이고, 마닐라 해안매립지에도 4개의 카지노를 포함한 '엔터테인먼트시티' 건설을 추진하고 있다.

라) 싱가포르

티끌 하나 없는 청정도시국가(the sqeaky-clean city-state)를 자랑하던 싱가포르에 2개의 카지노가 개장되었는데, 하나는 2010년 2월에 개장된 리조트 월드 센토사(Resorts World Sentosa)이고, 다른 하나는 2010년 4월에 개장한 마리나베이 샌즈(Marina Bay Sands)이다.

싱가포르에 문을 연 두 개의 카지노가 관광객몰이에 성공하면서 싱가포르의 새로운 성장동력으로 작용하고 있고, 라스베이거스와 마카오를 대적할 새로운 도박 허브로 떠오르고 있다.

싱가포르 관광청에 따르면, 2010년 2월에 개장한 겐팅(Genting) 그룹이 운영하는 리조트 월드 샌토사(Resorts World Sentosa)와 2010년 4월에 개장한 마리나베이 샌즈(Marina Bay Sands) 카지노는 2010년 모두 미화 28억달러의 매출을 기록하였다고 한다. 두 곳의 종합리조트 개장 덕분에 2010년 싱가포르를 찾은 관광객은 과거 최고를 기록했던 2007년의 1,030만명을 넘어 1,160만명이었다고 한다. 카지노입장객에 대한 정확한 숫자는 밝히지 않고 있으나, 주된 고객은 인도네시아, 중국, 호주, 말레이시아, 인도로부터의 고객인 것으로 알려지고 있다.

전문가들은 2011년 싱가포르카지노 매출액을 55억달러로 예상하고 있으며, 2012년에는 2010년의 라스베이거스 스트립의 매출액 약 58억달러를 초과하는 65억달러가 될 것으로 전망하고, 2014년에는 약 83억달러에 이를 것으로 추정하고 있다.

마) 말레이시아

말레이시아(Malaysia)는 아시아·태평양 지역에서 4번째로 큰 카지노시장으로 지난 5년간(2006~2010) 연평균 4.4%씩 성장하여 2010년 매출액 규모는 920백만 US$이었으나, 2014년에는 약 1,089백만 달러가 될 것으로 전망하고 있다. 말레이시아는 1972년 겐팅하이랜드리조트(Genting Highland Resort)에 처음으로 카지노 사업을 허가한 이후 지금까지 1개 사업체의 독점영업만을 허용하고 있다. 겐팅하이랜드리조트는 해발 1,800m에 위치하며, 지상에서 정상까지 25km를 가야 하는 세계에서 가장 높은 곳에 위치한 리조트로, 14만평의 부지면적에 호텔, 카지노, 테마파크, 컨벤션센터, 골프장을 비롯한 스포츠시설, 극장식당 등으로 구성되어 있고, 특히 고원지대에 위치한다는 장점을 살려 정상까지 100여대의 케이블카를 운행 중이며, 라스베이거스 카지노 규모의 대규모 원형 카지노업장과 인터내셔널 카지노룸이 회원제로 운영되고 있다. 겐팅하이랜드리조트는 지속적 성장으로 이슬람교도를 제외한 내국인 출입이 가능하며, 일반국민을 대상으로 대대적인 홍보전략을 추진하는 등 공격적 경영을 시도하고 있으며, 현재 겐팅하이랜드리조트는 지속적 성장으로 말레이시아 카지노산업의 매출은 증가세를 보이고 있지만, 마카오의 성장과 싱가포르의 시장진입 등 대외변화로 인하여 향후 소폭 둔화될 것으로 예상된다.

(5) 오세아니아지역

오세아니아지역에는 현재 15개 업체가 운영 중에 있으며, 1973년 호주 타스마니아 지역에 국민투표로 도입한 후 1997년 5월에 최대 규모의 크라운 카지노가 개장하여 호주에만 14개가 운영되고 있으며, 뉴질랜드는 1933년 외국기업에 1개 카지노 운영을 하도록 하였으며, 특히 관광산업 활성화를 위해 1990년 8월에 카지노 규정법안을 승인했다. 1998년 티니안(Tinian)섬에 다이너스티 카지노호텔(Dynasty Casino Hotel)이 운영 중에 있다. 피지와 타이티를 포함한 주요 관광지에도 카지노 오픈을 준비 중에 있는 것으로 알려지고 있다.

가) 호주

호주는 전례 없는 경기침체의 탈출구로 카지노산업을 활성화시키고자 미국 카지노회사와 합작으로 카지노 증설을 추진함으로써 지역주민 및 지역경제에 크게 기여하였다. 특히 지역주민의 고용을 증대시켰고, 다른 연관산업을 활성화하는데 성공함으로써 현재는 14개 업체가 운영 중에 있다. 카지노와 비디오포커는 4개 주에, 복권은 6개 주에서 허가되었으며, 비디오게임 매출액은 급성장한 반면에 복권, 경마 및 카지노 매출은 감소하였다.

나) 뉴질랜드

뉴질랜드는 1997년 오클랜드와 크리스처치에 규모가 큰 카지노가 각각 1개 업체가 있으며, 특히 오클랜드는 호텔 내에 있는데 규모가 큰 2개 업체와 소규모 2개 업체가 있다.

(6) 아프리카지역

아프리카 지역의 국가들은 정치적 안정도와 경제발전의 정도에 따라서 차이가 있으나, 남아프리카공화국이 36개의 가장 많은 카지노를 보유하고 있어 이 나라를 중심으로 카지노가 활성화되고 있다. 아프리카에서 가장 큰 카지노는 남아프리카공화국의 선시티 카지노로 알려져 있는데, 이곳은 아프리카의 가장 큰 게임그룹인 선 인터내셔널 카지노 중의 하나로 알려져 있다.

제 **3** 장

우리나라 카지노산업의 현황

제3장 우리나라 카지노산업의 현황

제1절 우리나라 카지노업의 발전과정

우리나라 카지노 설립의 법적 근거가 된 최초의 법률은 1961년 11월 1일에 제정된 「복표발행현상기타사행행위단속법」이다. 1962년 9월 동법의 개정된 사항에 "외국인을 상대로 하는 오락시설로서 외화획득에 기여할 수 있다고 인정될 때에는 이를(외국인을 위한 카지노설립) 허가할 수 있도록 한다"고 함으로써 카지노 설립의 근거가 마련되었다.

이와 같은 법적 근거에 따라 외래관광객 유치를 위한 관광산업 진흥정책의 일환으로 카지노의 도입이 결정되어 1967년에 인천 올림포스호텔 카지노가 최초로 개설되었고, 그 다음해에 주한 외국인 및 외래관광객 전용의 위락시설(게임시설)로서 서울에 워커힐호텔 카지노가 개장되었다.

그런데 1969년 6월에는 「복표발행현상기타사행행위단속법」을 개정하여 이때까지 카지노에 내국인출입을 허용했던 것을, 이후로는 카지노 내에서 내국인을 상대로 사행행위를 하였을 경우 영업행위의 금지 또는 허가취소의 행정조치를 취할 수 있게 함으로써 카지노에 내국인 출입이 제한되고, 외국인만을 출입시키는 법적 근거가 마련되었다.

1970년대에 들어 카지노산업이 주요 관광지에 확산되어 4개소가 추가로 신설되었으며, 1980년대에는 2개소가 추가 신설되었고, 1990년대에는 5개소가 신설되면서 전국적으로 13개 업소가 운영하게 되었다.

한편, 1991년 3월에는 「복표발행현상기타사행행위단속법」이 사행행위등 규제 및 처벌특례법」으로 개정됨에 따라 계속적으로 '사행행위영업'의 일환으로 규정되어 오던 카지노를 1994년 8월 3일 「관광진흥법」을 개정할 때 관광사업의 일종으로 전환 규정하고, 문화체육관광부장관이 허가권과 지도·감독권을 갖게 되었다. 다만, 제주도에는 2006년 7월부터 「제주특별자치도 설치 및 국제자유도시 조성을 위한 특별법」이 제정·시행됨에 따라 제주특별자치도에서 외국인전용 카지노업을 경영하려는 자는 제주도지사의 허가를 받도록 하였다.

이와 같이 외국인전용 카지노의 허가권을 갖게 된 문화체육관광부는 2005년 1월 28일자로 한국관광공사 자회사인 (주)그랜드코리아레저에 3개소(서울 2개소, 부산 1개소)의 카지노를 신규 허가하여 2006년 상반기 모두 개장하였다.

한편, 1995년 12월에는 「폐광지역개발지원에 관한 특별법」이 제정되면서 강원도 폐광지역에 내국인 출입카지노를 설치할 수 있는 법적 근거가 마련되었으며, 이에 따라 2000년 10월 28일 강원도 정선군에 강원랜드 스몰카지노가 개장되었고, 2003년 3월 28일에는 메인카지노를 개장하였다. 이로써 1969년 6월 이후 금지되었던 내국인출입 카지노의 시대가 개막되었다.

〈표 3-1〉 우리나라 카지노업의 발전과정

연대	발전과정
1960년대	• 1961년 11월 카지노설립의 법적 근거가 된 법률인 「복표발행현상 기타사행행위단속법」 제정 • 1967년 국내 최초로 인천 올림포스호텔 카지노 개설. 1968년에는 주한 외국인 및 외국인 관광객 전용인 워커힐호텔 카지노 개장 • 1969년 6월 「복표발행현상기타사행행위단속법」을 개정하여 이후로는 내국인 카지노 출입을 금지시키고 이를 어길 경우 영업행위 금지 또는 허가 취소의 행정조치를 취할 수 있도록 함

1970년대	• 1971년 속리산관광호텔 카지노 개장 • 1975년 제주칼호텔 카지노 개장 • 1978년 부산 해운대 파라다이스호텔 카지노 개장 • 1979년 경주 코오롱관광호텔 카지노 개장
1980년대	• 1980년 설악파크호텔 카지노 개장 • 1985년 제주하얏트호텔 카지노 개장
1990년대	• 1990년대 초 제주지역에 한해 카지노산업 규제완화조치로, 1990년에 제주그랜드호텔, 제주남서울호텔, 제주서귀포칼호텔, 제주오리엔탈호텔 카지노 개장, 1991년에 제주신라호텔 카지노, 1995년에 제주라곤다호텔 카지노가 개장되면서 제주지역에 총 8개 업체로 증가됨 • 1991년 3월 「복표발행현상기타사행행위단속법」이 「사행행위등 규제 및 처벌특례법」으로 개정되면서 카지노업을 사행행위영업으로 규정하고 이에 대한 허가등 행정권한을 지방경찰청장에게 부여함 • 1994년 8월 3일 「관광진흥법」 개정시 종래 사행행위영업으로 규정해오던 카지노업을 관광사업의 일종으로 전환규정하고 문화체육부(현 문화체육관광부)에서 허가권 및 감독권을 갖게 되었음 • 1995년 10월 「폐광지역개발지원에 관한 특별법」 제정을 통해 내국인 출입허용 카지노를 강원도 정선을 중심으로 개발 추진. 폐광진흥지구 지정 및 종합개발계획 수립 • 1997년 12월 카지노업의 게임종류가 15종에서 설롯머신, 비디오게임, 빙고게임이 추가되어 18종으로 확대됨 • 1998년 카지노산업 완화 및 외국인의 카지노 투자에 관한 법령안 입법예고, 컨벤션센터 등 국제회의시설에 카지노설치 허용 • 1998년 6월에는 내국인전용 카지노 법인인 (주)강원랜드 출범 • 1999년 6월 카지노업 외국인 및 외국인사업자에 개방 • 1999년 마작이 게임종류에 추가되어 총 19종으로 확대
2000년대	• 2000년 10월 내국인 출입허용 카지노인 강원랜드 스몰카지노 개장 • 2003년 3월 강원랜드 메인카지노 개장 • 2004년 「제주국제자유도시특별법」 개정을 통하여 제주관광사업에 5억달러 이상 투자하는 경우 외국인카지노 신규허가 가능하도록 함 • 2005년 1월 한국관광공사 자회사인 (주)그랜드코리아레저에 3개소(서울 2개소, 부산 1개소)의 카지노 신규 허가 • 2006년 7월부터 「제주특별자치도 설치 및 국제자유도시 조성을 위한 특별법」이 제정·시행됨에 따라 제주특별자치도에서 외국인전용 카지노업을

	경영하려면 제주도지사의 허가를 받아야 함 • 2007년 9월 사행산업을 통합 관리 감독하는 사행산업통합감독위원회 출범 • 2013년 9월 새만금사업 추진 및 지원에 관한 특별법(법률 제11542호, 2013년 9월 12일 시행) 제63조 　- 새만금사업지역에서의 관광사업에 투자하려는 외국인투자금액이 미합 중국화폐 5억 달러 이상인 경우에 외국인전용 카지노업 허가 • 2014년 3월 LOCZ 코리아, 인천 경제자유구역내 카지노업 사전심사 적합 통보 • 2015년 8월 크루즈산업의 육성 및 지원에 관한 법률(법률 제13192호, 2015.8.4. 시행) 제11조 신설 　- 국제순항 국적 크루즈선으로서 국제총톤수가 2만톤 이상인 경우에 외국 인전용 카지노업 허가 특례 • 2016년 3월 Inspire-IR, 인천 경제자유구역 내 카지노업 사전심사 적합 통보

자료: 문화체육관광부

제2절 카지노업체 및 이용현황

1. 카지노업체 현황

　2016년 12월 말 기준으로 등록된 우리나라 카지노업체는 17개소가 있는데, 이 중에서 외국인전용 카지노는 16개소, 내국인출입 카지노는 1개소이다. 외국인전용 카지노 16개소를 지역별로 살펴보면 서울 3개소, 부산 2개소, 인천 1개소, 강원 1개소, 대구 1개소, 제주 8개소이다. 내국인출입 가능 카지노는 강원랜드카지노 1개소가 운영 중에 있다.

　그런데 최근의 카지노업체 운영 현황을 살펴보면, 제주지역 8개 외국인전용 카지노 중 하얏트라젠시 제주호텔 랜딩카지노를 포함한 6곳에서 외국자본이 직간접적으로 경영에 관여하고 있다. 제주도에 대규모 복합리조트 사업에 외국 중국자본이 많이 참여하고 있다.

2. 카지노시설 및 운영 현황

1) 외국인전용 카지노

(1) 설립배경 및 연혁

외국인전용 카지노는 1960년대 외래관광객의 유치와 관광 외화수입 확대 등을 위하여 국내에 도입되었는데, 1961년 11월에「복표발행현상기타사행행위단속법」이 제정됨으로써 카지노 설립의 법적 근거가 마련되었다. 이와 같은 법적 근거에 따라 외래관광객 유치를 위한 관광산업정책의 일환으로 카지노의 도입이 결정되어 1967년 인천 올림포스호텔 카지노가 최초로 개장되었다. 1991년 3월에는 동법이「사행행위등 규제 및 처벌특례법」으로 개정됨에 따라 계속적으로 사행행위영업의 일환으로 규정되어 오던 카지노를 1994년 8월 3일「관광진흥법」을 개정할 때 관광사업의 일종으로 전환규정하여, 문화체육관광부장관이 허가권과 지도·감독권을 갖게 되었다. 다만, 제주도에는 2006년 7월부터「제주특별자치도 설치 및 국제자유도시 조성을 위한 특별법」이 제정·시행됨에 따라 제주특별자치도에서 외국인전용 카지노업을 경영하려는 자는 제주도지사의 허가를 받도록 하였다.

(2) 시설 현황

2016년 12월 말 기준으로 등록된 외국인전용 카지노는 16개소인데, 지역별로는 서울 3개소, 부산 2개소, 인천 1개소, 강원 1개소, 대구 1개소, 제주 8개소가 운영 중에 있다.

2016년 4월에는 인천 영종도에 첫 외국인전용 카지노 복합리조트인 '파라다이스시티'가 개장하였다.

2016년 외국인전용 카지노 종사원 수 및 게임시설 현황은 〈표 3-2〉와 같다.

〈표 3-2〉 외국인전용 카지노 종사원 수 및 게임시설 현황

(단위:대)

지역	업체명	종사원수	테이블 게임							머신 게임		총대수
			블랙잭	룰렛	바카라	빅휠	다이사이	포커	카지노워	슬롯머신	비디오게임	
서울	(주)파라다이스 파라다이스카지노 워커힐	811	12	9	69	-	2	15	-	6	129	7종, 242대
	그랜드코리아레저(주) 세븐럭카지노(서울강남코엑스점)	816	9	3	63	-	1	6	-	8	112	7종, 202대
	그랜드코리아레저(주) 세븐럭카지노(서울강북힐튼점)	507	7	4	34	-	2	3	1	24	128	8종, 203대
부산	그랜드코리아레저(주) 세븐럭카지노(부산롯데점)	330	8	4	30	-	1	2	-	5	111	7종, 161대
	(주)파라다이스 파라다이스카지노 부산지점	415	3	3	32	-	1	1	-	1	46	7종, 87대
인천	(주)파라다이스세가사미 파라다이스카지노	662	18	12	107	2	5	14	-	19	272	8종, 449대
강원 평창	(주)지바스 알펜시아카지노	8	3	1	9	1	1	1	-	-	-	6종, 16대
대구	(주)골든크라운 인터불고대구카지노	180	5	4	24	-	1	9	-	9	41	7종, 93대
제주	길상창휘(유) GONGZI카지노	256	3	2	30	-	1	2	-	-	24	6종, 62대
	(주)파라다이스 파라다이스카지노 제주지점	263	3	1	29	-	1	5	-	-	44	6종, 83대
	(주)마제스타 마제스타카지노	205	3	1	53	-	1	2	-	-	40	6종, 100대
	(주)건하 로얄팔레스카지노	167	4	1	34	-	1	-	-	-	-	4종, 40대
	(주)두성 파라다이스카지노 제주롯데	166	2	1	23	-	1	-	-	-	30	5종, 57대
	(주)지앤엘 제주썬카지노	128	4	3	52	-	1	-	-	-	51	5종, 111대
	람정엔터테인먼트코리아(주) 랜딩카지노	258	1	1	23	-	1	3	-	-	15	6종, 44대
	(주)메가럭 메가럭카지노	157	2	1	25	-	1	-	-	-	24	5종, 53대
계		5,329	87	51	637	3	22	63	1	72	1,067	9종, 2,003대

자료: 사행산업통합감독위원회(2017), 「2016년 사행산업 관련 통계」

(3) 운영 현황

2016년 외국인전용 카지노 이용객은 236만 2544명으로 전년 대비 10.7% 감소하였다. 업체별 이용객 수는 세븐럭카지노(서울힐튼점) 76만 3천명, 세븐럭카지노(서울강남점) 52만 4천명, 워커힐카지노 37만 9천명, 세븐럭카지노(부산롯데점) 23만 1천명, 파라다이스그랜드카지노 11만 5천명, 파라다이스카지노부산 9만 3천명, 인터불고대구카지노 9만명, 더호텔엘베가스카지노 6만명 등 순으로 나타났다.

2016년 외국인 전용 카지노 매출액은 1조 2,757억 원으로 전년 대비 2.5% 증가하였으며, 2014년까지 증가 추세를 보이다가 2015년부터 감소세에 접어들었다.

〈표 3-3〉 2016년 외국인전용 카지노 사업장별 매출 현황

(단위:백만원, 명)

지역	업 체 명	매출액	비중(%)	이용객	비중(%)
서울	워커힐카지노	344,669	27.0	379,517	16.1
	세븐럭카지노(서울강남점)	234,553	18.4	524,670	22.2
	세븐럭카지노(서울힐튼점)	220,061	17.3	763,060	32.3
부산	세븐럭카지노(부산롯데점)	86,211	6.8	231,025	9.8
	파라다이스카지노부산	101,560	8.0	115,542	4.9
인천	인천카지노	95,881	7.5	58,376	2.5
강원	알펜시아카지노(평창)	-0.6	-	506	0.1
대구	인터불고대구카지노	16,733	1.3	75,228	3.2
제주	더케이제주호텔카지노	5,382	0.4	15,291	0.6
	파라다이스그랜드카지노	55,233	4.3	62,124	2.6
	호텔신라카지노	25,386	2.0	33,307	1.4
	로얄팔래스카지노	20,566	1.6	24,167	1.0
	롯데호텔제주카지노	24,240	1.9	27,952	1.2
	더호텔엘베가스카지노	2,594	0.2	15,355	0.6
	하얏트호텔카지노	31,608	2.5	18,787	0.8
	골든비치카지노	11,021	0.9	17,637	0.7
계		1,275,697	100	2,362,544	100

주: 매출액은 관광진흥개발기금 부과 대상 매출액 기준
자료: 사행산업통합감독위원회(2017), 「2016년 사행산업 관련 통계」

〈표 3-4〉 외국인전용 카지노 사업체 현황

	업체명 (법인명)	최초 허가일	영업 장소	허가증 면적(㎡)	운영형태 (등급)
서울	파라다이스카지노 워커힐 【(주)파라다이스】	'68. 3. 5.	워커힐호텔	2,569.65	임대 (특1)
	세븐럭카지노 서울강남코엑스점 【그랜드코리아레저(주)】	'05. 1.28.	코엑스 컨벤션별관	2,110.35	임대 (컨벤션)
	세븐럭카지노 서울강북힐튼점 【그랜드코리아레저(주)】	'05. 1.28.	밀레니엄 서울힐튼호텔	1,728.42	임대 (특1)
부산	세븐럭카지노 부산롯데점 【그랜드코리아레저(주)】	'05. 1.28.	롯데호텔부산	1,583.73	임대 (특1)
	파라다이스카지노 부산지점 【(주)파라다이스】	'78.10.29.	파라다이스 호텔	1,451.36	임대 (특1)
인천	파라다이스카지노 【(주)파라다이스세가사미】	'67. 8.10.	파라다이스시티	8,726.80	직영 (특1)
강원 평창	알펜시아카지노 【(주)지바스】	'80.12. 9.	알펜시아 리조트	518.23	임대 (특1)
대구	인터불고대구카지노 【(주)골든크라운】	'79. 4.11.	인터불고호텔	1,504.56	임대 (특1)
제주	GONGZI카지노 【길상창휘(유)】	'75.10.15.	라마다프라자 제주호텔	2,328.47	임대 (특1)
	파라다이스카지노 제주지점 【(주)파라다이스】	'90. 9. 1.	메종글래드제주	2,756.76	임대 (특1)
	마제스타카지노 【(주)마제스타】	'91. 7.31.	제주신라호텔	2,886.89	임대 (특1)
	로얄팰레스카지노 【(주)건하】	'90.11. 6.	오리엔탈호텔	1,353.18	임대 (특1)
	파라다이스카지노 제주롯데 【(주)두성】	'85. 4.11.	롯데호텔제주	1,205.41	임대 (특1)
	제주썬카지노 【(주)지앤엘】	'90. 9. 1.	제주썬호텔	2,802.09	직영 (특1)
	랜딩카지노 【람정엔터테인먼트코리아(주)】	'90. 9. 1.	하얏트리젠시 제주호텔	803.30	임대 (특1)
	메가럭카지노 【(주)메가럭】	'95.12.28.	제주칼호텔	1,528.58	임대 (특1)
16개 업체(외국인 대상)				35,857.78	직영: 2 임대: 14

자료: 사행산업통합감독위원회(2017), 「2016년 사행산업 관련 통계」

(4) 공공재정 기여 현황

2016년 외국인 전용 카지노에서 납부한 조세액은 943억원으로 전년 대비 93.0% 감소하였다. 외국인 전용 카지노는 「관광진흥법」 제30조에 따라 관광진흥 개발기금을 납부하고 있는데, 2016년의 경우 전년 대비 3.0% 증가한 1,201억 원을 해당 기금으로 납부하였다.

〈표 3-5〉 외국인전용 카지노 조세기금 현황

(단위:억원)

구분	2007년	2008년	2009년	2010년	2011년	2012년	2013년	2014년	2015년	2016년
조세	112	352	494	573	951	1,023	1,264	1,644	1,820	943
기금	552	689	855	935	1,051	1,172	1,286	1,297	1,165	1,201

자료: 사행산업통합감독위원회(2017), 「2016년 사행산업 관련 통계」

2) 내국인 카지노((주)강원랜드)

(1) 설립배경 및 연혁

(주)강원랜드(이하 "강원랜드"로 칭함)는 석탄산업의 사양화로 폐광지역 경제 기반이 붕괴됨에 따라 관광산업을 대체산업으로 하여 폐광지역의 경제활성화를 위한 목적으로 「폐광지역개발지원에 관한 특별법」에 따른 개발사업 시행자로서 1998년 6월 29일 설립되었다.

강원랜드는 설립 이후 2000년 10월 28일 스몰카지노를 개장하였고, 2003년 3월 28일에는 메인 카지노를 개장하여 현재에 이르고 있다. 리조트 개발사업을 지속적으로 추진하여 스키장, 골프장, 관광호텔 등의 시설을 갖추는 한편, 지역연계사업을 추진하기 위하여 2009년 (주)하이원엔터테인먼트와 (주)하이원 모터리조트를 설립하였다.

강원랜드는 한국광해관리공단, 강원도개발공사 그리고 인근 4개 시·군과 강원도가 참여한 공공부문과 민간부문 등에서 총 1,070억원을 출자하였으며, 지분구조는 공공부문 51%, 민간부문 44%, 자사주 5%로 구성되어 있다. 이 중 한국광해관리공단이 전체 지분의 36%를 보유하여 대주주의 위치를 확보하고 있다.

〈표 3-6〉 강원랜드 주주 현황

(단위:백만원)

| 구분 | 공공부문 | | | | | | | | 민간부문 | 자사주 | 합계 |
	한국광해관리공단	강원도개발공사	정선군	태백시	삼척시	영월군	강원도	소계			
출자액	38,794	6,273	5,243	1,337	1,337	1,070	515	54,570	46,799	5,601	106,970
지분율	36.27	5.86	4.90	1.25	1.25	1.00	0.48	51.01	43.75	5.24	100

자료: 사행산업통합감독위원회(2017), 「2016년 사행산업 관련통계」

(2) 시설 현황

강원랜드는 강원도 정선군 사북읍 사북리 및 고한읍 고한리 일원에 총 5,324,432㎡ 규모의 카지노 리조트를 조성하였다. 주요 시설물로는 강원랜드 호텔·카지노, 하이원 호텔·골프장, 하이원 스키장 및 콘도 등이다.

강원랜드의 카지노시설은 강원랜드 호텔 내 12,792.95㎡ 공간에 테이블게임 200대와 머신게임 1,360대로 구성되어 있다. 테이블게임 기구는 바카라 88대, 블랙잭 70대, 룰렛 14대, 다이사이 7대, 포커 16대, 빅휠 2대, 카지노워 3대 등이며, 머신게임 기구로는 슬롯머신 296대, 비디오게임 1,064대 등을 보유하고 있다.

(3) 운영 현황

2016년의 강원랜드 순매출액은 1조 6,277억원으로 전년 대비 4.3% 증가하였다. 2010년까지 지속적인 증가 추세를 보인 이후 2011년 소폭 감소하였다가 2012년부터 다시 증가하였다. 2016년 강원랜드 1일 평균 매출은 4,447백만원으로 전년 대비 4.0% 증가하였고, 지속적인 증가 추세를 나타내고 있다.

2016년 강원랜드 카지노 입장객은 316만 9천명으로 전년 대비 1.1% 증가하였다. 입장객은 2006년과 2011년 일시적 감소가 있었으나 전반적으로는 증가 추세를 나타내고 있다. 2016년의 일평균 입장객은 8,658명으로 전년 대비 0.8% 증가하였다.

〈표 3-7〉 강원랜드 영업시설 현황

(단위:㎡)

구분	소재지	토지	건물
강원랜드 호텔&카지노	강원도 정선군 사북읍 사북리 424	274,388	• 연면적 – 강원랜드호텔: 72,040 – 컨벤션호텔: 46,699 – 카지노: 12,792.95(허가면적) – (구)테마파크(사무실 포함): 10,390 – 주차장(페스타프라자 포함): 74,728 – 운암정 부대시설: 5,062
하이원 호텔&골프장	강원도 정선군 고한읍 고한리 산1-139	53,954	• 연면적 – 호텔: 19,296 – 컨퍼런스홀/곤돌라스테이션: 4,952 – 옥외시설: 350 • 골프장 면적: 1,080,000 • 기타: 18홀, Par 72, 코스연장 6,583m
하이원 스키장&콘도	강원도 정선군 고한읍 고한리 산1-17	4,996,090	• 콘도 연면적: 195,156 • 기타: 18면, 슬로프면적 947,000, 슬로프총연장 21㎞, 표고차 680m
합계		5,324,432	-

자료: 사행산업통합감독위원회(2017), 「2016년 사행산업 관련 통계」

(4) 공공재정 기여 현황

2016년 강원랜드는 조세 및 기금으로 총 6,327억원을 납부하였다. 강원랜드가 납부한 국세 및 지방세는 3,040억원이며, 카지노 운영에 따라 납부하여야 하는 관광진흥개발기금 1,622억원, 폐광지역개발기금 1,665억원 등 총 3,287억원의 기금을 납부하였다.

제3절 # 카지노업의 허가 등[13]

1. 카지노업의 허가관청

관광사업 중 카지노업은 허가대상업종이다. 즉 카지노업을 경영하려는 자는 전용영업장 등 문화체육관광부령으로 정하는 시설과 기구를 갖추어 문화체육관광부장관의 허가(중요 사항의 변경허가를 포함한다)를 받아야 한다(관광진흥법 제5조 제1항). 다만, 제주도는 2006년 7월부터 「제주특별자치도 설치 및 국제자유도시 조성을 위한 특별법」(이하 "제주특별법"이라 한다)이 제정·시행됨에 따라 제주특별자치도에서 외국인전용 카지노업을 경영하려는 자는 제주도지사의 허가를 받아야 한다(제주특별법 제244조, '관광진흥조례' 제8조). 따라서 제주특별자치도에서의 카지노업과 관련된 모든 행정사항, 즉 카지노업의 허가와 운영 및 카지노업에 대한 지도·감독 등에 관하여 문화체육관광부장관의 권한은 제주도지사의 권한으로 하고, 「관광진흥법 시행령」이나 「관광진흥법 시행규칙」으로 정하도록 한 사항은 '도조례'로 정할 수 있도록 하였다(제주특별법 제244조 제1항 및 제2항).

2. 카지노업의 허가요건 등

1) 허가대상시설

문화체육관광부장관(제주자치도는 도지사)은 카지노업의 허가신청을 받은 때에는 다음 요건의 어느 하나에 해당하는 경우에만 허가할 수 있다(관광진흥법 제21조, 동법 시행령 제27조 및 "제주특별법" 제244조 제1항).

---

13) 조진호 외 3인 공저, 관광법규론(서울: 현학사, 2017), pp.190~210.

① **최상등급의 호텔업시설** — 첫째, 카지노업의 허가신청을 할 수 있는 시설은 관광숙박업 중 호텔업시설이어야 한다. 둘째, 호텔업시설의 위치는 국제공항 또는 국제여객선터미널이 있는 특별시·광역시·특별자치시·도·특별자치도(이하 "시·도"라 한다)에 있거나 관광특구에 있어야 한다. 셋째, 호텔업의 등급은 그 지역에서 최상등급의 호텔 즉 특1등급(5성급)이라야 한다. 다만, 시·도에 최상등급의 시설이 없는 경우에는 그 다음 등급(특2등급 즉 4성급)의 시설만 허가가 가능하다.

② **국제회의시설업의 부대시설** — 국제회의시설의 부대시설에서 카지노업을 하려면 대통령령으로 정하는 요건에 맞는 경우 허가를 받을 수 있다.

③ **우리나라와 외국을 왕래하는 여객선** — 우리나라와 외국을 왕래하는 2만톤급 이상의 여객선에서 카지노업을 하려면 대통령령으로 정하는 요건(동법 시행령 제27조 제2항 제2호의 요건)에 맞는 경우 허가를 받을 수 있다.

2) 허가요건

① **관광호텔업이나 국제회의시설업의 부대시설에서 카지노업을 하려는 경우의 허가요건**

가. 삭제 〈2015.8.4.〉

나. 외래관광객 유치계획 및 장기수지전망 등을 포함한 사업계획서가 적정할 것

다. 위의 '나.목'에 규정된 사업계획의 수행에 필요한 재정능력이 있을 것

라. 현금 및 칩의 관리 등 영업거래에 관한 내부통제방안이 수립되어 있을 것

마. 그 밖에 카지노업의 건전한 육성을 위하여 문화체육관광부장관이 공고하는 기준에 맞을 것

② **우리나라와 외국 간을 왕래하는 여객선에서 카지노업을 하려는 경우의 허가요건**

가. 여객선이 2만톤급 이상으로 문화체육관광부장관이 공고하는 총톤수 이상일 것(개정 2012.11.20.)

나. 삭제 〈2012.11.20.〉

다. 외래관광객 유치계획 및 장기수지전망 등을 포함한 사업계획서가 적정할 것

라. 위의 다.목에 규정된 사업계획의 수행에 필요한 재정능력이 있을 것

마. 현금 및 칩의 관리 등 영업거래에 관한 내부통제방안이 수립되어 있을 것

바. 그 밖에 카지노업의 건전한 육성을 위하여 문화체육관광부장관(제주도지사)이 공고하는 기준에 맞을 것

3) 허가제한

카지노업의 허가관청은 공공의 안녕, 질서유지 또는 카지노업의 건전한 발전을 위하여 필요하다고 인정하면 대통령령으로 정하는 바에 따라 카지노업의 허가를 제한할 수 있다(관광진흥법 제21조 제2항).

즉 카지노업에 대한 신규허가는 최근 신규허가를 한 날 이후에 전국 단위의 외래관광객이 60만명 이상 증가한 경우에만 신규허가를 할 수 있되, 신규허가 업체의 수는 외래관광객 증가인원 60만명당 2개 사업 이하의 범위에서만 가능하다. 이때 문화체육관광부장관은 다음 각 호의 사항을 고려하여 결정한다(동법 시행령 제27조 제3항 〈개정 2015.8.4.〉).

1. 전국 단위의 외래관광객 증가 추세 및 지역의 외래관광객 증가 추세

2. 카지노이용객의 증가 추세

3. 기존 카지노사업자의 총 수용능력

4. 기존 카지노사업자의 총 외화획득실적

5. 그 밖에 카지노업의 건전한 운영과 관광산업의 진흥을 위하여 필요한 사항

3. 폐광지역에서의 카지노업허가의 특례

1) 개 요

「폐광지역개발 지원에 관한 특별법」(제정 1995.12.29. 최종개정 2014.1.1.; 이하 "폐광지역법"이라 한다)의 규정에 의거 문화체육관광부장관은 폐광지역 중 경제사정이 특히 열악한 지역의 1개소에 한하여 「관광진흥법」 제21조에 따른 허가요건에 불구하고 카지노업의 허가를 할 수 있다. 이 경우 그 허가를 함에 있어서는 관광객을 위한 숙박시설·체육시설·오락시설 및 휴양시설 등(그 시설의 개발추진계획을 포함한다)과의 연계성을 고려하여야 한다(폐광지역법 제11조 제1항).

그리고 문화체육관광부장관은 허가기간을 정하여 허가를 할 수 있는데, 허가기간은 3년이다(폐광지역법 제11조 제4항, 동법 시행령 제15조). 그런데 이 '폐광지역법'은 2005년 12월 31일까지 효력을 가지는 한시법으로 되어 있었으나(동법 부칙 제2조), 그 시한을 10년간 연장하여 2015년 12월 31일까지 효력을 갖도록 하였던 것을(동법 부칙 제2조, 개정 2005.3.31.), 다시 10년간 연장하여 2025년 12월 31일까지 효력을 갖도록 하였다(동법 부칙 제2조, 개정 2012.1.26.).

이는 「폐광지역개발 지원에 관한 특별법」에 따른 카지노업 허가와 관련된 「관광진흥법」 적용의 특례라 할 수 있는데, 이 규정에 따라 2000년 10월 강원도 정선군에 내국인도 출입이 허용되는 우리나라 유일의 내·외국인 겸용 (주)강원랜드 카지노가 개관되었다.

2) 내국인의 출입허용

"폐광지역법"에 따라 허가를 받은 카지노사업자에 대하여는 「관광진흥법」 제28조 제1항 제4호(내국인의 출입금지)의 규정을 적용하지 아니함으로써(폐광지역법 제11조 제3항) 폐광지역의 카지노영업소에는 내국인도 출입할 수 있도록 하였다. 다만, 문화체육관광부장관은 과도한 사행행위(射倖行爲) 등을 예방하기 위하여 필요한 경우에는 출입제한 등 카지노업의 영업에 관한 제한을 할 수 있다

(폐광지역법 제11조 제3항, 동법시행령 제14조).

3) 수익금의 사용제한

폐광지역의 카지노업과 당해 카지노업을 영위하기 위한 관광호텔업 및 종합유원시설업에서 발생되는 이익금 중 법인세차감전 당기순이익금의 100분의 25를 카지노영업소의 소재지 도(道) 즉 강원도 조례에 따라 설치하는 폐광지역개발기금에 내야 하는데, 이 기금은 폐광지역과 관련된 관광진흥 및 지역개발을 위하여 사용하여야 한다(폐광지역법 제11조 제5항, 동법 시행령 제16조 제2항).

4. 제주특별자치도에서의 카지노업허가의 특례

1) 개 요

「제주특별자치도 설치 및 국제자유도시 조성을 위한 특별법」(이하 "제주특별법"이라 한다)의 규정에 따라 제주자치도지사는 제주자치도에서 카지노업의 허가를 받고자 하는 외국인투자자가 허가요건을 갖춘 경우에는 「관광진흥법」 제21조(문화체육관광부장관의 카지노업 허가권)의 규정에 불구하고 외국인전용의 카지노업을 허가할 수 있다. 이 경우 제주도지사는 필요한 경우 허가에 조건을 붙이거나 외국인투자의 금액 등을 고려하여 둘 이상의 카지노업 허가를 할 수 있다(제주특별법 제244조 제1항). 이에 따라 카지노업의 허가를 받은 자는 영업을 시작하기 전까지 「관광진흥법」 제23조 제1항의 시설 및 기구를 갖추어야 한다(제주특별법 제244조 제2항). 이 때 카지노업의 허가와 관련하여 영업의 장소 및 개시시기 등에 관하여 필요한 사항은 '도조례'로 정하도록 하고 있다(제주특별법 제244조 제2항).

2) 외국인투자자에 대한 카지노업허가

(1) 허가요건

제주도지사는 제주자치도에 대한 외국인투자(「외국인투자촉진법」제2조제1항제4호의 규정에 의한 외국인투자를 말한다)를 촉진하기 위하여 카지노업의 허가를 받으려는 자가 외국인투자를 하려는 경우로서 다음 각 호의 요건을 모두 갖추었으면 「관광진흥법」 제21조(허가요건 등)에도 불구하고 카지노업(외국인전용의 카지노업으로 한정한다)의 허가를 할 수 있다.

1. 관광사업에 투자하려는 외국인투자의 금액이 미합중국화폐 5억달러 이상일 것
2. 투자자금이 형의 확정판결에 따라 「범죄수익은닉의 규제 및 처벌 등에 관한 법률」 제2조제4호에 따른 범죄수익 등에 해당하지 아니할 것
3. 투자자의 신용상태 등이 대통령령으로 정하는 사항을 충족할 것
   여기서 "대통령령으로 정하는 사항"이란 다음 각 호의 사항을 말한다(제주특별법시행령 제24조 〈개정 2013.8.27.〉).
   가. 「자본시장과 금융투자업에 관한 법률」 제335조의3에 따라 신용평가업인가를 받은 둘 이상의 신용평가회사 또는 국제적으로 공인된 외국의 신용평가기관으로부터 받은 신용평가등급이 투자적격 이상일 것
   나. 제주특별법 제244조 제2항에 따른 투자계획서에 호텔업을 포함하여 「관광진흥법」 제3조에 따른 관광사업을 세 종류 이상 경영하는 내용이 포함되어 있을 것

(2) 허가신청

외국인투자를 하려는 자로서 카지노업의 허가를 받으려는 경우 투자계획서 등 도조례로 정하는 서류를 갖추어 도지사에게 허가를 신청하여야 한다(제주특별법 제244조 제2항).

(3) 영업장소 및 영업시기

카지노업의 허가와 관련하여 영업의 장소 및 개시시기 등에 관하여 필요한 사항은 도조례로 정한다(제주특별법 제244조 제2항). 한편, 카지노업의 허가를 받은 자는 영업을 시작하기 전까지 「관광진흥법」 제23조 제1항의 시설 및 기구를 갖추어야 한다(제주특별법 제244조 제2항).

(4) 허가취소

도지사는 카지노영업허가를 받은 외국인투자자가 다음 각 호의 어느 하나에 해당하는 경우에는 그 허가를 취소하여야 한다(제주특별법 제244조 제2항).

1. 미합중국화폐 5억달러 이상의 투자를 이행하지 아니하는 경우
2. 투자자금이 형의 확정판결에 따라 「범죄수익은닉의 규제 및 처벌 등에 관한 법률」 제2조제4호에 따른 범죄수익 등에 해당하게 된 경우
3. 허가조건을 위반한 경우

(5) 카지노업운영에 필요한 시설의 타인경영

외국인투자자로서 카지노영업 허가를 받은 자는 「관광진흥법」 제11조(관광시설의 타인경영 및 처분과 위탁경영)에도 불구하고 카지노업의 운영에 필요한 시설을 타인이 경영하게 할 수 있다. 이 경우 수탁경영자는 「관광진흥법」 제22조에 따른 '카지노사업자의 결격사유'에 해당되지 아니하여야 한다(제주특별법 제244조 제2항).

(6) 카지노 변경허가 및 변경신고 사항 등

람정엔터테인먼트코리아(주)는 하얏트리젠시 제주호텔에 있는 랜딩카지노를 계열사인 람정제주개발(주)가 조성하고 있는 제주신화월드로 이전하는 내용의 카지노 영업소 소재지 변경 및 영업장소 면적 변경허가 신청서를 2017년 12월 5일 제주도에 제출했다.

변경신청 주요 내용은 소재지를 하얏트리젠시 제주호텔에서 신화역사공원 내

제주신화월드 호텔&리조트 메리어트관 지하 2층으로 영업장을 이전하고, 영업장 면적도 기존 803.3㎡에서 5,581.27㎡로 변경을 신청했다.

이는 당초 람정제주개발(주)가 당초 계획했던 1만 683㎡보다 절반 가까이 준 것이지만, 기존 랜딩카지노보다 7배 가까이 확장되는 것이며, 현재 도내에서 가장 큰 제주신라호텔 카지노 2,800㎡와도 거의 2배 규모이다.

'제주특별법' 제243조, 제244조 및 「관광진흥법」 제21조(허가요건)에 따르면 카지노 허가요건(변경허가를 포함한다) 등과 관련한 사항을 도조례로 정할 수 있고, 제주도지사는 공공의 안녕과 질서유지 또는 카지노업의 건전한 발전을 위해 필요하다고 인정하는 경우 도조례로 정하는 바에 따라 허가를 제한할 수 있다.

제주특별법에 의해 변경허가를 포함한 허가 권한과 재량권은 도지사에게 있기 때문에 도지사는 도조례에 정하는 바에 따라 얼마든지 (변경)허가를 제한할 수 있다.

한편, 제주도는 '카지노업 관리 및 감독에 관한 조례 개정안'에 대해 제주특별법과 관광진흥법 등 상위법에 관련 규정이 없고, 법률의 위임없이 주민의 권리를 제한하는 것은 지방자치법에 위배된다고 주장하고 있다. 반면 제주도의회는 "도지사에게 재량권을 부여하고 있는 것으로, 법률적으로 문제가 없다"고 주장함으로써 논란이 되고 있다.

3) 관광진흥개발기금 등에 관한 특례

제주자치도가 관광사업을 효율적으로 발전시키고, 관광외화수입 증대에 기여하기 위하여 '제주관광진흥기금'을 설치한 경우, 「관광진흥법」 제30조(관광진흥개발기금의 납부) 제1항의 규정에도 불구하고 카지노사업자는 총 매출액의 100분의 10의 범위에서 일정비율에 해당하는 금액을 제주관광진흥기금에 납부하여야 한다(제주특별법 제245조).

5. 관광레저형 기업도시에서의 카지노업허가의 특례

1) 개 요

「기업도시개발 특별법」(이하 "기업도시법"이라 한다)의 규정에 따라 문화체육관광부장관은 「관광진흥법」 제21조(카지노업의 허가요건 등)에 불구하고 '관광레저형 기업도시'의 개발사업 실시계획에 반영되어 있고, '기업도시' 내에서 카지노업을 하려는 자가 카지노업 허가요건을 모두 갖춘 경우에는 외국인전용 카지노업의 허가를 하여야 한다('개발특별법' 제30조 제1항).

2) 외국인전용 카지노업의 허가요건

관광레저형 기업도시에서 카지노업을 하려는 자는 다음의 요건을 모두 갖추어야 한다(기업도시법 시행령 제38조 제1항).
1. 신청인이 관광사업에 투자하는 금액이 총 5전억원 이상으로 카지노업의 허가신청시에 이미 3천억원 이상을 투자한 사업시행자일 것
2. 신청내용이 실시계획에 부합할 것
3. 관광진흥법령에 따른 카지노업에 필요한 시설·기구 및 인력 등을 확보하였을 것
   여기서 "카지노업에 필요한 시설·기구 등"은 관광레저형 기업도시 내에 운영되는 호텔업시설(특1등급(5성급)을 받은 시설로 한정하며, 특1등급이 없는 경우에는 특2등급(4성급)을 받은 시설로 한정한다) 또는 국제회의업시설의 부대시설 안에 설치하여야 한다.

6. 경제자유구역에서의 카지노업허가의 특례

1) 개 요

문화체육관광부장관은 경제자유구역에서 카지노업의 허가를 받으려는 자가 외국인투자를 하려는 경우로서 외국인투자자에 대한 카지노업의 허가요건을 모두 갖춘 경우에는 「관광진흥법」 제21조(카지노업의 허가요건 등)에 불구하고 카지노업(외국인전용 카지노업만 해당한다)의 허가를 할 수 있다(경제자유구역법 제23조의3 제1항).

2) 외국인투자자에 대한 카지노업의 허가요건

경제자유구역에서 카지노업의 허가를 받으려는 자는 다음의 허가요건을 모두 갖추어야 한다(동법 시행령 제20조의4).

1. 경제자유구역에서의 관광사업에 투자하려는 외국인 투자금액이 미합중국 화폐 5억달러 이상일 것
2. 투자자금이 형의 확정판결에 따라 「범죄수익은닉의 규제 및 처벌 등에 관한 법률」 제2조제4호에 따른 범죄수익 등에 해당하지 아니 할 것
3. 그 밖에 투자자의 신용상태 등 대통령령으로 정하는 사항을 충족할 것 여기서 "투자자의 신용상태 등 대통령령으로 정하는 사항"이란 다음 각 호의 사항을 말한다(동법 시행령 제20조의4).
   가. 신용평가등급이 투자적격일 것
   나. 투자계획서에 다음 각 목의 사항이 포함되어 있을 것
      a. 호텔업을 포함하여 관광사업을 세 종류 이상 경영하는 내용
      b. 카지노업 영업개시 신고시점까지 미합중국화폐 3억달러 이상을 투자하고, 영업개시 후 2년까지 미합중국화폐 총 5억달러 이상을 투자하는 내용
   다. 카지노업 허가신청시 영업시설로 이용할 다음 각목의 어느 하나의 시설을 갖추고 있을 것

a. 호텔업:「관광진흥법 시행령」제22조에 따라 특1등급(5성급)으로 결
      정을 받은 시설

    b. 국제회의시설업:「관광진흥법」제4조에 따라 등록한 시설

7. 카지노사업자의 결격사유

  카지노업의 허가를 받기 위해서는 카지노사업자로서의 결격사유가 없어야 한
다.「관광진흥법」에서는 모든 관광사업자에게 일률적으로 적용되는 결격사유와
카지노사업자에게만 특별히 추가하여 적용하는 결격사유를 규정하고 있다. 이
는 카지노업이 사행심(射倖心)을 조장하여 공공의 안녕과 질서를 문란하게 하고
국민정서를 해칠 염려가 있어 카지노사업자에 대한 자격요건을 다른 관광사업
자보다 한층 강화할 필요가 있기 때문이다. 이에 따라「관광진흥법」은 다음 각
호의 어느 하니에 해당하는 자는 카지노업의 허가를 받을 수 없도록 하고 있다
(동법 제22조 1항).

1. 19세 미만인 자
2. 「폭력행위 등 처벌에 관한 법률」제4조에 따른 단체 또는 집단을 구성하거
  나 그 단체 또는 집단에 자금을 제공하여 금고 이상의 형의 선고를 받고
  형이 확정된 자
3. 조세를 포탈(逋脫)하거나「외국환거래법」을 위반하여 금고 이상의 형을 선
  고받고 형이 확정된 자
4. 금고 이상의 실형을 선고받고 그 집행이 끝나거나 집행을 받지 아니하기로
  확정된 후 2년이 지나지 아니한 자
5. 금고 이상의 형의 집행유예를 선고받고 그 유예기간 중에 있는 자
6. 금고 이상의 형의 선고유예를 받고 그 유예기간 중에 있는 자
7. 임원 중에 제1호부터 제6호까지의 규정 중 어느 하나에 해당하는 자가 있는
  법인

8. 카지노업의 시설기준 등

카지노업의 허가를 받으려는 자는 다음과 같은 기준에 적합한 시설 및 기구를 갖추어야 한다(관광진흥법 제23조 제1항, 동법 시행규칙 제29조 제1항).

1. 330제곱미터 이상의 전용 영업장
2. 1개 이상의 외국환 환전소
3. 「관광진흥법 시행규칙」 제35조 제1항에 따른 카지노업의 영업종류 중 네 종류 이상의 영업을 할 수 있는 게임기구 및 시설
4. 문화체육관광부장관이 정하여 고시하는 기준에 적합한 카지노 전산시설. 이 전산시설기준에는 다음 각 호의 사항이 포함되어야 한다(동법 시행규칙 제29조 제2항).
   가. 하드웨어의 성능 및 설치방법에 관한 사항
   나. 네트워크의 구성에 관한 사항
   다. 시스템의 가동 및 장애방지에 관한 사항
   라. 시스템의 보안관리에 관한 사항
   마. 환전관리 및 현금과 칩의 수불관리를 위한 소프트웨어에 관한 사항

9. 카지노업의 허가절차

1) 카지노업의 신규허가신청

① 카지노업의 허가를 받으려는 자는 카지노업허가신청서(관광진흥법 시행규칙 제6조관련 별지 제8호서식)에 구비서류(시행규칙 제6조 1항 1호 내지 5호의 서류)를 첨 부하여 문화체육관광부장관(제주자치도는 도지사)에게 제출하여야 하는 데, 여기서 구비서류 중의 하나인 사업계획서에는 ㉮ 카지노영업소 이용객 유치계획, ㉯ 장기수지 전망, ㉰ 인력수급 및 관리계획, ㉱ 영업시설의 개요

등이 포함되어야 한다(동법 시행규칙 제6조 제3항).

② 신청서를 제출받은 문화체육관광부장관(제주자치도는 도지사)은「전자정부법」제36조제1항에 따른 행정정보의 공동이용을 통하여 법인등기사항증명서와 건축물대장 및 전기안전점검확인서를 확인하여야 한다. 다만, 전기안전점검확인서의 경우 신청인이 확인에 동의하지 아니하는 경에는 그 서류를 첨부하도록 하여야 한다(관광진흥법 시행규칙 제6조 제2항 〈개정 2012.4.5.〉).

③ 문화체육관광부장관은 위의 제2항에 따른 확인결과「전기사업법」제66조의2제1항에 따른 전기안전점검을 받지 아니한 경우에는 관계기관 및 신청인에게 그 내용을 통지하여야 한다(동법 시행규칙 제6조 제4항 〈신설 2012.4.5.〉).

2) 카지노업의 변경허가 및 변경신고신청

(1) 변경허가의 대상

카지노업의 허가를 받은 자가 다음 각 호의 어느 하나에 해당하는 사항을 변경하려면 변경허가를 받아야 한다(동법 시행규칙 제8조 제1항 제1호).

1. 대표자의 변경
2. 영업소 소재지의 변경
3. 동일구내(같은 건물 안 또는 같은 울 안의 건물을 말한다)로의 영업장소 위치변경 또는 영업장소의 면적 변경
4. 카지노시설 또는 기구의 2분의 1 이상의 변경 또는 교체
5. 카지노 검사대상시설의 변경 또는 교체
6. 카지노 영업종류의 변경

(2) 변경신고의 대상

카지노업의 허가를 받은 자가 ① 카지노시설 또는 기구의 2분의1 미만의 변경 또는 교체, ② 상호 또는 영업소의 명칭 변경을 하려는 경우에는 변경신고를 하여야 한다(동법 시행규칙 제8조 제2항 제2호 및 제5호).

(3) 변경허가 및 변경신고

① 카지노업의 변경허가를 받거나 변경신고를 하려는 자는 별지 제15호서식의 카지노업 변경허가신청서 또는 변경신고서에 변경계획서를 첨부하여 문화체육관광부장관에게 제출하여야 한다. 다만, 변경허가를 받거나 변경신고를 한 후 문화체육관광부장관이 요구하는 경우에는 변경내역을 증명할 수 있는 서류를 추가로 제출하여야 한다(동법 시행규칙 제9조 제1항).

② 변경허가신청서 또는 변경신고서를 제출받은 문화체육관광부장관은 「전자정부법」 제36조제1항에 따른 행정정보의 공동이용을 통하여 전기안전점검확인서(영업소의 소재지 또는 면적의 변경 등으로 「전기사업법」 제66조의2 제1항에 따른 전기안전점검을 받아야 하는 경우로서 카지노업 변경허가 또는 변경신고를 신청한 경우만 해당한다)를 확인하여야 한다. 다만, 신청인이 전기안전점검확인서의 확인에 동의하지 아니하는 경우에는 그 서류를 첨부하도록 하여야 한다(동법 시행규칙 제9조 2항 〈신설 2012.4.5.〉).

3) 카지노업허가증의 발급

문화체육관광부장관은 카지노업의 허가(변경허가를 포함한다)를 하는 때에는 카지노업허가증(시행규칙 제6조제5항 관련 별지 제9호서식)을 발급하여야 한다(동법 시행규칙 제6조 제5항).

10. 카지노업의 허가취소 및 영업소 폐쇄

1) 카지노업의 허가취소

① 모든 관광사업자에게 공통적으로 적용되는 결격사유(동법 제7조 제1항)에 해당하게 된 때 — 문화체육관광부장관(제주자치도에서는 도지사)은 3개월

이내에 허가를 취소하여야 한다. 다만, 법인의 임원 중 그 사유에 해당하는 자가 있는 경우 3개월 이내에 그 임원을 바꾸어 임명한 때에는 그러하지 아니하다(동법 제7조 제2항).

② 카지노업의 허가를 받은 자가 카지노사업자의 결격사유(동법 제22조 제1항)에 해당하게 된 때 — 문화체육관광부장관(제주자치도에서는 도지사)은 3개월 이내에 카지노업 허가를 취소하여야 한다. 다만, 법인의 임원 중 그 사유에 해당하는 자가 있는 경우 3개월 이내에 그 임원을 바꾸어 임명한 때에는 그러하지 아니하다(관광진흥법 제22조 제2항).

③ 카지노사업자가 관광사업등록 등의 취소사유(동법 제35조 제1항)에 해당하게 된 때 — 문화체육관광부장관(제주자치도에서는 도지사)은 허가를 취소하거나 6개월 이내의 기간을 정하여 그 사업의 전부 또는 일부의 정지를 명하거나 시설·운영의 개선을 명할 수 있다(동법 제35조 제1항).

④ 조건부영업허가를 받고 정당한 사유 없이 그 허가조건을 이행하지 아니한 경우 — 문화체육관광부장관(제주자치도에서는 도지사)은 그 허가를 취소하여야 한다(동법 제24조 제2항).

2) 카지노업의 영업소 폐쇄

① 카지노업의 허가를 받은 자가 모든 관광사업자에게 공통적으로 적용되는 결격사유(동법 제7조 제1항)의 어느 하나에 해당하면 문화체육관광부장관(제주자치도에서는 도지사)은 그 영업소를 폐쇄하여야 한다(동법 제7조 제2항).

② 허가를 받지 아니하고 카지노업을 경영하거나 허가의 취소 또는 사업의 정지명령을 받고 계속하여 영업을 하는 자에 대하여는 그 영업소를 폐쇄한다(동법 제36조 제1항).

제4절 카지노업의 경영 및 관리

1. 카지노업의 영업종류 및 영업방법 등

1) 카지노업의 영업종류

카지노업의 영업종류는 문화체육관광부령으로 정하는데 「관광진흥법 시행규칙」 제35조 1항 관련 [별표 8]에서 이를 다음과 같이 규정하고 있다(관광진흥법 제26조 제1항 및 동법 시행규칙 제35조 제1항).

  1. 룰렛(Roulette)

  2. 블랙잭(Blackjack)

  3. 다이스(Dice, Craps)

  4. 포커(Poker)

  5. 바카라(Baccarat)

  6. 다이사이(Tai Sai)

  7. 키노(Keno)

  8. 빅휠(Big Wheel)

  9. 빠이 까우(Pai Cow)

10. 판탄(Fan Tan)

11. 조커 세븐(Joker Seven)

12. 라운드크랩스(Round Craps)

13. 트란타 콰란타(Trent Et Quarante)

14. 프렌치 볼(French Boule)

15. 차카락(Chuck-A-Luck)

16. 슬롯머신(Slot Machine)

17. 비디오게임(Video Game)

18. 빙고(Bingo)

19. 마작(Mahjong)

20. 카지노워(Casino War)

2) 카지노업의 영업방법 및 배당금관련 신고

카지노사업자는 문화체육관광부령으로 정하는 바에 따라 카지노업의 영업종류별 영업방법 및 배당금 등에 관하여 문화체육관광부장관에게 미리 신고하여야 한다. 신고한 사항을 변경하려는 경우에도 또한 같다.

이 경우 카지노사업자는 「관광진흥법 시행규칙」 제35조 제2항 관련 별지 제32

호서식의 카지노 영업종류별 영업방법등 신고서 또는 변경신고서에 ① 영업종류별 영업방법 설명서와 ② 영업종류별 배당금에 관한 설명서를 첨부하여 문화체육관광부장관에게 신고하여야 한다.

2. 카지노 전산시설의 검사

1) 검사기한

카지노사업자는 카지노전산시설에 대하여 다음 각 호의 구분에 따라 각각 해당 기한 내에 문화체육관광부장관이 지정 · 고시하는 검사기관(이하 "카지노전산시설검사기관"이라 한다)의 검사를 받아야 한다.

1. 신규로 카지노업의 허가를 받은 경우: 허가를 받은 날(조건부 영업허가를 받은 경우에는 조건이행의 신고를 한 날)부터 15일
2. 검사유효기한이 만료된 경우: 유효기한 만료일부터 3개월

2) 검사의 유효기간

카지노전산시설의 검사유효기간은 검사에 합격한 날부터 3년으로 한다. 다만, 검사 유효기간의 만료전이라도 카지노전산시설을 교체한 경우에는 교체한 날부터 15일 이내에 검사를 받아야 하며, 이 경우 검사의 유효기간은 3년으로 한다.

3. 카지노기구의 검사

1) 카지노기구의 규격 및 기준(공인기준) 등 결정

문화체육관광부장관(제주자치도에서는 도지사)은 카지노업에 이용되는 기구

(機具: 이하 "카지노기구"라 한다)의 형상(形狀)·구조(構造)·재질(材質) 및 성능 등에 관한 규격 및 기준(이하 "공인기준등"이라 한다)을 정한 경우에는 이를 고시하여야 하는데, 카지노업 허가관청이 지정하는 검사기관의 검정을 받은 카지노기구의 규격 및 기준을 공인기준 등으로 인정할 수 있다.

2) 카지노기구의 검사

카지노사업자가 카지노기구를 영업장소(그 부대시설 등을 포함한다)에 반입·사용하는 경우에는 그 카지노기구가 공인기준등에 맞는지에 관하여 문화체육관광부장관이 지정하는 검사기관("카지노검사기관")의 검사를 받아야 한다.

제5절 카지노사업자 등의 준수사항

1. 카지노사업자 및 종사원의 준수사항

카지노사업자(대통령령으로 정하는 종사원을 포함한다)는 다음 각 호의 어느 하나에 해당하는 행위를 하여서는 아니된다(관광진흥법 제28조 제1항). 여기서 카지노업종사원이란 그 직위와 명칭이 무엇이든 카지노사업자를 대리하거나 그 지시를 받아 상시 또는 일시적으로 카지노업에 종사하는 자를 말한다(동법 시행령 제29조).

1. 법령에 위반되는 카지노기구를 설치하거나 사용하는 행위
2. 법령을 위반하여 카지노기구 또는 시설을 변조하거나 변조된 카지노기구 또는 시설을 사용하는 행위
3. 허가받은 전용영업장 외에서 영업을 하는 행위

4. 내국인(「해외이주법」 제2조에 따른 해외이주자는 제외한다)을 입장하게 하는 행위

5. 지나친 사행심을 유발하는 등 선량한 풍속을 해칠 우려가 있는 광고나 선전을 하는 행위

6. 법으로 규정된 영업종류에 해당하지 아니하는 영업을 하거나 영업방법 및 배당금 등에 관한 신고를 하지 아니하고 영업하는 행위

7. 총매출액을 누락시켜 관광진흥개발기금 납부금액을 감소시키는 행위

8. 19세 미만인 자를 입장시키는 행위

9. 정당한 사유 없이 그 연도 안에 60일 이상 휴업하는 행위

2. 카지노사업자 및 종사원의 영업준칙 준수

카지노사업자 및 종사원은 카지노업의 건전한 육성·발전을 위하여 필요하다고 인정하여 문화체육관광부령으로 정하는 영업준칙(동법 시행규칙 제36조 관련 별표 9)을 준수하여야 하는데, 이 경우 그 영업준칙에는 다음 각 호의 사항이 포함되어야 한다(관광진흥법 제28조 제2항).

1. 1일 최소 영업시간

2. 게임테이블의 집전함(集錢函) 부착 및 내기금액 한도액의 표시 의무

3. 슬롯머신 및 비디오게임의 최소배당률

4. 전산시설·환전소·계산실·폐쇄회로의 관리기록 및 회계와 관련된 기록의 유지의무

5. 카지노종사원의 게임참여 불가 등 행위금지사항

다만, 「폐광지역개발 지원에 관한 특별법」 제11조 제3항에 따라 내국인의 출입이 허용(관광진흥법 제28조 제1항 제4호)되는 카지노사업자에 대하여는 [별표 9]와 같은 영업준칙 이외에 추가로 [별표 10]의 영업준칙도 준수하여야 한다(관광진흥법 시행규칙 제36조).

[별표 9] **카지노업 영업준칙** (개정 2009.3.31.)

(시행규칙 제36조 관련 〈별표 9〉)

1. 카지노사업자는 카지노업의 건전한 발전과 원활한 영업활동, 효율적인 내부 통제를 위하여 이사회·카지노총지배인·영업부서·안전관리부서·환전·전산전문요원 등 필요한 조직과 인력을 갖추어 1일 8시간 이상 영업하여야 한다.

2. 카지노사업자는 전산시설·출납창구·환전소·카운트룸·폐쇄회로고객편의시설·통제구역 등 영업시설을 갖추어 영업을 하고, 관리기록을 유지하여야 한다.

3. 카지노영업장에는 게임기구와 칩스·카드 등의 기구를 갖추어 게임 진행의 원활을 기하고, 게임테이블에는 드롭박스를 부착하여야 하며, 베팅금액 한도표를 설치하여야 한다.

4. 카지노사업자는 고객출입관리, 환전, 재환전, 드롭박스의 보관·관리와 계산요원의 복장 및 근무요령을 마련하여 영업의 투명성을 제고하여야 한다.

5. 머신게임을 운영하는 사업자는 투명성 및 내부통제를 위한 기구·시설·조직 및 인원을 갖추어 운영하여야 하며, 머신게임의 이론적 배당률을 75% 이상으로 하고 배당률과 실제 배당률이 5% 이상 차이가 있는 경우 카지노검사기관에 즉시 통보하여 카지노검사기관의 조치에 응하여야 한다.

6. 지노사업자는 회계기록·콤프비용·크레딧제공·예치금 인출·알선수수료·계약게임 등의 기록을 유지하여야 한다.

7. 카지노사업자는 게임을 할 때 게임 종류별 일반규칙과 개별규칙에 따라 게임을 진행하여야 한다.

8. 카지노종사원은 게임에 참여할 수 없으며, 고객과 결탁한 부정행위 또는 국내외의 불법영업에 관여하거나 그 밖에 관광종사자로서의 품위에 어긋나는 행위를 하여서는 아니 된다.

9. 카지노사업자는 카지노 영업소 출입자의 신분을 확인하여야 하며, 다음 각 목에 해당하는 자는 출입을 제한하여야 한다.

　가. 당사자의 배우자 또는 직계혈족이 문서로써 카지노사업자에게 도박 중독 등을 이유로 출입금지를 요청한 경우의 그 당사자. 다만, 배우자·부모 또는 자녀 관계를 확인할 수 있는 증빙서류를 첨부하여 요청한 경우만 해당한다.

　나. 그 밖에 카지노 영업소의 질서 유지 및 카지노 이용자의 안전을 위하여 카지노사업자가 정하는 출입금지 대상자

[별표 10]

폐광지역 카지노사업자의 영업준칙 (개정 2009.10.22.)

〈시행규칙 제36조 단서관련 〈별표 10〉〉

1. 별표 9의 영업준칙을 지켜야 한다.

2. 카지노 영업소는 회원용 영업장과 일반 영업장으로 구분하여 운영하여야 하며, 일반 영업장에서는 주류를 판매하거나 제공하여서는 아니 된다.

3. 매일 오전 6시부터 오전 10시까지는 영업을 하여서는 아니 된다.

4. 테이블게임(별표 8의 카지노업의 영업종류 중 슬롯머신 및 비디오게임을 제외한 영업을 말한다)에 거는 금액의 최고 한도액은 일반 영업장의 경우에는 테이블별로 정하되, 1인당 1회 10만원 이하로 하여야 한다. 다만, 일반 영업장 전체 테이블의 2분의 1의 범위에서는 1인당 1회 30만원 이하로 정할 수 있다.

5. 머신게임(별표 8 카지노업의 영업 종류 중 슬롯머신 및 비디오게임을 말한다)에 거는 금액의 최고 한도는 1회 2천원으로 한다. 다만, 비디오 포커게임기는 2천 500원으로 한다.

6. 머신게임의 게임기 전체 수량 중 2분의 1 이상은 그 머신게임기에 거는 금액의 단위가 100원 이하인 기기를 설치하여 운영하여야 한다.

7. 카지노 이용자에게 자금을 대여하여서는 아니 된다.

8. 카지노가 있는 호텔이나 영업소의 내부 또는 출입구 등 주요 지점에 폐쇄회로 텔레비전을 설치하여 운영하여야 한다.

9. 카지노 이용자의 비밀을 보장하여야 하며, 카지노 이용자에 관한 자료를 공개하거나 누출하여서는 아니 된다. 다만, 배우자 또는 직계존비속이 요청하거나 공공기관에서 공익적 목적으로 요청한 경우에는 자료를 제공할 수 있다.

10. 사망·폭력행위 등 사고가 발생한 경우에는 즉시 문화체육관광부장관에게 보고하여야 한다.

11. 회원용 영업장에 대한 운영·영업방법 및 카지노 영업장 출입일수는 내규로 정하되, 미리 문화체육관광부장관의 승인을 받아야 한다.

3. 카지노사업자의 관광진흥개발기금 납부의무

1) 납부금 징수비율 및 납부액

카지노사업자는 연간 총매출액의 100분의 10의 범위에서 일정비율에 해당하는 금액을 「관광진흥개발기금법」에 따른 관광진흥개발기금(이하 "기금"이라 한다)에 내야 한다(관광진흥법 제30조 제1항).

여기서 총매출액이란 카지노영업과 관련하여 고객으로부터 받은 총금액에서 영업을 통해 고객에게 지불한 총금액을 공제한 금액을 말한다(동법 시행령 제30조 제1항). 예를 들어 당해 연도에 고객으로부터 받은 총금액이 800억원이고, 게임을 통해 고객에게 지불한 금액이 500억원이라면 당해 연도의 총매출액은 300억원이 되는 것이다.

관광진흥개발기금 납부금(이하 "납부금"이라 한다)의 징수비율은 다음 각 호의 어느 하나와 같다(동법 시행령 제30조 제2항).

1. 연간 총매출액이 10억원 이하인 경우: 총매출액의 100분의 1
   (예: 총매출액이 10억원일 때 납부금은 10억원의 1% 즉 1천만원)
2. 연간 총매출액이 10억원 초과 100억원 이하인 경우: 1천만원+총매출액 중 10억원을 초과하는 금액의 100분의 5
   (예: 총매출액이 100억원일 때 납부금은 4억 6천만원)
3. 연간 총매출액이 100억원을 초과하는 경우: 4억6천만원+총매출액 중 100억원을 초과하는 금액의 100분의 10
   (예: 총매출액이 200억원일 때 납부금은 14억 6천만원)

2) 납부금의 보고 및 납부절차

(1) 재무제표에 의한 매출액 확인

카지노사업자는 매년 3월말까지 공인회계사의 감사보고서가 첨부된 전년도의 재무제표를 문화체육관광부장관에게 제출하여야 한다(동법 시행령 제30조 제3항). 이는 객관성과 신뢰성이 높은 외부감사에 의한 회계감사를 의무화한 것이다.

(2) 납부기한 및 분할납부

문화체육관광부장관은 매년 4월 31일까지 카지노사업자가 납부하여야 할 납부금을 서면으로 명시하여 2개월 이내의 기한을 정하여 한국은행에 개설된 관광진흥개발기금의 출납관리를 위한 계정에 납부할 것을 알려야 한다. 이 경우 그 납부금을 2회 나누어 내게 할 수 있되, 납부기한은 다음 각 호와 같다(동법 시행령 제30조 제4항). 종전에는 납부기한을 6월부터 12월까지의 사이에 4회로 나누어 낼 수 있도록 하던 것을 6월과 9월에 2회로 나누어 낼 수 있도록 납부기한을 변경함으로써 관광진흥개발기금을 조기에 사용할 수 있도록 하였다.

1. 제1회: 해당 연도 6월 30일까지
2. 제2회: 해당 연도 9월 30일까지

(3) 납부기한의 예외

카지노사업자는 천재지변이나 그 밖에 이에 준하는 사유로 납부금을 그 기한까지 납부할 수 없는 경우에는 그 사유가 없어진 날부터 7일 이내에 내야 한다(동법 시행령 제30조 제5항).

(4) 납부독촉 및 가산금 부과

카지노사업자가 납부금을 납부기한까지 내지 아니하면 문화체육관광부장관은 10일 이상의 기간을 정하여 이를 독촉하여야 한다. 이 경우 체납된 납부금에 대하여는 100분의 3에 해당하는 가산금을 부과하여야 한다(동법 제30조 제2항).

(5) 미납금 강제징수

문화체육관광부장관은 카지노사업자가 납부독촉을 받고도 그 기간내에 납부금을 내지 아니하면 국세체납처분(國稅滯納處分)의 예에 따라 이를 징수한다(관광진흥법 제30조 제3항). 국세체납처분은 「국세징수법」의 규정에 의한 강제징수절차에 따라 ① 독촉, ② 재산의 압류, ③ 압류재산의 매각(환가처분), ④ 청산 등의 4단계로 처리되는데, 이 중 압류·매각·청산을 합하여 체납처분이라 말한다.

4. 카지노영업소 이용자의 준수사항

카지노영업소에 입장하는 자는 카지노사업자가 외국인(해외이주법 제2조에 따른 해외이주자를 포함한다)임을 확인하기 위하여 신분확인에 필요한 사항을 묻는 때에는 이에 응하여야 한다.

제**4**장

카지노 경영조직

제4장 **카지노 경영조직**

제1절 **카지노 경영조직 개요**

1. 카지노 경영조직의 의의

카지노경영조직이란 카지노의 경영목적을 합리적으로 달성하기 위해서 경영관리에 의해야 되므로 경영조직의 원칙은 조직의 여러 환경적 요소를 고려한 효율적 모형이어야 한다.

카지노영업준칙에 따르면 카지노사업자는 카지노업의 건전한 발전과 원활한 영업활동 및 효율적인 내부통제를 위하여 이사회, 카지노 총지배인, 영업부서, 안전관리부서, 출납부서, 환전영업소, 전산전문요원 등의 조직 및 인력을 갖추어야 한다고 되어 있다.

카지노의 경영조직은 카지노의 특수성을 감안하여 편성하는데 다음과 같은 3가지 사항을 고려하여야 한다.

첫째, 카지노가 가지고 있는 기능의 구상과 규모, 경영방침 등에 의해 달라질 수 있다

둘째, 전문화·분업화를 촉진시키기 위해 업무수행상 필요에 의해서 결정되

어야 한다.

셋째, 카지노의 소유권이 직영방식 또는 임대방식에 따라 조직이 달라질 수
있다.

2. 카지노 경영조직화의 과정

카지노경영조직화의 과정에 있어서 조직구성원들의 업무활동이 상호관계가
중요시되며, 따라서 카지노경영조직에서는 조직구성원의 합리적인 편성이 기
본적인 문제가 된다. 즉 업무와 인간을 어떻게 연결시킨 것인가, 또는 업무의
상호관계를 어떻게 합리적으로 조정시킬 것인가가 카지노경영조직의 핵심적
문제이다.

1) 직무의 구체화

카지노경영조직의 목표를 성취하기 위하여 수행되어야 하는 모든 직무를 구
체적으로 밝히는 것을 말하며, 모든 형태의 조직은 각각의 목표를 가지고 있다.

모든 형태의 경영조직 목표는 여러 가지 방법에 의해 달성될 수 있으며, 경영
조직의 궁극적 존재목표가 달성되기 위해 경영조직 전체에서 수행해야 할 직무
가 밝혀져야 한다.

2) 분업화

전체의 직무를 세부적인 단위활동으로 나누는 작업으로 카지노경영조직 전체
의 업무를 조직구성원들에게 효과적으로 배분하며, 개인의 능력이나 전문적 기
술에 맞게 직무를 맡기고 또 적절한 양의 작업분담도 할 수 있다.

3) 부문화

카지노업무가 비슷한 부서를 같이 묶어 같은 부서에 배치하는 것을 말하며, 카지노경영조직의 부문화는 합리적이고 효율적인 직무수행이 가능하다.

4) 조정화

카지노경영조직의 목표를 통합하기 위해 조직구성원들의 다양한 직무를 조정하는 것을 말하며, 개인이나 개별 부서의 활동을 수행함에 있어 카지노경영조직 전체의 목표를 무시하는 경우, 부서간 또 개인 간에 목표의 불일치로 갈등이 생길 수 있다. 이런 모든 문제점을 해소하기 위해 조정장치가 필요하게 된다.

5) 조직개발

카지노 경영조직이 지속적인 내·외적 환경변화를 극복하고 발전하기 위해 경영조직에 적절한 개편작업과 조직구성원에 대한 인력관리가 선행되는 것을 말한다.

3. 카지노 경영조직구성의 원칙

카지노 경영조직 목표를 효율적으로 달성하기 위한 조직화 과정에서 지켜야 할 일정한 원칙을 경영조직구성의 원칙(principle of organization)이라 한다.

1) 명령일원화의 원칙(principle of unity of command)

카지노 경영조직 구성원에게 주어진 업무가 경영조직의 공동목표와 일치되고 동시에 관리적 질서를 유지하기 위해 명령권의 행사나 지휘·감독의 관계는 완전한 질서체계를 확립해야 한다.

이 원칙은 명령계통의 단일화를 통해서 관리의 능률성과 목표의 통일성을 확보하는데 목적이 있고, 명령은 일원적인 체계에 의해 내려져야 하고 또 수령되어야 한다는 점이다.

2) 권한위양의 원칙(principle of delegation of authority)

카지노는 점차 대규모화되고 복잡해져 가는 현대 카지노경영에 있어서 권한을 가지고 있는 상급자가 하급자에게 직무를 수행하도록 위임할 경우 그 직무를 효과적으로 수행할 수 있도록 직무에 수반되는 권한도 동시에 위임해야 한다는 원칙이다.

3) 기능화의 원칙(principle of functionalzation)

카지노경영목적의 효율적 달성을 위해서 물적 요소 및 인적요소가 유기적 관계를 갖고 직무와 직위를 바탕으로 경영조직을 편성하는 원칙이다.

카지노기업이 성장함에 따라 카지노 기업조직의 규모도 커지고 그 내용도 복잡하게 되므로 합리적인 기능중심주의적 업무할당을 통해 경영목표의 달성을 위해 직무성격과 조직구성원의 능력 및 지식이 일치될 수 있도록 직계제도가 정립되어야 한다.

4) 감독범위의 원칙(principle of span of control)

카지노경영조직의 효율적인 관리를 수행하기 위해서 한 사람의 상사가 부하를 직접 지휘·통제할 수 있는 능력의 범위에 한계가 있다는 원칙이다. 한 사람의 상사가 개인적인 능력과 직무의 성질로 몇 사람의 부하를 통제 내지 통솔하는 것에 조금씩 달라질 수 있다.

5) 조정의 원칙(principle of coordination)

카지노경영조직의 목표달성을 위해 부문별 또는 기능별로 수행되는 업무를 목표지향적으로 행동하고 관리할 수 있도록 부서간 및 직원간에 질서와 통일성을 위해 조정하는 것을 말한다.

6) 전문화의 원칙(principle of specialization)

카지노경영조직의 업무는 다양한 종류로 구성되어 있어 업무의 성질과 종업원의 전문적인 기술 및 지식이 상응하는 상태에서 수행하도록 기능적인 면에서 생각해야 하는 원칙이다.

이 원칙에 따라 조직의 부문화가 이루어지며, 일반적으로 업무의 전문화는 게임별, 지역별, 직능별, 개인의 정신적 · 육체적인 요건별로 분류된다.

제2절 우리나라 카지노 경영조직의 편성

카지노기업의 경영활동도 전문화 · 대규모화의 추세로 인하여 카지노의 각 구성의 긴밀한 협조적 활동에 조직의 결합을 꾀하여야 한다. 그러나 어느 조직에서든 완벽한 조직형태는 있을 수 없으며 카지노의 경영조직의 기본적 이념에 입각하여 조직의 형태가 이루어져야 되고, 각 구성원의 업무가 분장되어야 하며, 권한과 책임의 한계가 분명한 업무의 할당이 이루어져야 한다.

카지노의 경우, 제반환경을 고려한 카지노의 입지조건, 제공되는 게임의 종류, 소유권 형태, 경영진의 경영철학, 경영능력 등 이 밖에도 상당히 많은 제반 변수를 고려하여 최적의 조직을 편성하여야 한다.

오늘날 카지노영업준칙의 나오기 전까지는 카지노의 경영은 여러 가지 방법으로 구분되어질 수 있으나 직능별로 부문화하여 영업부서, 판촉부서, 관리부서 등으로 나눌 수 있었다. 그러나 영업준칙이 만들어지면서 카지노 조직이 새로운 형태의 직능별 영업부서, 안전관리부서, 출납부서, 환전상, 전산전문요원 등으로 조직을 편성하게 되었다.

1. 영업부서

영업부서는 카지노 고객에게 인적·물적 서비스를 제공하여 영업매출을 발생시키는 매우 중요한 부서이다. 물적 서비스는 카지노시설을 뜻하며 최근에 각 카지노는 시설을 고급화 및 현대화(예, 전산화, 셰플기계 등)함에 따라 업체마다 큰 차이는 없다. 인적 서비스는 딜러가 고객과 직접 접촉해야 하므로 고객에게 양질의 서비스를 제공하고 또 돈 잃은 고객에 대해서도 만족할 수 있는 서비스를 제공해야 한다.

따라서 카지노 영업장 내의 각 테이블에 배치되는 인력과 해당 영업장의 모든 시설과 운영을 관리하는 인력으로 구성된다.

(1) 딜러(Dealer) : 딜러는 게임테이블에 배치되어 직접 고객을 대상으로 게임을 진행하며, 또 딜러는 1테이블당 1명 이상으로 게임을 진행할 수 있다.

(2) 플러어퍼슨(Floor Person) : 각 게임테이블에서 발생하는 행위를 1차 감독할 책임이 있으며, 영업준칙에 의해 6테이블당 1명이상으로 배치하도록 되어 있다.

(3) 피트보스(Pit Boss) : 각 게임테이블에서 발생하는 행위를 2차 감독할 책임이 있으며, 영업준칙에 의해 24테이블당 1명 이상으로 배치하도록 되어 있다.

(4) 시프트매니저(Shift Manager) : 카지노 영업장 운영은 하루(24시간)를 8시간 3교대로 영업운영을 하고 있다. 따라서 담당근무시간에 카지노 영업장에서 발생하는 모든 영업행위를 감독하며, 영업준칙에 의해 3명 이상을 배치하도록 되어 있다.

2. 안전관리부서

카지노의 효율적 안전관리를 위해서는 카지노의 설계과정에서부터 고려되어야 하며, 운영에 있어서는 예방적 조치가 최선이다.

모든 직원은 항시 카지노 어느 곳에서든 조금이라도 의심스러운 행위에 대한 감시자가 되어 이상한 때에는 그 즉시 책임자에게 보고해야 한다. 안전관리부서의 직원은 수시로 카지노 내부를 순찰하고 TV감시회로로 카메라의 작동 등과 같은 일련의 조치와 화재와 같은 긴급사태에 대비한 사전계획이 사전에 준비되어야 한다.

안전관리부서의 중요한 업무는 아래와 같다.

① 내국인 출입통제
② 영업장의 질서유지
③ 고객 및 종사원의 안전
④ 폐쇄회로 시설 운영 및 관리

3. 출납부서

출납부서는 카지노경영상태와 카지노 운영에 필요한 기자재 및 영업에 관련된 업무, 회계·재무 자료 등을 정확히 분석 제공하는 부서이다.

출납부서의 중요한 업무는 아래와 같다.

① 게임테이블의 영업을 위한 칩스(Chips)의 공급 및 회수
② 카운트 룸(Count Room) 운영 및 관리
③ 영업과 관련된 현금, 수표, 유가증권 등의 거래 및 보관
④ 기타 출납운영과 관련된 업무

4. 환전영업자

환전영업자는 카지노게임과 관련된 편의를 제공하기 위하여 다음의 업무를 수행한다.

① 고객이 제시하는 외화를 원화로 환전
② 고객이 게임종류 후 남아있는 원화 또는 게임의 결과로 획득한 원화를 외화로 재환전
③ 기타 외국환거래법령에서 인정되는 제반업무

5. 전산전문요원

카지노 전산전문요원은 카지노전산시설을 관리ㆍ운영하는 부서이다.

6. 마케팅부서

카지노의 고객유치와 영업수익을 높이기 위해서 마케팅부서가 필요하다. 카지노는 마케팅 판촉활동에 의해 인적판매, 광고, 홍보 등이 있으나, 국내 카지노의 경우 고객대상은 외국인이므로 광고 및 홍보활동은 활발하지 못하며 인적판매활동이 중심이 되고 있다.

따라서 국내 카지노업체들은 일본, 대만, 기타 지역에 현지 해외사무소를 설치하여 판촉활동을 하고 있다.

마케팅부서는 카지노 이용객, 지역별, 직무에 의해 일본 판촉, 동남아 판촉, 국내 판촉, 판촉기획 등으로 분류하고 현지 해외사무소를 설치 근무하고 있다.

7. 관리부서

카지노 영업부서의 영업매출을 높이기 위해 관리부서의 절대적인 도움이 필요하다. 관리부서는 총무, 경리, 자재부분으로 크게 구분할 수 있으며, 일반적인 업무를 설명하면 종사원 채용, 교육, 평가, 급여, 후생복지, 구매, 재정, 수송, 경비, 환전업무, 카지노시설 보수 및 유지 등 관련된 업무를 중심으로 영업부서와 마케팅부서를 지원해 준다.

8. 카지노 업무에 따른 종업원 명칭

1) Dealer

게임테이블에 배치되어 고객과 직접 게임을 진행하며, 카드와 칩을 다룰 수 있도록 고도의 숙련된 기술이 필요하다. 게임테이블의 청결 유지, 칩 및 카드 숙달된 기술과 관리, 게임고객 행동을 주의 깊게 감시할 능력이 필요하다.

카지노영업장 내에서 이루어지는 각종 게임을 수행(conduct)하는 직원으로 게임의 종류 및 행위에 따라 호칭을 달리한다.

- Rolette — Croupier, Mucker
- Blackjack — Twenty-one Dealer
- Baccarat — Callman, Payman, Scooper
- Craps — Stickman, Boxman, Payman, Laddor-Man
- Keno — Rummer, Writer

2) Floorman(Pit Boss)

주임급부터 계장, 대리, 과장급까지 게임테이블을 운영할 책임이 있는 간부로서, Dealer의 관리, 근무배치, 딜러 근무평가, Pit 지역 청결유지, 교육 등을 담당하고, 고객접대, 담당 테이블의 상황을 위 상사에게 보고한다.

3) Shift Boss(Shift Manager)

과장급부터 차장, 부장급까지로 Shift의 책임자로서, 해당 Shift에 대한 전반적인 운영책임, 인력관리, 영업장 내의 재물 및 시설을 관리·유지, 고객불평불만 처리, 각종 보고서 및 영업분석, VIP고객 접대 및 관리, 영업정책 수립, 영업장 지휘 및 감독한다.

4) General Manager & Assist Manager

차장, 부장급에서 이사급까지로서, 카지노운영에 있어 전반에 걸쳐 최고의 책임자이다. 각종 보고서 확인, 영업분석, 영업에 관한 정책수립, 고객불평불만 처리, VIP고객 집대 및 괸리, 해당 부서의 인력관리, 카지노시설관리, 일일운영에 대한 책임을 진다.

5) Cage

영업장내의 현금출납을 관장하는 곳으로 종사원의 호칭을 Cashier 라고 하며, 직급별로 호칭을 달리하며, Cage는 Accounting 부서 또는 관리부서에 속한다. 고객의 현금이나 귀중품을 보관한다.

6) Bank

영업장내의 Chips, Card 출납을 관장하는 곳으로, 게임테이블에 Chips를 Fill 또는 Credit하는 업무를 담당한다. Bank는 영업부에 속하며, Bank가 없는 부서는 Cage에서 업무를 수행한다.

7) Security

보안 또는 섭외라는 명칭으로 불리며, 영업장내의 안전유지 및 외부인(영업장 출입을 할 수 없는 자)의 통제 및 카지노 재산보호에 그 임무가 있다.

8) Surveillance Room

Monitor Room이라고 불리며, 전 영업장을 감시·보호·녹화하여 어떤 분쟁이 발생하였을 때 자료를 제공하고, 종사원(Employee), 고객(Customer), 게임테이블 (Game Table) 등의 상황을 심사·분석할 수 있는 기능의 역할을 한다.

9) Greeter

판촉부 소속으로, 고객의 접대 일체를 담당하는 직원으로 신용대출(C. R), 무료접대 권한은 없다.

10) Host

판촉부 소속으로 VIP고객(High Roller)을 초청하여 게임을 즐길 수 있도록 접대 일체를 담당하는 직원으로 신용대출(C. R), 무료접대 권한도 갖고 있다.

11) Casino Bar

카지노에 입장한 고객에게는 주류, 음료, 식사 등을 무료로 제공하며, 이 곳에 종사하는 직원도 Casino Employee로 Bartender, Cook, Waitress 등이 있다.

12) Information Desk(Check Room)

카지노에 입장하는 고객에게 입장권 발권 및 카지노 안내, 게임 설명 및 귀중품 보관 등의 업무를 대행한다.

그 밖의 명칭으로 해외 카지노에는 Lugger, Pugger, Collector로 불리는 직원들도 있다. 이 외에 직원으로는 일반사무직과 같은 관리부 직원으로 총무, 경리, 인사, 자재, 기획, 비서, 전산, 서무직 등이 있으며, 영선, 기사(Driver), 미화 등의 직원도 있다. 위의 직원은 소속된 부서 및 조직 속에서 근무수칙에 의거 업무가 대행된다.

제3절 카지노 경영형태

1. 카지노의 운영형태

우리나라의 카지노 경영형태는 크게 세 가지 경영방식으로 설명할 수 있는데, 첫째는 소유직영(Ownership Management)방식이고, 둘째는 임대(Lease Management) 방식이며, 셋째는 외국 체인카지노 운영도입으로 나눌 수 있다.

1) 소유직영방식

소유직영방식은 호텔이 카지노를 직접 소유하고 경영하는 형태이며 국내에서는 호텔과 카지노가 법인과 대표이사가 같으나 경영은 서로 다른 조직과 총지배인을 두고 운영하는 경우를 말하며, 현재 국내에서는 인천 오림포스호텔 카지노, 부산 파라다이스 비치호텔 카지노, 제주 크라운프라자호텔 카지노, 오리엔탈호텔 카지노가 이에 해당된다.

소유직영방식의 매출액을 살펴보면 부산 파라다이스 비치호텔 카지노, 제주 크라운프라자호텔 카지노의 경우는 호텔과 카지노 전체 매출액 중에서 약 60%

를 차지하고, 오림포스호텔 카지노의 경우는 80% 이상 차지하였다.

따라서 앞으로 카지노는 임대방식보다 소유직영방식이면서 호텔과 카지노 조직이 통합된 소유직영방식인 카지노 호텔 경영자에게 신규허가를 하는 것이 카지노의 어려운 경영난을 극복할 수 있고, 호텔 및 카지노의 중복된 부서를 통합함으로써 불필요 인력 및 경비를 최소화할 수 있고, 마케팅전략을 극대화할 수 있다.

소유직영방식 조직을 채택할 때에 장점과 단점에 대해 설명하면 다음과 같다.

(1) 장점

① 호텔과 카지노 중복 부서 통합으로 종사원을 최소화할 수 있다.
② 호텔 할인요금, 종사원 최소화로 인건비 등 비용을 절약할 수 있다.
③ 호텔과 카지노 중복 부서 통합으로 종사원 활용을 극대화할 수 있다.
④ 호텔 사용에 있어서 용이하다.
⑤ 호텔 임대비용, 기타 비용 절약으로 자본금이 최소화할 수 있다.
⑥ 호텔과 카지노를 이용한 마케팅전략을 다양화할 수 있다.
⑦ 호텔과 카지노 종사원들 간에 업무간, 부서간 교류로 인해 서로 다른 업무를 배울 수 있다.

(2) 단점

① 호텔 및 카지노를 동시에 경영할 전문인력이 필요하다.
② 호텔과 카지노 종사원에 대해 급료 및 팁(Tip) 분배, 인사문제, 복지혜택 등을 똑같이 맞추어야 한다.
③ 호텔과 카지노 종사원들 간에 서로 다른 업무 이해를 위해 교육을 정기적으로 시행한다.
④ 최고 경영자는 공평하게 지휘 및 감독을 해야 한다.

2) 임대방식

임대방식(Lease Management)은 토지 lac 건물의 투자에 대해 직접적으로 참여하지 않고 제3자의 건물에 의하여 임차하여 카지노사업을 경영하는 형태이며, 국내에서는 카지노사업자가 호텔 건물의 일부분을 임대하여 일정액의 임대료를 호텔사장에게 지급하는 형식을 취하고 있다.

임대방식으로 운영하는 카지노업체는 워커힐카지노, 그랜드카지노, 제주신라카지노, 경주웨리치카지노 외에 5개 업체가 있다.

임대방식의 매출액을 살펴보면 카지노는 60%, 호텔은 40%를 차지하고 있으나, 객실문제 및 객실요금과 식음료비용 할인율이 높지 않아서 카지노의 경비는 증가하면서 경영난을 어렵게 하는 반면 호텔 수입은 증가해 호텔경영에 많은 도움이 되고 있다.

따라서 임대방식 조직을 채택할 때에 장점과 단점에 대해 설명하면 다음과 같다.

(1) 장점

① 전문경영인 운영
② 카지노 고액 베팅고객 위주의 마케팅전략
③ 카지노 중심의 영업

(2) 단점

① 비용이 많이 든다.
② 임대료와 보증금 지불로 카지노업체 재정적 부담이 크다.
③ 호텔의존도가 높기 때문에 호텔과 좋은 유대관계 유지

3) 외국 체인카지노 운영도입

우리나라는 카지노역사가 짧은 관계로 소유와 경영이 분리되지 못하고 전근대적인 경영에서 벗어나지 못하고 있으며, 특히 소유와 경영을 분리시켜 전문경

영인에게 카지노 경영 및 운영권을 위임시켜야 한다. 종전의 비과학적인 경영에서 탈피하여 정확한 자료를 근거로 삼아 새로운 마케팅으로 합리적인 경영을 해야 한다.

현재 국내에는 체인카지노가 없지만 90년대 말 외국 체인카지노가 들어오려고 노력했지만 정부의 카지노 추가 허가 불허로 실패했다. 공기업 또는 카지노 영업에 대한 노하우가 없는 경우는 외국 체인카지노와 계약하여 경영방식을 도입하는 것도 좋은 방법이다.

(1) 체인카지노 운영 장점

전문가의 양적·질적 활용, 공동마케팅 및 홍보 전략에 의한 효과, 전문경영기법 도입, 운영의 메뉴얼 도입 등

(2) 체인카지노 운영 단점

로열티 지급이 과다하게 지출, 영업비용이 과다처리(지방제세, 각종 보험, 감가상각비 등), 운영 잘못에 의한 계약파기 및 시정요구권한 없음, 인사권 권한 없음 등

(3) 체인카지노 유형

① 프랜차이즈(Franchise Chain)
② 위탁경영계약방식
③ 임대방식(Lessor and Lessee)
④ 합작투자(Joint Venture)

2. 카지노 운영실태로 본 게임 스타일

카지노사업에서 운영정책을 업소별 재무구조 및 지역적·환경적 영향에 따라

게임운영 스타일(Game Style)에 변화를 줄 것이며, 또한 이용자 형태 및 그 운영 실태는 스타일(Style) 구성에 중요한 요소가 되는데, 그것은 대략 아래와 같은 Gambling Style로 구분되어진다.

1) Rug Joint

융단을 깔듯이 화려하게 치장한 부대시설, 특색있고 다양한 게임 및 게임장비, 이에 걸맞은 품위있는 방(Room), 그리고 연회장은 물론 여흥(Entertainment) 프로그램까지 완벽하게 갖춘 카지노이나, 많은 경비 부담을 지니고 있다. 또는 Carpet Joint라고도 한다. 미국 라스베이거스에 있는 일부분의 카지노와 해외 몇 업체가 이 스타일에 해당된다.

2) Sawdust Joint

규모가 직고 품위 없는 Gambling 시설로 이용자형태를 작은 금액으로 Play하는 고객을 유치, 그들이 단골로 애호하는 Gaming Style로 시설투자 및 제경비 부담을 경감하는 효과는 있으나, 삼류라는 이미지를 벗어나기 힘들다.

3) Clip Joint

속임수(Cheat) 등으로 Player를 기만하거나, 바가지를 씌우는 등의 카지노, 이곳은 또한 Cheater들을 허용하는 불법(Illegal) Gaming Style을 가졌다.

4) Juice Joint(Wire Joint)

Wager를 걷어들이기 위해, Player를 속이기 위해 특별히 고안된 전자기(Electromagnetic)로 게임하는 스타일을 가진다.

5) Right Joint

Cheater들을 철저히 다루어 접근을 허용치 않으며, 공정하고 신뢰할 수 있는 Gambling 시설과 System을 갖춘 공인된 곳이다. 국내 카지노업체와 해외에 있는 모든 카지노업체가 이 스타일에 해당된다.

6) Bust-out Joint

크게 사기칠 수 있도록 게임시설을 갖춘 곳.

※ 위의 용어는 미국의 속어로써, Joint는 Store를 뜻하고, Store는 House를 뜻하며 House는 곧 Casino를 뜻함.
※ 우리나라의 카지노 대부분은 Right Joint라고 볼 수 있다.

제 **5** 장

카지노게임

카지노게임

제1절 카지노게임의 개관

1. 카지노게임의 개요

카지노게임은 테이블게임(Table Game)과 논 테이블게임(Nontable Game)으로 크게 분류하고 있다.

테이블게임은 딜러(Dealer)와 손님의 레이아웃(Layout) 그려진 테이블 위에서 카드, 주사위, 휠, 구슬 등 게임도구를 갖고 게임하는 것을 말하는데, 여기에는 블랙잭(Blackjack), 바카라(Baccarat), 룰렛(Roulette), 크랩스(Craps, Dice), 다이사이(Tai Sai) 등이 있고, 논 테이블게임은 딜러와 손님이 레이아웃 그려진 테이블과 게임도구가 떨어져 게임하거나, 테이블 없이 게임하는 것으로 슬롯머신(Slot Machine), 비디오게임(Video Game), 빅휠(Big Wheel) 등이 있다.

우리나 카지노업의 영업종류는 문화체육관광부령으로 정하는데 「관광진흥법 시행규칙」 제35조 제1항 관련 [별표 8]에서 다음 〈표 5-1〉과 같이 규정하고 있다.

〈표 5-1〉 카지노업의 영업종류

번호	게임 이름	영문 이름
1	룰렛	Roulette
2	블랙잭	Blackjack
3	다이스	Dice, Craps
4	포커	Poker
5	바카라	Baccarat
6	다이사이	Tai Sai
7	키노	Keno
8	빅휠	Big Wheel
9	빠이 까우	Pai Cow
10	판탄	Fan Tan
11	조커 세븐	Joker Seven
12	라운드 크랩스	Round Craps
13	트란타 콰란타	Trent Et Quarante
14	프렌치 볼	French Boule
15	차카락	Chuck-A-Luck
16	슬롯머신	Slot Machine
17	비디오게임	Video Game
18	빙고	Bingo
19	마작	Mahjong
20	카지노워	Casino War

2. 카지노게임의 규칙

1) 공통규칙

① 딜러가 베팅종료를 선언한 후의 베팅은 인정하지 않는다.

② 지급행위가 이루어지는 도중에는 새로운 베팅을 할 수 없다.

2) 카드게임의 경우

① 카드가 규칙에 어긋나게 반대측으로 딜링된 경우에는 이를 정정하여 카드를 상대측에 옮겨서 계산한다.

② 2장 이상의 카드가 동시에 딜링될 경우에는 이를 분리하여 순서대로 딜링한다.

③ 딜링 도중 카드가 2장 이상 동시에 빠져나오게 되면 유효카드로 간주하여 순서대로 딜링한다.

④ 딜링 도중 카드가 뒤집혀 나오면 유효카드로 간주하여 순서대로 딜링한다.

⑤ 딜러의 실수로 인하여 카드순서가 명확하지 않을 경우에는 해당 게임은 "무효게임"이 된다.

⑥ 플레이어가 고의 또는 실수로 카드를 디스카드홀드에 빠뜨렸을 경우 해당 게임은 "무효게임"이 된다.

3) 룰렛 및 빅휠게임의 경우

① 휠이나 공이 회전하고 있는 동안 딜러와 게임참가자는 이를 방해하여서는 안된다.

② 휠이나 공의 회전을 방해하였을 경우에는 회전을 즉시 멈추고 공을 꺼내야 한다. 이 경우 공이 번호판 위에 멈추더라도 인정되지 아니한다.

③ 고의 또는 실수로 공이 휠의 밖으로 벗어났을 경우에 해당 게임은 무효가 되며 다시 게임을 시작한다.

4) 다이사이 및 차카락게임의 경우

① 주사위 흔들개를 흔들어 번호가 정하여진 다음에 주사위를 흩뜨려서는 안된다.

② 게임참가자는 흔들개 내부에 있는 주사위의 교체를 요청할 수 없다.

③ 다이사이에서 딜러가 알린 숫자와 테이블의 전광판 숫자가 일치하지 않을

경우에는 흔들개 내부에 있는 주사위를 확인한 후 이를 정정한다.

④ 다이사이에서 게임도중 정전이 되어 테이블의 전광판이 작동하지 않을 경우 딜러가 직접 구두로 알린다.

5) 다이스 및 라운드 크랩스게임의 경우

① 주사위를 던지기 전에 베팅이 완료되어야 한다. 주사위가 구르는 동안에는 베팅을 할 수 없다.

② 슈터가 포인트를 만들지 못하면 주사위는 시계방향으로 옆의 게임참가자에게 돌아가며 옆의 게임참가자가 슈터가 된다.

③ 슈터는 한번의 게임이 완료된 후 주사위를 옆 게임참가자에게 넘길 수 있다.

④ 게임참가자는 슈터가 되기를 거절할 수 있으며 옆의 게임참가자에게 주사위를 넘길 수 있다.

⑤ 하우스는 항시 필요한 경우에 주사위를 교체할 수 있다.

⑥ 하나 또는 양쪽 주사위가 테이블을 벗어났을 경우는 무효게임이 되고 주사위를 교체하여 동일한 슈터가 다시 던진다.

⑦ 하나 또는 양쪽 주사위가 주사위 보관함 또는 칩스 저정함에 떨어졌을 경우에도 무효게임이 되고 동일한 슈터가 다시 던진다.

⑧ 슈터는 항상 딜러의 시야 범위 내에 주사위를 던져야 한다.

⑨ 슈터는 주사위의 교체를 요구할 수 있으며, 이 경우 딜러는 주사위 보관함 안에 보관되어 있는 주사위를 슈터에게 제공하여 2개를 선택하도록 한다.

⑩ 슈터는 주사위를 던지기 전에 "OFF" 또는 "NO Bet"라고 분명히 말해야 한다. 슈터가 말하지 않을 경우에는 "On"으로 간주한다.

⑪ 게임참가자는 일반적으로 이해될 수 있는 용어를 사용해야 한다. 게임참가자가 모호한 표현을 사용하여 잘못 이해되었을 경우에는 카지노사업자가 판단을 내리며 게임참가자는 카지노사업자의 판단을 따라야 한다.

3. 카지노업 종류 개관

1) 블랙잭

블랙잭(Blackjack, Twenty-One Game, Motion Game)은 도박성이 가장 강한 게임이며, 카지노에서 가장 성행하고 있다.

블랙잭은 딜러(Dealer)와 플레어(Player)가 함께 카드의 숫자를 겨루는 것으로, 이 게임의 목적은 2장 이상의 카드를 꺼내어 그 합계를 21점에 가깝도록 만들어 딜러의 점수와 승부하는 카드게임을 말한다. 플레어의 처음 두 장만으로 21을 만들면 Blackjack이 되어 붙여진 이름으로 이때 플레어는 건 돈의 1.5배(150%)를 받으며, 그밖에는 승패에 따라 서로 bets한 금액만큼 주고받는다.

2) 바카라

바카라(Baccarat)는 카지노게임의 왕이라 불리며, 손님은 Banker와 Player의 어느 한쪽을 택하여 9 이하의 높은 점수를 승부하는 카드 게임이다. Ace는 1로 계산하며 10, J, Q, K는 "0"으로 계산한다(경우에 따라 손님과 손님 또는 손님과 Dealer가 승부하는 경우).

3) 룰렛

룰렛(Roulette)은 카지노게임의 여왕이라 불리며, 휠(wheel) 안에 볼(ball)이 회전하다 포켓(pocket) 안에 들어간 번호가 winning number이다. 그 number라든가 high, low, 홀수, 짝수 등에 bets하며 승부하는 게임이다.

4) 빅휠

빅휠(Big Wheel, Big Six)은 손으로 큰 바퀴모양 기구를 돌려 가죽막대기에 걸려 멈추는 번호 또는 같은 그림에 돈을 건 사람이 당첨금을 받는 게임이다.

5) 포커

포커(Poker)란 딜러가 고객(player)에게 일정한 방식으로 카드를 분배한 후 미리 정해진 카드 순으로(포커랭 순위) 기준에 따라 참가자 중 가장 높은 순위의 카드를 가진 참가자가 우승자가 되는 방식의 게임이다.

6) 크랩스

크랩스(Craps, Dice)란 탁자에 여러 가지 숫자와 마크가 그려져 있어 어려운 게임 같이 보이지만, 카지노게임 중에서 속도가 빨라 가장 재미있는 게임 중의 하나다. 고객은 주사위 5개 중에서 2개를 선택하여 던진 눈의 합계에 따라 승부가 결정되며, 거는 장소와 종류가 다양한 것도 이 게임의 매력 중의 하나다.

7) 다이사이

다이사이(Tai-Sai)는 주사위 3개를 이용하는 고대부터 유명한 중국의 게임으로서 유리용기에 있는 주사위를 딜러는 3회 또는 4회를 진동시킨 후 뚜껑을 벗겨 3개의 주사위가 표시한 각각의 숫자 또는 구성되어 있는 여러 종류의 거는 장소에 Chip을 올려놓고 맞히는 게임이다. 딜러는 유리 용기 속의 전기진동판으로 3개의 주사위를 흔들어 멈춘 다음 나타난 숫자를 부르고 나온 숫자의 스위치를 누르면 Layout 위에 나온 숫자 또는 구성되어 있는 여러 종류의 맞은 장소에 전기가 켜지기 때문에 손님은 건 장소의 이기고 진 것을 쉽게 알 수 있다.

8) 라운드 크랩스

라운드 크랩스(Round Craps)는 주사위 3개를 갖고 플레이어 중에서 한 사람을 슈터로 정하고, 플레이어들의 동의 하에 슈터는 누구나 될 수 있으며, 다음 슈터는 시계방향으로 돌아간다. 슈터와 플레이어들은 원하는 곳에 베팅을 하며 딜러로 슈터가 던져서 나온 주사위의 합 또는 조합에 따라 당첨자에게 지불하고, 당첨되지 않은 플레어의 베팅금액을 회수한다.

라운드 크랩스는 3개의 주사위가 모두 특정한 숫자를 나타낼 경우에 대한 베팅으로 당첨 시 베팅금액의 150배를 받는다.

9) 차카락

차카락(Chuck-A-Luck)게임은 딜러가 주사위 3개를 주사위흔들개 속에 넣어서 3번 이상 흔들어서 주사위 3개가 가리키는 번호를 갖고 당첨번호를 알려주는 게임이다. 라운드 크랩스는 플레이어 중에서 슈터를 정하고 다음 슈터는 시계방향으로 돌아가며, 슈터는 주사위 3개를 던진다. 차카락게임은 딜러가 주사위흔들개 속에 주사위 3개를 넣어 3번 이상 흔들어서 게임하는 게 차이가 있다.

현재 카지노영업 중에 있는 업체에서는 라운드 크랩스와 차카락은 영업세칙에만 있으며, 카지노를 찾은 고객들은 이 게임을 대부분 선호하지 않기 때문에 실제로 카지노업체에는 게임기 설치를 하지 않고 있는 실정이다.

10) 키노

키노(Keno)는 고객(player)이 선정한 수 개의 번호가 딜러 자신의 특정한 기구에서 추첨한 수개의 번호와 일치하는 정도에 따라 소정의 당첨금을 지급하는 방식의 게임이다.

11) 빠이 까우

빠이 까우(Pai Cow)란 딜러가 고객(player) 중에서 선정된 특정인(뱅커)과 다른 고객들에게 일정한 방식으로 도미노를 분배하여 뱅커와 다른 고객들 간에 높은 도미노패를 가진 쪽을 승자로 결정하는 방식의 게임이다.

12) 판탄

판탄(Fan Tan)이란 딜러가 버튼(단추모양의 기구)의 무리에서 불특정량을 분리하여 그 수를 4로 나누어 남는 나머지의 수를 알아 맞추는 고객(player)을 승자로 결정하는 방식의 게임이다.

13) 조커 세븐

조커 세븐(Joker Seven)은 딜러가 고객(player)에게 카드를 순차로 분배하여 그 카드의 조합이 미리 정해놓은 조합과 일치하는지 여부에 따라 승패를 결정하는 방식의 게임이다.

14) 트란타 콰란타

트란타 콰란타(Trente Et Quarante)는 딜러가 양편으로 구분되는 고객(player)에게 각각 카드를 분배한 후 양측 중 카드 숫자의 합이 30에 가까운 측을 승자로 결정하는 방식의 게임이다.

15) 프렌치볼

프렌치볼(French Boule)은 딜러가 일정한 숫자가 표시된 홈이 파인 고정판에 공을 굴린 후 그 공이 정지되는 홈이 숫자를 알아 맞추는 고객(player)에게 소정의 당첨금을 지급하는 방식의 게임이다.

16) 슬롯머신

슬롯머신(Slot Machine)은 기계의 릴(Reel)이 회전하다가 멈추면 이때 릴에 그려진 그림이 미리 정해진 시상표와 맞으면 시상금액을 지급하는 게임이다.

17) 비디오게임

비디오게임(Video Game)이란 기계에 모니터가 장착되어 있어 여러 개 버튼을 사용하여 게임기구와 게임해 이기면 시상금을 받는 게임. 예) 비디오 포커, 블랙잭, 룰렛, 경마 등.

18) 빙고

빙고(Bingo)란 고객이 번호가 기입된 빙고티켓을 구입해 빙고보드에 표시한 번호와 수평, 수직, 대각선으로 가장 먼저 일치한 참가자가 빙고라고 외치면, 딜러는 고객의 번호를 확인하고 우승금을 지불하는 게임이다.

19) 마작

마작(Majang)이란 고객이 14개 패를 갖고 3개씩 조를 맞추어 보면 나중에 3개씩 4개조가 되면 완성패가 되어 판이 모두 끝나게 되는 게임이다.

20) 카지노워

카지노워(Casino War)란 단순한 게임이며 플레이어와 딜러 중 높은 숫자의 카드를 가지는 쪽이 이기는 게임을 말한다. 만약 고객과 딜러에게 같은 숫자가 나오는 경우 고객과 딜러는 각각 추가 베팅한 후 다음 카드에서 나오는 숫자가 높은 쪽이 승리하게 된다.

카지노게임의 종류 및 규정

카지노 게임 중에는 그 역사가 짧게는 몇 년 정도밖에 되지 않는 신종 게임도 있지만, 대부분의 게임은 수세기의 역사를 지니고 있다고 본다.

현재 우리나라는 「관광진흥법 시행규칙」 제26조 제1항에 따른 〈별표 8〉에서 카지노업의 영업종류를 룰렛 등 20종으로 규정하고 있고, '카지노업영업준칙' 제11조 제1항 〈별표 1〉에서도 게임기구의 종류로 같은 20종을 규정하고 있다. 여기서는 법정 게임 중 인기있는 종목인 블랙잭, 룰렛, 바카라, 그 외의 테이블게임으로 크랩스, 세븐럭 등을 중심으로 살펴보고자 한다.

1. 블랙잭게임의 이해

1) 블랙잭게임(Blackjack game)의 역사적 배경

카지노의 많은 고객들은 테이블에서 진행되는 게임을 선호한다. 그리고 여러 종류의 테이블게임 중에 "블랙잭(일명 21-게임)"을 가장 좋아한다. 카지노게임 하면 블랙잭을 연상할 만큼 카지노의 대명사처럼 일컬어지는 메인(main)게임으로 전세계 카지노 게임 테이블의 60%를 차지하고 있다. 여타 다른 테이블 게임은 게임별로 지역적, 환경적 또는 전통적 민족기질 등의 여러 가지 요소 (requisite)로 인해 세계적으로 선호도를 달리하고 있다.

실례로 유럽인은 "룰렛(roulett)"게임을, 미국인은 "크랩스(craps)" 게임을, 일본을 비롯한 아시안인은 "바카라(baccarat)"게임을 선호하는 등 대륙별로 선호분포도를 달리하고 있지만, 블랙잭게임만은 세계 공통적으로 선호하는 게임으로, 여타 게임의 추종을 불허하는 메인-게임이라 할 수 있겠다.

블랙잭 게임은 게임으로 발전되기 이전에 제2차 세계대전 중 참전병사들 사이에서 '포커(poker)'보다 더 대중화되어졌던 가장 잘 알려진 카드놀이로서 오늘날의 블랙잭게임(21-게임)의 원조(元祖)가 되었다.

역사적으로 고찰하여보면 일찍이 블랙잭원리에 관한 토론 및 연구가 포커, 진 러미와 더불어 수학적으로 연구 가치가 있는 대상으로 지적하였다. 그러나 이탈리아, 프랑스, 스페인 등에서는 이를 전통적 연구 대상으로 받아들이지 않았으며, 특히 프랑스에서는 'Vinet-et-un' 또는 'Trente-et-quarante'와 상통하는 관계라고 주장하였고, 스페인 사람들은 그들의 게임인 'One & Thirty'를 적용한 것이라 말했다. 또한 이탈리아에서는 그들의 바카라와 'Seven & a half' 게임을 부분적으로 변경하여 모방한 것이라고 주장하였다. 아무튼 이들 게임의 구조는 블랙잭 게임 구조 형식에 가장 근접한 것이라고 말할 수 있다. 특히 블랙잭의 '21', 바카라의 '9', Seven & a half의 '7과 1/2' 등의 3가지 게임의 기본구조(basic structure)는 동일하다.

'Seven & a half'는 40장의 카드를 사용하고, 8, 9, 10은 슈트(suit)에 포함하지 않으며, 그림카드(picture)는 수치의 반값으로 카운트된다. 그 밖에 다른 나머지 카드는 표시된 숫자대로 카운트하며, 다이아몬드(diamond)의 '킹(king)'은 와일드카드로 어떤 숫자로 사용할 수 있다. 게임자가 7과 1/2에 접근하려고 시도하는데 주어진 카드의 합이 '8'이거나 그 이상이 되었을 때에는 블랙잭에서 '21'이 넘었을 때와 똑같이 버스트(bust)가 된다. 이는 다른 어떤 게임보다도 블랙잭에 선구적인 역할을 한 것이 'Seven & a half'라고 유추할 수 있으며 또한 카지노 스타일의 블랙잭 게임으로 대중화된 이유라고 말할 수 있다.

블랙잭의 기본원칙은 총합 '21'에 도달하기 위해 카드 숫자를 더해가는 간단한 게임으로 이것과 유사한 게임들이 존재해 왔다. 영국에서는 유명한 귀족인 왕조, 후작 등이 왕궁에서 게임을 즐겼으며 이는 '15'점을 만드는데 목적을 두었으며, 게임 중에 딜러가 그들의 표정을 피하기 위해 종종 가면을 착용하고 게임을 즐기기도 했다고 한다.

일찍이 알려진 스페인 게임 중의 하나인 1과 30(One & Thirty)의 참고자료는 1570년 출간된 "The Comical History of Rinconete and Cortadillo"에서 살펴볼 수 있으며, 1875년의 카드놀이에 관한 문헌에는 블랙잭이 "Vinet-un"으로, 30년 후에는 "Vinet- et-un"으로 불렸고, 호주에 거주하는 프랑스인들은 이를 "판툰(pantoon)"

으로 불렸으며 "21"을 만들고자 하는 기본 원칙은 동일하였다.

블랙잭 게임을 역사적 고찰을 통해 보면 1915년까지는 오늘날의 블랙잭 게임이 없었다는 사실이 입증되었다. 따라서 1915년 이후에 오늘날의 카드게임인 블랙잭 게임으로 완성되었을 것이라고 추정해 본다.

2) 블랙잭 딜러의 근무수칙

① 반드시 지정된 유니폼을 단정히 입어야 하며, 여직원은 커피색 스타킹을 신어야 하며, 남자직원은 검정색 양말을 신어야 한다.

② 모든 Calling은 간부가 들을 수 있도록 큰소리로 하여야 한다.

③ 게임테이블에서의 모든 Calling은 영어나 일어를 사용하며 필요 이상의 한국어 사용을 금한다.

④ 블랙잭 테이블에서의 Take와 Pay는 반드시 One by One으로 처리한다.

⑤ 카드의 교체는 간부의 지시에 따라야 하며 임의로 교체해서는 안 된다.

⑥ Watcher는 딜러의 Mistake를 사전에 방지해야 하며, Mistake 발생 시에는 딜러와 공동으로 책임져야 한다.

⑦ 교대 시는 항상 손바닥을 보이고 가볍게 털어야 한다.

⑧ 근무자 이탈, 테이블 교대, 근무교대 등 근무시간 등의 모든 행위는 담당 간부의 지시에 따른다.

⑨ 모든 Mistake는 현장을 보존한 상태에서 간부에게 보고하고 간부가 처리하길 기다려야 한다.

⑩ 회사의 모든 비품을 절약하고 파손하는 일이 없도록 한다.

⑪ 모든 Hand의 Win, Lose는 카드의 합과 함께 간부에게 들리도록 Calling 해야 한다.

⑫ 수표와 Traveler's Check이 나왔을 경우는 반드시 간부에게 보고하고 처리한다.

⑬ Table에서 칩 장난은 절대 금한다.

⑭ 모든 직원은 근무 중 일어난 고객에 대한 정보에 대하여 보안을 철저히 한다.

⑮ 게임 시작 전에는 반드시 Minimum과 Maximum Ber는 체크하여야 한다.

2. 룰렛게임의 이해

1) 룰렛게임의 역사

룰렛(Roulette)게임은 카지노 게임 중 전통과 신비에 둘러싸여진 가장 오래된 게임이며 크랩스(Craps)나 블랙잭(Blackjack)게임보다 승률이 높아 본고장인 유럽뿐만 아니라 전 세계적으로 널리 보급되어진 게임이다. 요란스럽고 활기있는 크랩스게임을 게임의 왕(king)에 비유한다면 룰렛게임은 조용하고 품의가 있어 게임의 여왕(queen)이라 할 수 있을 것이다.

"Roulette"이라는 단어는 프랑스어의 "Roue(wheel:바퀴)"와 이탈리아어 "Ette(small:작은)"의 합성어로 그 뜻은 수레바퀴의 종류, 스몰 휠 롤러(small wheel roller)등 돌아가는 작은 바퀴를 뜻한다.

고대 그리스 군인들은 전쟁용 방패(battle shield)를 창 끝에 올려 놓고 돌려 게임을 하는 방식을 개발했다. 방패를 여러 구획으로 나누고 방패가 멈출 곳으로 예상되는 지점에 판돈을 올려 놓는 게임이다. 로마의 황제 아우구스투스(Augustus)는 전쟁터에서 마차의 바퀴를 돌려 칼을 칼을 던져 맞추는 게임을 즐겼고, 미국의 인디언들은 회전하는 바늘이나 시침을 사용하여 게임을 즐겼다는 기록이 있다. 카지노에서 딜러를 뜻하는 프랑서어 "Croupier"라는 단어는 승마조련사란 뜻으로 기수가 되고자 하는 자를 훈련시키듯이 전문 카드플레이어(Card player)가 되려고 하는 사람을 교육시켰다는 데서 유래되었다고 볼 수 있다.

룰렛의 역사에 대하여 여러 가지 설은, 프랑스의 이름이 알려지지 않은 수도사가 옛날부터 전해져 오는 마차 바퀴놀이를 변형시켜 만들었다는 설과 중국에서 만들어진 게임을 도미니쿠스 수도회 수사들이 프랑스로 전파했다는 설도 있다. 이러한 설을 룰렛에서 1에서 36까지의 숫자를 전부 합하면 666이 되며, 이는 수도원에서 지옥이나 악령을 뜻하는 수가 되는 것을 보면 수도원과 전혀 무관할 것 같지는 않다.

그러나 17세기 계산법의 아버지라고 불리는 프랑스인 수학자 블레즈 파스칼

(Pascal)이 "영구운동(perpetul motion)"을 발견하여 그 원리로 축소형 바퀴모양을 만들어 실험을 시도하여 "룰렛(Roulette)"이라고 이름을 지었다고 한다. 갬블링을 목적으로 만들어진 처음 기록은 휠을 돌리고 볼을 던져서 넘버(Number) 속에 들어가게 하는 "Hoca"라는 게임으로, 이 호카(Hoca)는 17~18세기경에 유럽의 궁전에서 성행했던 게임이었다고 기록되어 있다. 룰렛게임의 원조(元祖)로 불리는 호카 휠(Hoca Wheel)은 둥근 원형으로 눕혀져 있고 바깥쪽 끝부분 주위의 포켓(pocket)에 40개의 번호(number)가 있고 또 휠 안에는 3개의 0(제로)이 있어 하우스(house)에 높은 이익을 주었다고 한다. Hoca는 프랑스에서 루이(Louis) 16세 때 주정부 관리인 마자린(C. Mazarin)에 의하여 대규모로 후원되어졌는데, 그는 프랑스에서 많은 카지노를 개장할 수 있는 권한을 위임받아 많은 왕실 국고수입을 올렸다.

룰렛을 언급한 문헌으로는 1684년 프랑스 퀘백(Quebec)에서 Dice, Hoca, Faro 등과 같은 게임규칙이 있었음을 찾아볼 수 있으며, 1700년에는 파리의 살롱(salon)들, 1730년에는 영국의 휴양지 Bath, 1765년 벨기에의 Spa Town, 그리고 후에 독일의 유명한 갬블링 영업장인 Baden-Baden, Wiesbaden 등에서 룰렛게임의 흔적을 찾아 볼 수 있다.

프랑스혁명은 프랑스에서 합법적인 갬블링을 종식시켰으며, 1943년에는 독일의 첫 번째 카지노 Spas가 Francois Blance에 의해 함부르크(Hamburg)시에서 문을 열었다. 그리고 그는 유럽 다른 곳에서의 double zero wheel에 대한 경쟁으로 single zero 형태의 룰렛 휠을 처음 소개하였다. 이전까지의 대부분 룰렛 휠은 두 개의 섹션(section)에 각각 제로(zero)가 마크되어 있다. 하나는 red pocket zero였고, 다른 하나는 black pocket zero였다. 만약 black zero가 위닝 넘버(winning number)라면 모든 넘버가 루즈(lose)가 된다. 그리고 블랙 컬러(black color)의 벳(bet)은 윈(win)이 되고, 레드 컬러(red color)는 루즈(lose)가 된다.

후에 독일 주정부가 연합하여 갬블링을 폐지하였을 때 블랭(Blanc)은 1863년 몬테카를로(Monte Carlo)에서 카지노 영업권을 획득하였고, 이후 제1차 세계대전까지의 50년 동안 블랭의 가족들은 유럽의 엘리트 갬블링(elite gambling) 사교단체로 남아 국제적인 빗살무늬 홀(watering hole)이 있는 오늘날의 싱글제로(single zero) 룰렛 휠을 고안하여 지구의 구석구석까지 보급하게 되었다.

17세기 유럽에서는 여러 가지 게임의 변화가 있었음을 찾아 볼 수 있을 것이다. 영국에서 "이븐-아드(even-odd)"라고 불리는 게임으로 "E"와 "O"의 경계로 마크(mark)되어진 40개의 포켓이 있는 휠로 플레이어(player) 되어졌고, 몇 개의 포켓은 하우스를 위하여 보이지 않게 만든 형태였다고 한다. 플레이어는 "E"와 "O" 포켓 양쪽 어느 쪽에 볼(ball)이 떨어지는 것인지를 예측하여 베팅(betting)하는 것이다.

또 하나의 다른 게임이 있었다. 오늘날 아직도 유럽에서 성행되는 게임으로 이 게임은 "Boule"이라고 부르며, 보울 휠(boule wheel)에는 제로(zero)가 없고 1번부터 9번의 숫자가 두 번 반복으로 18개의 포켓이 있다. 5번 숫자는 하우스 넘버이고, 베팅금액의 1/9승률을 기대할 수 있다. 플레이어는 어떤 넘버도 베팅할 수 있으나 지급조건은 7:1이다.

1860년대 미국에서의 룰렛 휠은 미시시피(Mississippi)에서 시작하여 뉴올리언스(New Orleans)의 게이밍 살롱까지 대륙의 서쪽으로 확장되었음을 찾아볼 수 있었으며, 초기의 아메리칸 휠(American wheel)은 차이가 있었음을 알 수 있다. 아메리칸 휠은 28개 넘버와 이글(eagle), 싱글(single), 더블(duble)제로가 하우스를 위해 있어 토탈 31개의 포켓으로 이루어졌다. 이러한 타입의 모든 룰렛 게임은 볼이 떨어질 곳의 포켓에 넘버가 새겨져 있는 원주(circle)에 실린더세트(cylinder set)가 있는 보울(bowl)을 사용하는 게임이다.

룰렛의 넘버 배열을 살펴보면 더블 제로 휠(double zero wheel)의 숫자배열과 싱글 제로 휠(single zero wheel)의 숫자배열을 비교하여 보면 차이가 있음을 알 수 있다. 그러나 휠 주위에 연속으로 나오는 숫자배열은 세계를 통하여 어느 휠이라도 각 타입(type) 내에서는 똑 같다. 이 뜻은 미국의 더블 제로 휠은 바하마(Bahamas)의 더블 제로 휠과 같고, 프랑스의 싱글 제로 휠은 남아공의 싱글 제로 휠과 같다는 뜻이다.

또한 초기의 휠과는 달라서 더블 제로 휠은 0과 00의 포켓이 있고, 게임 컬러로 구분하게 되어 있다. 더블 제로 휠은 0과 00포켓이 서로 다른 반대편 위치에 배열되어 있으며, 00의 다음 숫자의 자리는 1번 숫자이고, 0의 다음숫자 자리는

2번으로 시작된다. 연속되는 번호는 서로 다른 반대편에 배열되었으며, 그 숫자 모두 홀수·짝수에 의한 컬러로 나뉘어져 있다.

일찍이 룰렛게임은 유럽의 "Hoca"게임의 2 혹은 3개의 제로 혹은 하우스 넘버로 유래되었다. 미국에서 처음 룰렛게임이 등장하였을 때에는 1~28숫자에 2개의 제로와 이글 심벌(eagle symbol)로 하우스에 3개의 위닝 섹션을 주었다. 결국에 유럽버전의 휠은 0섹션으로 가고 있고 미국식 버전은 0와 00섹션 둘 다 하우스를 위해 남아 있다.

미국 이외의 나라 대부분의 카지노는 제로 섹션 휠을 사용한다. 미국의 카지노는 0와 00(더블 제로 휠)섹션 휠을 제공하는 한편, 어떤 카지노에서는 하이롤러 피트(highroller pit)로 알려진 지역에서만 높은 미니멈 벳 고객에게 싱글 제로 섹션 휠을 제공하고 있다.

룰렛게임에서 싱글넘버 벳(straight bet)을 하였을 때 싱글 제로 섹션 휠의 카지노 어드밴티지는 2.7%이며, 싱글제로와 더블제로 섹션을 모두 가진 휠의 하우스 어드밴티지는 5.26%이다. 이븐 머니 벳(even money bet)으로 "앙프리종(Enprison)" 또는 "라빠따즈(Lapatage)"룰을 적용하였을 때 싱글 제로 휠에서의 어드밴티지는 드롭(drops)의 1.35%이며, 더블제로 휠은 2.63%이다.

2) 룰렛딜러의 근무수칙

① 반드시 지정된 유니폼을 단정히 착용해야 한다.
② 근무지 이외의 다른 장소에 갈 때에는 행선지와 목적을 알리고 담당 간부의 허락을 받아야 한다.
③ 흡연이나 음료수는 지정된 장소에서만 가능하다.
④ 근무교대 시는 담당 간부의 지시에 따라야 한다.
⑤ 딜러의 교대 시에는 담당테이블 간부의 지시에 따른다.
⑥ 게임이 없는 테이블에서는 Watche 의자에 앉아 단정한 모습으로 고객을 기다린다.
⑦ 게임이 없을 경우 칩 장난이나 간부의 지시가 없는 딜러 간의 게임을 금한다.

⑧ 근무시간 중 잡담을 금하며 가능한 한 한국어의 사용을 최대한 자제한다.

⑨ 항상 Take First Pay-off Next의 기본 순서를 지킨다.

⑩ 칩을 팔 때나 Color Change를 할 때에는 반드시 Check plase를 Call하여 간부에게 확인시킨다.

⑪ 게임이 진행될 때에는 "Bet down please", "No more bet sir" 간부가 들을 수 있도록 Call한다.

⑫ Call Bet은 인정하지 않으나 고객이 칩과 넘버를 Call하면 Bet으로 인정해줘야 하고 볼이 떨어지기 직전의 Call Bet도 간부의 확인이 있을 경우 Bet으로 인정한다.

⑬ 팁을 받았을 경우 Cheeck please, 팁 금액을 반드시 Call하고 감사의 표시 이상의 말은 금한다.

⑭ Deal이 끝난 후 반드시 손바닥을 보이며 가볍게 손을 털고 나온다.

⑮ Box Man은 모든 슬립에 기재사항을 정확히 기재한다. 환전 시 동전은 고객에게 돌려주는 것을 원칙으로 하며 팁으로 주면 팁 박스에 넣는다.

⑯ 딜러는 회사의 기밀 보안을 철저히 해야 한다.

⑰ Wacher는 Pay의 정확성 및 플레이어의 베팅의 정확성을 주시한다.

⑱ Spiner는 완전히 Pay-off가 끝난 상태를 확인한 후 Spin하여야 한다.

⑲ Mistake나 베팅의 정확성을 판단하기 힘들 때에는 반드시 현장을 보존하고 간부의 입회하에 해결해야 한다.

⑳ 고액의 수표나 Traveler's Check이 나왔을 경우 간부의 지시 없이는 칩을 내줄 수 없다.

㉑ 각 베팅의 Minimum과 Maximum을 항상 눈으로 확인해야 한다.

3. 바카라게임의 이해

1) 바카라게임의 역사

바카라(Baccart)의 역사는 고대 에트루리아(Etruscan)의 아홉 신들의 의식연구에 기초하여 도박사 Flex Falguire에 의해서 만들어졌다.

전설에 의하면 B.C. 2600년경 로마에는 사원이 있었는데, 금발의 아홉 신들은 Ncen Dare성의 금발의 처녀를 이기기 위해 준비하였다. 만일 그녀가 8, 9를 던지면 여사제는 왕이 될 것이고, 6, 7을 던지면 여사제는 자격이 박탈되고, 5 이하를 던지면 바다 속으로 걸어 들어가야만 했다.

바카라는 이러한 숫자 게임에 의하여 고안되었으며, 유럽의 Baccarat en Banque, Chemin de Fer는 이탈리아의 바카라 게임의 원조이며 1483년부터 15년간 재위한 찰스 8세 때 프랑스 상류 사회에서 크게 유행하기 시작하였다. 이후 사회적 부작용과 재정확보를 목적으로 금지와 합법화를 반복하다가 나폴레옹 시대에는 완전히 금지되어 궁중에서만 명맥이 유지되다가 1907년 다시 합법화되어 성행하여 Edward 7세 때에는 Shimmy란 게임으로 영국에 전래되었다. 1912년에는 미국에 전래되었으나 블랙잭의 위세에 눌려 빛을 보지 못했으며, 1940년대 플로리다와 카리브 연안에서 성행하였던 Chemin de Fer를 1950년대 Tommy Renzoni가 쿠바의 Georgeraft카지노에서 배워 Nevada에 소개하였고, 1958년 라스베이거스 Stardast 카지노에 Shmmy란 이름으로 등장하여 오늘날의 Nevada Style Baccarat가 정착하게 되었으며, 우리나라에는 1970년대 초에 보급되어 카지노에서 가장 인기 있는 게임으로 자리잡고 있다.

Baccarat en Banque, Chemin de Fer, Punto Banco, Baccarat 등 다양한 이름으로 불리지만 Baccarat en Banque는 플레이어가 5이고 Banker가 6 이하이면 플레이어가 Third Card를 받을 것인가 받지 않을 것인가를 결정할 수 있는 룰을 제외하면 운영방법에는 약간의 차이가 있지만, 같은 룰 아래서 게임이 진행되며 세계 카지노에서 가장 쉽게 배울 수 있다는 점과 다른 게임과 비교하여 가장 단순함과 시스템 작성으로 얻어지는 예측가능성이 있는 게임으로 인기가 가장 높은 게임 중에 하나로 정착하였다.

2) 바카라 딜러의 근무수칙

① 지정된 유니폼을 착용하며 항상 청결히 해야 한다.

② 테이블에서는 정위치를 지키고 테이블을 떠날 때에는 행선지와 목적을 담당 간부에게 보고해야 한다.

③ 테이블에서 간부가 허락하지 않은 연습게임은 절대 금한다.

④ 근무 중에는 필요 이상의 우리말 사용 및 잡담을 금하며 가능한 한 외국어를 사용한다.

⑤ Drop Call 후 현금이나 수표는 테이블에 펼쳐 금액을 간부에게 확인시키고 칩을 내준다.

⑥ 수표 및 Traveler's Check이 나오면 반드시 간부의 사인을 받아야 한다.

⑦ 항상 Take First를 염두에 두어야 하며, Pay는 가까운 곳에서 먼 쪽으로 Scooper Man이 확인할 수 있게 한다.

⑧ Scooper Man은 카드의 딜링에 최선을 다하고 승부가 결정된 후에는 Pay Man의 역할을 보조해 주기도 하고 항상 양측 Side의 Watcher 또한 열심히 해야 한다.

⑨ Pay-off 딜러는 Commission Call을 간부가 들을 수 있도록 확실히 해주어야 하며, Scooper의 딜링과 베팅된 칩에 대한 Watcher를 해야 한다.

⑩ 지정된 장소에 한하여 흡연을 할 수 있으며 음료수도 지정된 장소에서 마셔야 한다.

⑪ 딜링이 끝난 후 교대 시에는 손바닥을 보이고 가볍게 털어야 한다.

⑫ 근무교대 지시를 받은 직원은 즉시 테이블에 도착하여 간부의 지시에 따른다.

⑬ 사내 기밀 보안을 철저히 해야 한다.

⑭ Scooper와 Pay Man은 항상 Minimum Bet 확인과 Player Side와 Banker Side의 Diffrence를 게임 시작 전에 체크하여야 한다.

4. 그 외의 테이블게임

1) Big and Small

다이사이(Tai Sai) 혹은 식보(Sic-Bo)라고도 불리는 게임으로 중국인들이 선호하는 게임이다. 나무로 만들어진 Shaker(주사위를 넣어서 흔드는 용기) 또는 전기로 진동을 시키는 Shaker에 3개의 주사위를 넣고 흔들어서 나오는 수의 합으로 승부를 가리는 게임으로 테이블에 전원장치가 되어 있어 맞은 장소에 불이 들어오고 테이블에 Pay하는 배수가 적혀 있어 카지노에서 특별히 교육을 시키지 않는 게임이고 베팅의 승패를 쉽게 배우고 즐길 수 있는 게임이다.

다이사이는 테이블 게임 중 가장 큰 배당(1:150)을 받을 수가 있는 게임으로 인기가 있으며, 고객들도 게임을 쉽게 이해할 수 있어 초보자들이 선호하는 게임으로 이해하면 된다.

2) 크랩스(Craps)

입에 게거품이 나오도록 떠들면서 즐기는 게임으로 다이스(Dice)라고도 불리며 미국인들이 특히 열광하는 게임이다. 80년대 초까지 미국 군인들이 많았을 때에는 각 카지노가 한 테이블씩 가지고 있었으나, 주둔 미군 수가 줄면서 인기가 시들해졌다.

다른 게임과 달리 딜러가 Shuffle을 하거나 Ball Spin을 하는 등 딜러가 하는 게임이지만 Craps 게임은 플레이어가 5개인 주사위 중 2개를 골라 직접 던지면서 즐기는 게임이기 때문에 고객과 딜러가 함께 즐길 수 있는 게임으로 7, 11을 외치며 Pass Line에 칩을 걸고 즐거움과 기쁨을 함께 나눌 수 있는 게임이다. 두 개의 주사위의 합에 의하여 승부가 이루어지는 게임으로 철저한 확률에 의하여 승패가 결정되는 게임이다.

미국에서 들어온 세븐 일레븐이라는 편의점을 창설한 사람도 크랩스 게임에서 7, 11을 외치다 업체명이 됐다는 얘기도 들은 적이 있을 정도로 미국인들이 특히 좋아하는 게임으로 저자도 서인도제도 카지노와 마카오 여행시 크랩스 게임을 오랜만에 해본 적이 있다.

3) 빅휠(Big Wheel)

Big Six, Wheel of Fortune, Money Wheel이라고도 불리는 게임이다. 우리나라에도 여러 곳의 카지노에 있는 게임으로 딜러가 회전시키는 큰 수레바퀴 휠에 회전하는 속도가 떨어져 가죽 띠에 걸려 멈추는 곳에 따라 승패가 결정되는 게임이다. 고객의 행운을 실험할 수 있으며 고액 배당이 가능하고 국내 카지노는 물론 미국의 거의 모든 카지노에서 쉽게 만날 수 있는 게임이다.

4) 포커(Poker)

(1) 개요

전 세계적으로 널리 행해지고 있지만 특히 북 아메리카에서 가장 인기를 누리고 있고, 각 고객에게 5장의 카드가 돌려져 2장 이상의 같은 수, 5장의 연속 수 혹은 같은 무늬 5장을 만드는 것을 목표로 하는 게임이다. 우리나라에서도 일반인에게 가장 많이 알려진 게임으로 포커게임의 종류도 100여 가지 정도로 전 세계가 즐기는 게임이며, 카지노에서는 Five Poker와 Stud Poker가 주류를 이루고 있으며, Stud Poker테이블은 유럽과 미국 등 전 세계카지노에서 인기를 끌고 있으며, 세븐럭 카지노와 파라다이스그룹 카지노, 강원랜드 등에서 쉽게 만날 수 있다. 게임을 시작하려면 먼저 Ante에 베팅을 하고 카드를 받은 후 승부에 자신이 있으면 Bet에 베팅을 하여 승부를 하는 게임이다.

(2) 역사

포커의 역사는 16세기 유럽에서 행한 프리메라(스페인) 또는 프레메로(영국)라 불렸던 3장의 카드로 페어 혹은 트리플, 같은 무늬로 이루어지는 플럭스(현재의 플러시) 등의 서열이 있었던 게임으로 18세기경 영국의 Brag, 독일의 Pochen, 프랑스 Poque 등 5장의 카드에 형편없는 패도 좋은 패를 가진 것처럼 허풍을 치며 베팅하는 포헨이란 말이 '허풍치다'란 뜻으로 충분히 알 수 있는 게임이다. 포커는 18세기 프랑스 식민지였던 루이지애나로 프랑스 사람들로부터 전해졌으며 포커라는 이름은 프랑스어 Poque에서 유래된 것으로 알려지고 있다.

(3) 포커 배당률

• Royal Straight Flush	100 to 1
• Straight Flush	50 to 1
• Four of Kind(Four Card)	20 to 1
• Full House	7 to 1
• Flush	5 to 1
• Straight	4 to 1
• Three of Kind(Triple)	3 to 1
• Two Pair	2 to 1
• One Pair	1 to 1

(4) Progressive Jackpot 배당률

• Royal Straight Flush	100%
• Straight Flush	10%
• Four of Kind(Four Card)	50만원
• Full House	30만원
• Flush	10만원

5) 카지노워

(1) 카지노워(Casino War)

단순한 게임이며 플레이어와 딜러 중 높은 숫자의 카드를 가지는 쪽이 이기는 게임이다. 만약 고객과 딜러에게 같은 숫자가 나오는 경우 고객과 딜러는 각각 추가 베팅한 후 다음 카드에서 나오는 숫자가 높은 쪽이 승리하게 된다.

(2) Card Value

에이스가 가장 높은 수이고 카드 무늬에 상관없이 A, K, Q, J, 10, 9, 8, 7 순으로 숫자로만 승부를 결정한다.

(3) 게임방법

① 고객은 일정 금액을 베팅장소에 걸어야 하며 베팅을 하면 TIE Bet을 걸 수 있다.
② 딜러는 고객과 한 장의 카드를 나누고 오픈한다.
③ 고객의 카드가 딜러보다 높으면 1배를 지급하고 딜러가 높으면 고객은 잃게 된다.
④ 고객과 딜러의 카드 숫자가 같을 경우 고객은 TIE Bet을 걸었으면 10배를 받게 되고 Surrender와 Go to War를 선택할 수 있다.
⑤ Surrender: 게임을 포기하는 경우 베팅금액의 1/2을 잃게 된다.
⑥ Go to War: 고객이 계속 승부를 원할 경우 베팅금액과 동일한 금액을 베팅하고 카드를 한 장씩 더 받아서 승부를 한다.

(4) 보너스 룰

워에서 플레이어와 딜러의 카드 값이 같을 경우 베팅된 모든 칩스를 가지게 되는 것은 물론 최초 베팅금액에 대해 1배를 추가로 더 지급받는다.

6) 세븐럭 21

(1) 정의

세븐럭(Seven Luck) 21은 블랙잭과 마찬가지로 카드의 합이 21에 가까운 값을 가지는 측이 이기는 게임이나, 블랙잭과는 달리 10 카드를 제외하고 게임을 진행한다.

(2) 게임방법

① 플레이어는 배팅 공간에 일정 금액을 베팅하고 딜러는 플레이어에게 두 장의 카드를 Face-up으로 나누어주고 딜러 자신의 카드는 한 장만 Face-up으로 받는다.
② 플레이어는 자신이 원하는 값을 가질 때까지 카드를 받을 수 있으나 21을 넘게 되면 지게 된다.
③ 딜러는 자신의 카드의 합이 Hard 17 이상이 되면 추가 카드를 받을 수 없다.
  • Hard는 Ace가 1로만 계산될 때
  • Soft는 Ace가 1 또는 11로 계산될 때

(3) Card Value

① Ace는 1 또는 11로 계산한다.
② K, Q, J는 10으로 계산한다.

(4) 게임규칙

① Seven Luck 21: 최초의 두 장에 카드가 Ace와 J.Q.K인 경우 1.5배를 지급한다.
② Hard 21: Ace를 1로 계산하여 5장 이상으로 21이 된 경우 1.5배를 지급받게 되며, Ace를 1 또는 11로 계산하여 플레이어 카드가 3장 혹은 4장으로 21이 된 경우에는 딜러가 21이 되더라도 1배를 지급한다.
③ 777 Same Suit: 3장의 카드가 같은 무늬의 777이 나온 경우 10배를 지급한다.

④ 777 Same Number: 3장의 카드가 같은 숫자인 777이 나온 경우 3배를 지급한다.

⑤ 678 Same Suit: 3장의 카드가 같은 무늬의 678이 나온 경우 3배를 지급한다.

⑥ Double Down: 플레이어가 추가 카드를 받기 전에 최초 배팅액과 같은 금액을 추가로 배팅할 수 있는 것을 말하며, Double은 연속으로 세 번까지 가능하다.

⑦ Split

- 처음 두 장의 카드가 같은 숫자인 경우 두 장의 카드를 나누어서 각각 베팅하는 것으로 이때 금액은 최초 배팅액과 동일해야 하며, Split 후 또 다시 같은 숫자가 나올 경우 3번(총 4 Hand)까지 Split할 수 있고 Stay, Hit, Double Down 등을 선택할 수 있다.

- Ace를 Split한 후 J, Q, K가 나왔을 경우와 J, Q, K를 Split한 후 Ace가 나왔을 경우에는 Soft 21로 간주한다.

⑧ Insurance: 딜러의 오픈 카드가 Ace인 경우 플레이어는 최초 배팅액의 1/2에 해당하는 금액을 보험으로 걸 수 있고 딜러의 다운 카드가 그림 카드일 경우 보험금의 2.5배를 지급받게 된다.

⑨ Surrender: 플레이어가 자신의 카드로 승부에 자신이 없을 경우 게임 진행 중이라도 언제든지 게임을 포기할 수 있고 배팅금액의 1/2만 잃게 된다(단, 딜러의 오픈 카드가 Ace일 경우에는 불가능함).

(출처: Seven Luck Casino 홈페이지)

5. 슬롯머신

1) 슬롯머신의 개요

현대 슬롯머신(Slot Machine)의 시초는 1887년 미국 샌프란시스코에서 Charles Fey에 의하여 고안된 Libertu Bell이라고 이름 붙여진 3단짜리 자동 Machine이다.

이 슬롯머신은 시가 자동판매기가 동전을 넣었는데도 시가가 나오지 않거나 또 시가가 두 개 나오기도 하고, 동전을 넣으면 안 나오는 경우 혹은 두 개 또는 세 개씩 나오게 하는 것이 슬롯머신의 기초가 되었다.

우리나라 카지노 설립의 법적 근거가 되는 최초의 법률인 「복표발행현상 기타 사행행위단속법」을 1962년 9월 개정함에 있어 카지노업이 "외국인을 상대로 하는 오락시설로서 외화획득에 기여할 수 있다"고 인정될 때에는 이를(외국인을 위한 카지노 설립) 허가할 수 있게 함으로써 관광호텔에 한해서 영업을 시작하였으나, 업자들의 법규 위반과 고객이 95% 이상이 내국인이었고 기계조작으로 당첨률이 줄어들고 탈세, 조직폭력 간의 이권다툼 등 사회적 문제가 계속되어 1996년 5월 31일부터 슬롯머신 영업을 전면 금지시켰으며, 1997년 11월 1일부터 외국인전용 카지노에 슬롯머신을 설치할 수 있게 하였다.

슬롯머신 제작사로는 IGT사가 시장의 78% 정도를 차지하며 Bally사가 11%, Sigma사가 5% 정도를 차지하고 있으며, 현재 카지노에 설치된 Slot은 약 90%의 반환율을 가지고 있다.

2) 슬롯머신의 종류

① Line Game: 플레이어가 넣는 코인 한 개당 하나씩 Line이 증가되는 게임
② Multipliers: 코인을 추가하여 게임을 하며 코인이 늘어나는 만큼 시상 금액이 배로 올라가는 게임
③ Buy-a-Pay: 코인이 늘어날수록 시상금액보다는 보너스가 늘어나는 게임
④ Progressive: 플레이어가 플레이한 금액의 일정액이 Jack Pot 시상금으로 모아져 다른 게임보다 Jack Pot의 시상금이 크다. Jack Pot의 확률은 370,000분의 1이다.

3) 슬롯용어

① Coin Tray: 시상금 코인이 모이는 동전받이판

② Coin Comparitor: 불량 코인이나 위조주화 판별기

③ Drop Bucket: Hopper에 코인이 가득 차면 따로 코인을 저장하는 곳

④ Hand Pay: 고객의 시상금에 당첨되었을 때 직원이 직접 플레이어 에게 시상금을 전달하는 것

⑤ Hopper: 머신 안에 코인이 모아지는 장소

⑥ Reel: 모터에 의해서 돌아가는 판으로서 그림이 인쇄되어 있고 보통 세 개의 Reel이 머신 안에 있지만 4개, 5개의 Reel을 가진 슬롯도 있다.

⑦ Top Glass: 슬롯 윗부분에 시상금액을 적어 놓는 판

제**6**장

카지노 마케팅

카지노 마케팅

제1절 카지노 마케팅의 개념

1. 카지노 마케팅의 정의

마케팅은 상품과 서비스를 소비자에게 가장 효과적으로 구매할 수 있도록 하기 위해 기업이 행하는 모든 의사결정과 행동의 총체라 할 수 있다. 마케팅은 고객이 원하는 욕구를 충족시켜 주기 위해 상품과 장소를 제공하며, 또한 상품을 잠재고객에 인식시키는 등 마케팅 전체과정을 평가 및 판매활동을 포함한다. 따라서 마케팅 개념은 시대의 흐름에 따라 변화하고 있으며, 오늘날 마케팅 개념은 상품과 서비스 다양화, 고객욕구의 다양화 그리고 기업이 증가하고 소비자는 제한되어 있어 판매지향적에서 고객지향적으로 개념이 변하고 있다.

우리나라 외국인전용 카지노업체는 해외사무실에 판촉직원이 상주하면서 VIP 고객 및 일반고객 유치를 위해 인적판매활동 중심으로 마케팅하고 있고, 광고나 홍보는 자국민 보호 및 외화유출방지로 인해 제한을 받고 있다. 특히 일본을 비롯한 주변국가 경제침체 이전에는 마케팅의 중요성을 잊고 있었으나, 우리나라 카지노의 고객 대상인 국가는 일본, 중국, 대만, 홍콩 등 동남아국가들인데 최근에 경제침체로 카지노 이용객 및 게임금액도 감소하고 있으며, 외화유출을 방지하기 위해 관광객 1인당 외화 한도액을 제한하고 있다. 이러한 변화에 대하여 대응할 중·장기적 계획이 없는 카지노업체들은 당황하고 있으며, 또한 마케팅에 대한 중요성 인식을 느끼고 있다.

2. 현대 마케팅의 개념

현대마케팅은 소비자지향을 통해 기업이윤의 극대화와 기업의 상품을 시장에 판매하기 위해 조직구성으로 통합과 조정할 필요성 있다. 현대마케팅을 소비자지향성, 기업이윤극대화, 마케팅 조직구성으로 구분할 수 있으며, 좀더 상세히 설명하면 다음과 같다.

1) 소비자지향성

과거에는 소비자가 많아 공급자가 판매할 상품은 너무나 부족하여 마케팅 없이도 기업은 이윤이 증가하면서도 소비자의 욕구를 충족시켜 주지 못하였고, 또 기업태도도 소비자에 대한 인식도 없었다. 오늘날에 공급자가 많아 기업의 생존과 발전을 위해 소비자 욕구를 만족시킬 수 있는 마케팅활동을 과학적이고 체계적으로 운영을 할 수밖에 없었다.

따라서 소비자지향은 기업이 격심한 경쟁 속에서 기업 스스로의 이익과 발전을 위해서 소비자의 이익이나 만족시키는 것이 확실한 방법이다. 소비자지향은 인적·물적 서비스에 상품가격, 질, 디자인 등이 요구되며 더 나가서 기업조직에도 반영이 된다.

2) 기업이윤의 극대화

기업의 최종 목적은 이윤추구에 있으며, 이윤이 없이는 기업경영이 필요 없다. 고객의 욕구를 만족시키고 고객의 서비스를 제공하기 위해서 기업이윤이 추구되어야 가능하고, 기업이 적자경영으로 부도가 나거나 폐업으로 인해 사회적·경제적·정치적으로 많은 영향을 받는 사람은 국민들이다.

따라서 기업은 사명감을 갖고 기업이윤을 지향하고 사회에 환원할 수 있는 최고경영자가 되어야 한다.

3) 마케팅조직의 구성

현대마케팅은 기업의 소비자지향과 기업이윤을 최대화를 위해 최고경영자의 계획 또는 실천이 이행되지 않는다면 기업의 기대하는 효과를 얻을 수 없다.

따라서 마케팅 개념을 효과적으로 전개하고 기업의 이윤추구와 소비자지향의 성과를 동시에 얻으려면 이를 효율적이며 유기적 기능을 뒷받침할 수 있는 체계적이고 관리·감독할 조직구성이 필요하다.

3. 카지노 마케팅부서의 개요

카지노 마케팅부서는 그 호텔의 전체적인 마케팅계획에 발맞추어 카지노를 찾으려는 고객들을 유치하는 데 책임이 있다. 마케팅부서는 다른 최고경영자들과 함께, 고객과 여타의 유치 가능한 시장들을 위해 그 호텔의 판촉가능 수준을 확보할 책임이 있는 카지노마케팅 부서장에 의해 이끌리게 된다. 바로 여기에 카지노 마케팅믹스가 내재되어 있으며, 이 부서를 위해 적절한 사원이 구성된다.

장차 영업대상이 되는 시장과 잘 조화되는 사원을 이 부서에 배치하는 일이 중요하다. 예를 들면, 개별적으로 유치된 고객을 잘 다룰 상냥한 사원과 정킷(Junket)요원과 잘 협력할 수 있는 판촉지향적 사원 및 특별 판촉을 담당할 유능한 사무직원이 필요할 것이다.

카지노마케팅 부서장은 또한 호텔 판촉부, 객실부(예약과, 프론트데스크) 및 카지노 마케팅부의 활동들을 잘 조화시키는데도 책임이 있다. 이러한 조화는 판촉부의 잘 융화된 획일적 판촉노력을 가져오는데 중추적인 역할을 한다.

카지노 마케팅부서의 직원들이 카지노 고객들을 데려오기 때문에 그들이 카지노의 직원들과 긴밀한 업무관계를 유지하는 일은 매우 바람직하다. 적어도 최저 순이익을 확보하는 데 필요한 카지노영업을 유발시키기 위해 좋은 카지노고객들이 많은 객실을 차지하도록 하는 일이 절실히 요청된다.

고객은 호텔이 가진 다양한 고객층이나 고객에 관한 정보를 입수하기 위해 마련된 여러 가지 프로그램들의 협력하에 유치된다.

제2절 카지노의 마케팅믹스

마케팅의사결정 변수들은 대체로 4P's라고 불리는 제품(Product), 가격(Price), 경로(Place), 촉진활동(Promotion)으로 요약될 수 있으며, 어떠한 하위믹스도 결국 고객을 초점으로 하여야 한다. 그래서 모든 마케팅전략의 핵심은 4P's 중심으로 일어나므로 더 구체적인 설명은 다음과 같다.

1. 제품

제품(Product)이란 고객의 욕구와 필요를 충족시키기 위하여 준비 확정된 스비스 또는 생산된 재화를 말한다. 기업의 표적시장에 제공할 최적의 제품이나 서비스를 개발하는 문제에 관련된 변수들의 조합이며 대체로 유형제품(Tangible Goods)을 다루고 있으나 기본적인 원리를 이용하여 무형제품(Intangible Goods)인 서비스도 적용할 수 있다.

직접적인 카지노상품은 카지노게임시설(테이블게임, 논테이블게임), 종사원 숙련도, 영업장 시설이라 볼 수 있다. 간접적인 상품은 호텔규모, 식당, 바, 기타 부대시설 등도 카지노 고객에게 상품이라고 할 수 있으며, 특히 미국 라스베이거스는 호텔 주변에 인공화산, 보물섬, 테마파크, 호텔건물모양 등도 고객에게는 상품으로 볼 수 있다.

2. 경로

경로(Place)란 제품이나 서비스를 고객에게 전달하는 과정의 모든 활동을 뜻한다. 고객이 원하는 사람과 장소에서 제품을 획득할 수 없다면 그런 제품은 별로 가치를 갖지 못한다. 따라서 마케터는 언제, 어디서, 누구를 통하여 제품을 고객에게 공급할 것인지를 결정하는데, 이러한 의사결정에 관련된 변수의 조합을 경로믹스라고 한다.

카지노상품은 동시성 및 소멸성으로 고객이 카지노 영업장에 방문해야만 상품을 구매할 수 있다. 카지노상품을 판매하는 유통과정은 전문모집인, 여행알선업자로 구분할 수 있으며, 전자인 경우는 카지노 VIP고객, 게임을 목적으로 카지노를 자주 방문하는 고객, 정킷(Junkets) 등 카지노 전문고객을 모집하는 사람, 후자인 경우는 관광목적으로 여행 중에 카지노호텔 투숙 또는 여행 중에 카지노를 방문해 적은 금액을 갖고 게임을 잠시 즐기거나 머신게임을 하는 고객들을 모집하는 여행사를 말한다.

3. 가격

가격(Price)은 제품이나 서비스를 제공받기 위해 고객이 지급해야 하는 금액을 뜻한다. 기업은 표적시장에 있어서 경쟁의 성격과 현재 통용되고 있는 공정한 가격결정과 거래조건 등을 검토하여 자신의 마케팅믹스를 소비자가 매력적인 것으로 여기도록 하는 의사결정 변수들의 조합이다.

카지노와 같은 서비스업종은 상품을 이용하거나 즐기거나 서비스를 제공받고 지급하는 가치를 뜻하며, 카지노 가격은 게임승률, 게임이용시간, 호텔할인요금, 커미션제공, 베팅금액 제한(Limit Board) 등이 포함된다고 볼 수 있다.

4. 촉진

촉진(Promotion)활동은 제품과 서비스를 고객들에게 정보를 제공해 관심을 갖도록 하거나 구매하도록 설득시킨다. 최적의 제품이 적당한 장소에서 적당한 가격으로 판매되고 있음을 표적시장에서 정보의 제공 및 판매 설득하는 방법과 관련되는 의사결정변수의 조합이다.

촉진활동은 광고, 홍보, 인적판매, 판매촉진, 영업전략으로 세분화할 수 있으나, 우리나라 카지노업체들은 대부분 인적판매와 판매촉진을 활용하고 있으며, 광고 및 홍보 그리고 영업전략은 해외 카지노업체 중에서 라스베이거스만 자유롭게 할 수 있으나, 해외 타국가들은 자국민 보호를 위해 제한을 하고 있다.

인적판매는 판촉직원이 해외사무실에 상주하면서 고객을 직접 만나 카지노를 판촉하거나 VIP고객을 초청하는 등 국내에서는 가장 많이 활용하는 판매전략이다.

판매촉진은 사내판촉과 사외(외부)판촉으로 구분할 수 있으며, 더 구체적인 것은 고객시장 세분화에서 설명하겠다.

카지노의 고객시장 세분화

   미국에 있어서 거의 모든 카지노호텔들을 위한 고객시장의 세분화는 기본적으로 다음과 같은 5개 부분으로 나누어진다.

   ① Junkets

   ② 특수판촉(Special Promotion)

   ③ 초대고객(Invited Guest)

   ④ 카지노 할인요금(Casino Rate)

   ⑤ 버스고객(Bus Program)

   우리나라 카지노의 고객시장 세분화는 기본적으로 다음과 같다.

   ① Junkets

   ② 특수판촉(Special Promotion)

   ③ 초대고객(Invited Guest)

   ④ 카지노 할인요금(Casino Rate)

   ⑤ 패키지 고객(Package Customer)

   위에서 언급한 카지노의 고객시장 세분화를 각 부분에 대해 좀더 분명히 설명하겠다.

1. 미국 카지노의 고객시장 세분화

1) 정킷

   정킷(Junkets)은 보통 8명 내지는 그 이상으로 구성되며 도박을 목적으로 카지노의 파견요원에 의해 그 카지노에 보내진 단체를 말한다. 카지노의 파견요원은 자신이 거주하고 있는 지역으로부터 고객들을 데려오는데, 좋은 고객의 숫자와 게임금액에 따라 커미션을 받거나 연봉의 형식으로 대가를 지급받는다. 카지노가 규정한 기준에 도달하는 고객들은 객실, 식음료, 항공료, 혹은 이들 중 몇 가지를 한꺼번에 무료 서비스를 제공받는다.

정킷 손님(Junket Player) 한 사람에 필요한 제반 경비는 사실상 카지노 호스트(Host)가 데려오는 한 손님당 들어가는 경비보다 적다. 그 이유는 정킷요원은 보통 단체항공료 할인을 받게 되거나 전세기를 이용할 수 있기 때문이며, 또한 그들의 손님들이 VIP고객으로 대접받게 하기 위해 되도록 게임횟수, 게임시간, 베팅금액을 높이도록 유도한다.

정킷을 유치하기에 앞서 그 카지노 특유의 시장성과 마케팅의 필요성 혹은 목표 등을 신중히 검토해야 한다. 보통 2~3 종류의 다른 형태의 정킷을 동시에 유치하는 경우가 많다. 이때 재정능력이나 게임수준 등이 판이하게 달라 어느 한 쪽이 다른 쪽에 대해 매우 불편하게 느낄 소지가 있는 대조적인 두 단체를 한꺼번에 유치하지 않도록 신중을 기해야 한다.

정킷 프로그램으로 기대할 수 있는 일반적인 4가지 형태는 다음과 같다.

(1) 일반정킷(Regular Junket)

일반정킷 또는 정규정킷은 전문모집인에 의하여 조직된 8명 이상의 카지노이용단체로 보통 3~4일간 체류하면서 게임을 하며, 미국의 경우 보통 수요일이나 목요일에 왔다가 일요일에 떠난다. 정규정킷은 전문모집인이 동반하며, 개인당 신용대출금은 1만달러 이상이고, 항공기·객실·식음료를 무료로 제공받는다.

(2) 미니정킷(Mini Junket)

미니정킷은 8명 이상으로 구성된 카지노이용객으로 보통 1~2일 동안 체류하게 된다. 신용대출금은 1,000~5,000달러 수준이므로 참가자당 수입잠재력은 비교적 낮고, 항공·숙박·식음료에 대해서는 제한된 무료서비스만을 제공받으며,

정규정킷에 비해 게임수준 및 베팅금액은 아주 낮은 편이나, 장래에는 중요한 잠재고객으로 식음료 및 숙박비에 대한 추가적인 수입을 올릴 수 있다.

미니정킷 손님들의 자격기준을 보면 보통 평균 Bet이 $25이며 24시간 동안 적어도 5시간을 플레이를 하여야 한다. 요약하자면, 미니 정킷프로그램의 단점은 짧은 게임시간, 낮은 Bet 및 적은 착수금 혹은 크레딧으로 인해 잠재수익에 비해 고객당 들어가는 비용이 비교적 크다는 것이다. 한편, 장점으로는 주중의 영업 날짜에 관련된 보다 많은 융동성, 다수의 손님, 미래사업의 훌륭한 자원개발, 저 매출액의 관광객 단체를 대처할 수 있는 사업의 개발, 그리고 각 식음료 영업장에서 매출액 증가 등이 있다.

(3) 업앤백(Up and Backs)

업앤백 정킷(Up and Back Junket)은 보통 $500 이하의 적은 착수금을 가진 8명 이상의 카지노이용객으로 구성된 단체이며 게임의 대가로 식음료나 항공료의 일부를 무료서비스(Comp)를 제공받는다. 그들은 보통 호텔에 8~12시간만 머무르기 때문에 객실을 제공받지는 않는다. 이 프로그램의 또하나의 중요한 장점은 게임에 다른 사람들을 끌어들일 수 있는 마치 "바람잡이(Shill)"같은 손님들을 제공한다. 이는 물론 비용이 많이 드는 "바람잡이"이지만, 어떻든 게임테이블에서 게임을 하고 있는 손님들은 다른 손님들을 그 게임에 유인하게 된다.

(4) 개인정킷(Junket Individuals, Junket Splinter)

카지노에 개인적으로 보내지는 고객을 개인정킷이라 부른다. 이 개인정킷 고객은 수나 게임액수에 있어서 일반정킷 프로그램의 25% 정도에 달하는 것이 일반적이다. 이처럼 이 시장이 카지노의 25%의 영업을 담당한다면 이는 분명히 중요한 분야이며 또 개발의 필요성이 있는 것이다.

카지노이용객을 잘 다루지 않았을 때에는 이 분야의 사업에 두 가지 일이 발생하게 된다.

첫째, 정킷요원이 개인적으로 고객을 카지노에 보내지 않을 것이다. 왜냐하면,

자신의 고객들이 좋은 대접을 받지 않는 것을 원하지 않을 것이며, 좀더 중요한 것은 고객들이 카지노에 만족감을 느끼지 않음으로써 미래의 중요한 고객을 잃고 싶지 않기 때문일 것이다. 또한 경쟁 카지노들이 이들 불만족한 고객들을 끌어갈 것이다. 특히 카지노 고객들은 자신들이 돈을 잃고 있기 때문에 자신들이 중요한 고객으로 여겨지길 원하는 것이다.

카지노이용객들은 일상생활에서 빚어지는 문제들이나 사소한 신경쓰이는 일들로부터 벗어나 긴장을 풀고 즐거운 시간을 가지며 마음껏 즐길 수 있다는 이유로 카지노에 온다. 이런 점에서 만약 그 고객들을 즐길 수 있도록 해 주지 못하면 이 사업을 계속할 수 없고 경쟁 카지노가 대신 이를 흡수할 것이다.

2) 특수판촉

카지노의 특수판촉(Special Promotion)은 어떤 행사를 주관함으로써 그 행사 이전이나 행사 동안 혹은 그 이후에 고객을 유치하거나 고객으로 하여금 카지노에 오기 위한 동기를 부여하는 일을 말한다.

특수판촉행사나 활동들의 종류는 만들어 내기에 따라 얼마든지 다른 형태를 볼 수 있는데, 이들을 시장에 따라 쉽게 구분하자면 다음과 같이 크게 두 가지로 볼 수 있다. 첫째는 적극적 사내판촉(In-House Promotion)이고, 둘째는 비적극적 외부판촉(Outside Promotion)이다.

(1) 사내판촉(In-House Promotion)

대부분의 카지노들은 연간 행사기획에 따라 거행되는 주요 행사나 매달 실시되는 소규모 행사를 위해 충분한 숫자의 고객을 유치해야만 한다.

카지노 고객들을 위해 카지노 내에서 카지노 판촉직원에 의해 주관되는 행사들을 말한다. 한 예로는 골프대회, Baccarat대회, 사냥대회, 디너쇼 등이 있다. 이러한 행사는 일반카지노 고객과 정킷요원이 데려온 고객들이 초대된다. 일반고객에게는 자격기준을 확실히 적용해야 한다. 이렇게 하는 일은 곧 행사에 참여하기 위한 입장료를 확보해 주며, 그렇지 않은 경우 참가자들에게 콤프(Comp)를 줄 때에는 참가자들의 게임정도에 따라서 주어야 한다.

정킷요원에게 고객들을 어느 특수 판촉행사에 초대하도록 허락할 경우, 이미 설정되었거나 계약시에 밝힌 대로 정상적인 기준에 따라 자격기준이 맞는 고객 한명당 얼마의 커미션을 지급할 것인가에 대해 분명히 해 두는 것이 중요하다. 왜냐하면 어떤 때에는 판촉행사에 들어가는 비용이 참석하는 플레이어에 대한 커미션을 포함하지 않는 경우가 있기 때문이다. 만약 이럴 경우에는 정킷요원이 고객들을 판촉행사에 데려오기 이전에 알려주어야 한다.

(2) 외부판촉(Outside Promotion)

외부판촉은 다른 카지노에서 열리는 행사를 주최할 때 행사 참석차 온 고객들을 말하며, 이들 행사에 참여하는 고객들을 자신의 카지노에서 게임을 하도록 초대하는 방법을 말한다. 이러한 행사의 예로는 다른 카지노호텔에서 열리는 권투시합, 지역주민의 클럽이 주관하는 불우이웃돕기 모금을 위한 골프시합, 근처에서 열리는 Super Bowl(미식축구 챔피언전), 미국 프로야구 챔피언전, 올림픽 혹은 이와 유사한 큰 행사들이 있다.

잘 운영된 특수판촉은 매우 큰 이익을 가져오지만, 한편으로 비용도 많이 든다. 그래서 잘 운영되거나 통제되지 않은 특수판촉은 커다란 손해를 가져올 수도 있다.

외부판촉은 타 카지노업체가 주관되는 행사를 말하며, 이 경우 행사에 참가하는 고객들을 유치하는 것이다.

외부판촉의 한 본보기는 타 카지노업체가 골프대회를 위해 카지노 고객들을 초청한다. 이때 초청고객이 투숙하는 기간 동안에 자체적으로 카지노에서도 간단하며 새롭고 흥미있는 행사를 주관해서 실시한다. 그러면 초청고객들을 타 카지노에서 행사는 것에 대해서도 흥미를 갖고 카지노행사에 참여하게 된다.

특별 행사를 요약하면 다음과 같이 분류할 수 있다.

① 자기 카지노 내에서만 치러지는 행사들

② 다른 경쟁 카지노에서 치러지는 행사들, 이때 이들 행사에 참여하도록 고객들을 초청하여 자기 카지노로 오게 하는 것.

③ 경쟁 카지노들이 주관하는 행사들, 이때 고객을 초청하여 자기 카지노에서 게임하고 행사에 참여하게 하고 그 행사동안 자기 카지노에서도 색다른 행사를 벌여서 고객들로 하여금 자기 카지노로 돌아오게 한다.

3) 초대고객

초대고객(Invited Guest)은 그 카지노의 경영간부나 판촉직원 및 호스트의 친구로서 혹은 아는 사람으로서 카지노에 오거나, 단순히 카지노호텔이 주는 쾌적성 때문에 오게 되는 고객들이다.

고급 카지노 손님들을 상대로 영업을 하는 대부분의 카지노들은 간부를 통해 이와 같은 손님들을 초대하며 그들이 카지노에 도착했을 때 그들에게 좋은 서비스와 배려를 해주고 있다. 카지노 초대고객이 되면 카지노에서 항공료, 객실과 식음료 등을 무료로 서비스 해주기 때문에 비용이 많이 든다. 따라서 비용을 줄이기 위해서 게임을 하도록 유도해야 한다. 또 호텔 객실의 15%를 점유하기 때문에 카지노 마케팅믹스에서 중요한 부분이다.

카지노에 초대고객을 유치하는 데는 기본적으로 세 가지 방법이 있다. ① 호텔 및 카지노의 물리적 조건이 주는 매력을 통한 방법, ② 손님과 카지노 직원의 친분관계를 통한 방법, ③ 카지노 고객유치를 기본임무로 하는 호스트(Host)를 통한 방법 등이 그것이다.

많은 손님이 초대되어 카지노와 호텔이 주는 물리적 구조나 매력에 의해 결국 고객이 된다. 카지노호텔은 또한 부수적인 매력요소들은 우연히 찾아오는 것이 아니다. 이들은 호텔 특히 카지노에 손님을 유치하기 위해 계획하고 실시된 것이다.

초대고객의 상당수는 직원들과 친해지기 때문에 다시 카지노를 찾게 된다. 이러한 친분관계는 반드시 경영간부만 하는 것이 아니라, 많은 손님들은 딜러(dealer)나 판촉직원들의 친밀함 때문에 다시 오게 되고 혹은 바(bar) 직원의 상냥한 서브 때문에 오는 경우도 있다. 초대고객은 누구나 자기들을 알아봐 주기를 원하고 또 VIP로 대접받기를 원한다. 모든 직원에게 특히 카지노경영 간부들에게 손님들을 잘 다루고 한번 방문한 손님을 단골로 만드는 일이 얼마나 중요한지를 인식시켜 주는 일은 마케팅을 성공적으로 이끄는데 더 없이 중요한 일이된다.

세번째이자 가장 중요한 요소는 카지노 호스트이다. 호스트의 주된 임무는 카지노에 손님을 초대하는 일이며 이미 게임을 하고 있는 손님들에게 서비스를 제공하는 것이다. 경험으로 미루어 가장 훌륭한 카지노 호스트들은 대개 카지노업계나 호텔에서 다년간 일한 경력이 있는 사람들이 많다. 그들이 일하는 동안 많은 고객들과 친분관계를 이루어서 결국 카지노로 초대할 수 있게 된다. 이러한 것을 카지노 호스트의 "인맥"이라고 부른다. 다시 말해서 이런 손님들은 카지노가 주는 매력이나 특별행사 때문이 아닌 바로 호스트 때문에 카지노에 오게 되는 것이다. 더 많은 인맥을 가질수록 호스트의 가치는 올라가게 되는데, 그 이유는 그들의 더 많은 손님들을 카지노에 데려올 수 있기 때문이다.

카지노 호스트에 의해 달성된 매출액을 평가하는 간단한 방법은 그들이 데려온 각각이 손님들의 게임 내용이나 비용을 분석하는 일이다. 카지노 호스트가 하게 된 모든 예약사항은 카지노 매니저에게 혹은 카지노 마케팅 부서에 사본으로 제출되어야 한다.

항공료 및 객실·식음료에 대한 콤프(Comp)의 비용은 각각 5% 이하로 낮아야한다. 또한 호스트가 데려와서 호텔 객실료의 전액 또는 할인가를 지급해주게되는 손님의 수를 기록해야 한다. 그리고 나서 호스트의 월별 혹은 연차 분석표에 관련하여 "참고사항"을 적어 넣는다. 전체 마케팅 계획의 기본 수익목표량에 맞추어 카지노 호스트의 노력과 실적을 꾸준히 분석하고 향상시키려고 힘쓰면서 카지노의 초대 손님 프로그램에 역점을 두면, 이를 성공적인 프로그램으로 만들 수 있다.

4) 카지노 할인요금

카지노 할인(Casino Rate)은 고객의 객실가격에 대한 특별할인을 말한다. 이 특별할인은 무료 객실이나 다른 무료 서비스를 받기 위해 크게 카지노게임을 하지 않는 고객들에게 제공된다. 종종 하이롤러(High Roller)들은 그들의 친구들을 위해 호의로 뭔가 특별한 것을 해 주기를 요청하기도 하는데, 이 때에도 객실을 할인해 주게 된다. 카지노 객실요금은 카지노 간부들이 쉽고 신중하게 이용해야 하며 할인율을 연장하기 위해서는 인가를 받을 수도 있는 귀중한 마케팅수단이다. 아무 이유 없이 예상매출액으로부터 25%~35%만큼을 포기할 수는 없으므로 이 부문에 들어간 비용도 잘 점검하고 통제하여야 한다. 따라서 카지노 객실요금을 줄 수 있는 권한은 카지노 간부급에만 주어지고 있으며, 또한 적용대상 고객의 수를 제한할 수 있을 것이다. 카지노 객실요금은 게임을 하되, 전액의 객실료를 받을 정도로 하지는 않은 손님들이나, 판매실적이 좋은 호스트 직원 및 정킷 요원들에게 주어져야 한다. 종종 이 할인요금은 카지노의 하이롤러(High Roller)나 단골 고객들의 친구에게도 주어지고 있는데, 이 경우에는 단골 고객들에 대한 예우로 취해지는 조처이다. 요약하면, 카지노 할인 객실료는 카지노마케팅에서 중요한 위치를 차지하고 있는 마케팅전략이며, 객실 매출액에서 뚜렷한 감소를 가져오기 때문에 이의 사용에 대한 통제지침을 수립해야 한다.

5) 버스 프로그램

버스 프로그램(Bus Program)은 보통 슬롯머신, 비디오게임 고객이나 작은 금액의 카지노게임을 하는 손님들을 유치하기 위해 마련된다. 버스 프로그램은 손님을 카지노에 객실을 이용하지 않고 단지 몇 시간 동안만 데려옴으로써, 카지노게임 중에서 특히 슬롯머신, 비디오게임의 영업을 증가시키기 위해서 마련된 프로그램이다.

이 프로그램은 슬롯머신, 비디오게임을 할 많은 손님을 데려오기 위한 것이며, 여기에 참가하는 손님들은 매우 적은 수익을 각각 가져다 준다. 버스 프로그램의 가장 큰 장점은 영업이 부진한 주중의 오후나 이른 아침시간에 손님을 데려올 수 있다는 점이다. 또다른 장점은 손님이 객실을 이용하지 않으면서도 게임을 한다는 점이다. 이는 호텔이 다른 손님에게 객실을 판매할 수 있도록 해 주기도 하고 혹은 하이롤러(High Roller)들에게 콤프(Comp)를 연장시켜줄 수도 있게 한다.

버스 프로그램은 분명히 카지노의 Slot매출액에 긍정적인 영향을 미친다. 경험으로 미루어 볼 때 포커(Poker)와 키노(Keno)도 버스 프로그램의 영향을 직접 받는데, 특히 손님들에게 이들 게임을 하도록 인센티브를 줄 때 더욱 그렇다. 또한 Pit매출액도 버스 프로그램의 영향을 좋게 받지만 슬롯(Slot), 포커(Poker) 및 키노(Keno)만큼 많이 받지는 않는다. 손님들에게는 버스 프로그램을 통해 적은 돈으로 여러 곳의 카지노를 여행할 수 있도록 특혜를 받기도 한다. 이러한 무료 여행은 카지노가 여행업자나 버스 운전사에게 손님을 카지노로 데려오도록 비용의 일부를 보조해 줌으로써 이루어진다. 이는 곧 여행알선도매업자로 하여금 손님들에게 "무료 패키지 여행"을 제공케 하기 때문에 가능하다. 가끔 버스손님들은 카지노까지 가기 위해 $10~$15의 승차료를 지급해야 하지만, 그들이 카지노에 도착했을 때 그 카지노로부터 지급한 승차료를 받는 경우가 많으며, 어떤 때에는 승차료 이외에 더 받는 경우도 있다. 이처럼 카지노 손님들에게 직접 돈을 주는 것은 여행알선도매업자에게 주는 것보다 훨씬 바람직한데, 그 이유는 카지노가 다시 이 돈을 딸 수 있기 때문이다. 일단 손님이 게임을 시작하기만 하면 결국에 가서는 자기들이 소지한 돈으로도 게임을 하게 마련이다.

2. 한국 카지노의 고객시장 세분화

1) 정킷(Junkets)

국내 카지노의 특성이 외국인만 이용할 수 있어 고객이 외국인으로 한정되어 있기 때문에 라스베이거스처럼 "Junket"모집을 위한 공인된 내국인 대리인이 없어 대부분의 국내 카지노업체들은 대만시장에서 형성되어 있는 카지노 고객만을 모집하는 여행알선도매업자 및 전문모집인(Organizer)을 대리인으로 하여

"Junket"을 모집하고 있는 실정이다.

이와 같은 전문모집인들은 국내 카지노업체들이 주요 시장인 일본과 중국계(중국인, 대만인, 홍콩인)에 많이 산재되어 있으며, 특히 카지노업체의 매력적인 시장으로 알려진 대만에서는 대부분이 카지노 고객만을 모집하는 여행알선도매업자(Organizer)에 의하여 "Junkets"이 국내에 유입되고 있다.

여행알선도매업자는 카지노 고객을 모집할 수 있는 능력있는 몇 십명을 전문모집인(Organizer)으로 채용해 운영하고 있으며, 또는 개인 자체적인 사무실을 통하여 도박을 즐기는 "Junkets"을 모집하여 라스베이거스 및 호주, 필리핀, 말레이시아, 한국 등으로 보내고 있으며, Commission의 형태로 그들의 수입을 보상받고 있다.

또한 자기고객에 대하여 전문모집인들은 고객이 게임금액을 모두 잃은 경우 고객에게 게임할 돈을 빌려 주는 것를 Seed Money라고 하며, 게임자금을 제공하여 주는 역할도 병행하고 있어, 국내 카지노업체의 고객지원에 대한 취약성이 나타나는 부문인 후불(Credit)제공의 역할을 국내 카지노업체를 대리하여 지원하고 있다.

이상의 현상을 인식하여 국내업체의 대부분은 자체 대리인을 보유하기보다는 각국의 전문모집인들을 이용하는 것에 노력을 기울이고 있으며, 이들과의 관계유지에 영업활동의 초점을 두고 있다.

2) 특수판촉

국내 카지노업체의 특수판촉(Special Promotion)의 방법은 특성에 따라 다르게 나타나고 있으나, 주로 사내판촉(In-House Promotion)의 형태를 취하고 있으며, 외부판촉(Outside Promotion)의 형태는 상대적으로 거의 없다. 왜냐하면, 사내판촉은 자기 카지노업체에서 모든 비용을 지급하고 행사를 주관해 고객을 초청하는 판촉을 말하며, 외부판촉인 경우 타경쟁 카지노업체가 행사를 주최하면서 모든 비용을 지급하고 초청한 고객이므로 타 카지노에서 게임한다는 것은 도의적 양심으로 갈 수가 없기 때문에 외부판촉이 거의 없다고 본다.

사내판촉의 형태로는 골프대회 및 Dinner쇼와 제주자치도의 경우는 사격 및 사냥 등과 같은 활동적인 행사를 연례적으로 개최하면서 카지노게임에 흥미를 갖게 하며, 이와 더불어 바카라대회, 블랙잭대회 및 룰렛대회 등을 개최하여 고객들의 게임의 동기를 유발시키고 있다.

게임의 동기를 유발시키는 행사는 카지노매출에 직접적인 영향을 주며, 카지노게임의 흥미를 유발시키는 행사는 카지노매출에 직접적인 영향을 미치는 부문이 아니라 간접적으로 고객이 카지노의 서비스에 만족을 느낌으로써 계속적인 새로운 고객확보 및 단골고객 확보에 많은 영향을 주고 있다.

3) 초대고객

우리나라 카지노업체에 방문하는 초대고객(Invited Guest)에 대한 활동은 주로 카지노게임, 골프 및 관광지의 방문으로 이루어지고 있다. 특히 하이롤러(High Roller)와 동반하는 가족에 대해 카지노 주변에 오락시설이나 호텔 내의 부대시설이 한계성을 보이고 있어 하이롤러(High Roller)는 게임하는 체류기간을 동반한 가족에 의해 방해를 받고 있다. 따라서 현재 카지노업체에서는 가족을 위한 프로그램 개발과 호텔 내의 부대시설이나 주변 오락시설 필요성을 느끼고 있으나, 카지노업체만으로는 불가능하기 때문에 정부나 국내 관광관련 업체가 해결할 과제라고 할 수 있다.

초대고객은 카지노업체의 임직원이나 판촉직원에 의해 초대받고 카지노에 게임하러 찾아온 고객으로 국내 카지노업체 매출액에 절대적으로 영향을 미치고 있다. 그러나 국내 카지노업체에 초대되는 손님은 한정돼 있는 것을 생각해 볼때 오늘날 카지노업체들은 덤핑하는 사례도 나타나고 있으며, 손님들도 여러 카지노업체에 방문하는 횟수가 늘어나면서 재정상태가 악화되는 경우가 발생하여 손님들의 감소하는 추세에 있다.

4) 카지노 할인요금

고객확보와 객실확보는 카지노영업의 매출에 큰 영향을 미치고 있으며, 이러한 측면에서 카지노 할인요금(Casino Rate)이 카지노에 있어서 중요한 역할이 된다.

국내 카지노업체 중 카지노시설을 임대로 운영하고 있는 업체의 가장 큰 문제점은 카지노고객을 위한 객실확보에 있다. 이러한 원인으로 카지노시설 이용의 특별할인 채택은 객실 할인혜택이 이루어지며 식음료 할인혜택은 직영으로 운영하는 카지노만 혜택을 받고 있다. 객실할인은 카지노업체에서 지급하는 것을 원칙으로 되어 있어 고객의 친구와 같이 오는 경우는 할인혜택을 받지 못하는 경우도 있다.

이러한 측면에서 카지노를 직영하고 있는 호텔은 객실 보유측면에서 타 경쟁업체보다 유리한 입장에 있어 고객들에게 특별 할인혜택을 많이 제공해 주고 있다. 그러므로 카지노에 대한 고객이 신뢰도는 높은 것으로 나타나 혜택의 기회를 제공받은 고객의 경우 타업체로의 이동률이 매우 낮으나 실제는 카지노 고객은 카지노업체의 회사 이미지를 보고 찾아오는 경우가 많다.

직영하고 있는 카지노호텔은 객실요금 및 식음료요금 할인이 크며, 또한 객실 확보도 쉽고 객실 취소 요금도 아주 적게 지급하고 있다. 임대방식의 카지노는 객실요금이나 식음료요금, 객실확보, 객실 취소요금등 비용이 많이 든다. 국내 카지노업체는 대부분 고객의 사용한 객실 및 식음료 비용을 지급하고 있기 때문에 카지노는 월별로 호텔측과 모든 비용을 지급하게 된다.

5) 패키지 고객

패키지 고객(Package Customers)은 현재 국내 인바운드(In-bound)를 담당하는 여행사, 인센티브 단체(Incentive Group) 및 코포레트단체(Corporate Group)를 통하여 카지노를 안내받고 게임 및 영업장을 살펴본다. 이들은 카지노업체의 활동성을 높여주는데 많은 역할을 하며, 국내 카지노업체에서 저액 베팅을 위주로 자유시간 이용한 게임형태를 지니는 고객이므로 카지노 매출액에 미치는 효과는 매우 낮으나 업장 분위기의 활성화 역활을 하며, 또 장기적인 시점에서 잠재고객으로 볼 수 있다.

패키지 고객은 카지노업체에서 객실요금, 식사(아침, 저녁)를 제공 또는 무료입장권을 제공, $100 게임할 때 $100에 해당하는 무료 쿠폰을 제공하고 카지노게임을 하도록 유도한다. 따라서 패키지고객에 대한 다양한 프로그램 개발이 필요하다.

패키지(Package)는 여러 가지 요소들이 혼합된 것으로 대부분 하나 이상의 참여업체들에 의해서 제공된다. 패키지 구성요소들의 일관된 품질유지 및 구성하기 위해 유의할 사항을 설명하면 아래와 같다.

첫째, 패키지는 고객이 느낄 수 있는 가격이 저렴, 상품의 다양성과 품질, 무료제공의 선물, 기타(식사제공, 무료 입장권, 무료게임 쿠폰) 등이 포함할 수 있다.

둘째, 모든 패키지상품은 매력적인 조건을 하나 이상 반드시 포함되어야 한다.

셋째, 패키지 요소들 간에 모두 만족할 만한 품질 및 조화를 유지되어야 한다.

넷째, 고객 욕구에 가장 밀접하게 패키지상품을 계획·조정하여야 한다.

다섯째, 패키지 요소에 가능한 세부사항들을 미리 준비하여 고객들에게 완전한 정보제공을 제시한다.

여섯째, 개별고객보다 쉽게 얻을 수 있는 편의시설이나 프로그램을 포함시킨다.

일곱째, 기업입장에서 수익을 높일 수 있도록 능력이 뛰어나야 한다.

우리나라 카지노의 시장은 동남아시장을 중심으로 활동하고 있는 현실로 볼 때 동남아를 중심으로 표적시장을 선정하는 것이 타당하다.

　　동남아시장은 일본과 중국계(중국인, 대만인, 홍콩인)가 대부분이고, 그 중에 일본시장이 대부분을 차지하던 종래의 시장구조가 일본경제의 불황 및 사설 카지노영업으로 비율이 감소되고 반면에 중국계 시장이 증가되고 있으나, '94년 대만과의 국교단절로 대만시장이 침체하고 일본고객에 비해 양적으로는 높으나 질적인 면에서는 낮다. 그러나 시장규모와 카지노에 대한 각국의 사회·의식적 배경으로 볼 때 일본시장이 중국계 시장보다는 큰 것으로 볼 수 있다.

　　중국계의 문화적 배경으로 볼 때 도박의 매력성이 대부분의 국민에게 널리 퍼져 있어 외교관계가 강화되고 마케팅활동이 강화된다면 충분히 시장침투를 할 것으로 본다.

　　일본시장에 있어서는 제일교포와 젊은 층 및 여성고객을 표적시장으로 선정하는 것이 타당하며, 중국시장은 장기적인 관점에서 젊은 층 및 여성고객을 새로운 표적시장으로 선정해야 한다.

　　한편, 국내 카지노업체는 하이롤러(High Roller)를 중심으로 매출액이 형성되고 있어, Walk-in Guest에 대한 마케팅활동은 대부분 하지 않고 있다. 단기적인 관점에서는 High Roller를 중심으로 마케팅활동을 강화하고 Walk-in Guest는 장기적인 관점에서 마케팅활동이 이루어져야 할 것이다.

　　오늘날 중국과 우리나라의 외교관계가 활발해지면서 새로운 잠재시장으로 급부상하고 있어 국내 카지노업체에 비상한 관심을 갖고 있으며, 또한 우리나라 1인당 국민총생산(GNP : Gross National Product)액이 $18,000이상 될 경우 지방자치단체 재정확보 등 국민들은 관광 및 카지노게임을 즐기기 위해 외화 유출방지 및 자국민 보호를 위해서 내국인 카지노가 추가로 개장할 것으로 생각된다. 따라서 이에 대한 마케팅전략도 사전에 대비할 필요성이 있다고 생각된다. 예를 들면, 몇 년 전만 해도 국내 카지노업체의 가장 큰 고객은 일본인으로 생각했으나, 지금 일본은 카지노게임에 의한 외화 유출 방지와 자국민 보호를 위해 사설 카지노를 인정하고 있는 실정이다.

1. 고객시장 세분화의 프로그램

구분	활동
Junkets	• 전문모집인 적극적 활용(예, 현지 여행알선업자 활용) • Commission 유형의 적극적 개발 • 해외사무소의 마케팅능력 강화(예, 현지인 고용) • 자체 전문모집인의 확보 및 개발
Special Promotion	• 지역특성의 활용(예, 사냥대회, 낚시대회) • 골프대회, 바카라대회, 디너쇼, 블랙잭대회
Invited Guests	• 판촉부 직원의 개인적 친분활용, 촉탁직원 고용
Casino Rate	• 호텔과의 객실보유 계약 • 호텔과 객실 및 식음료 요금계약
Package Customers	• 국내 및 해외 여행사의 활용 • 여행사 직영체제 구속 • 고객 모집 대행업자 활용 • 호텔, 항공사 활용

2. 마케팅 현황

카지노업계에서 전통적으로 활용되고 있는 마케팅 수단으로는 "콤프(Comp)"와 "크레딧(Credit)"으로 이해되고 있다.

콤프(Comp)란 Complimentary Service의 약자로 무료서비스를 의미한다. 현행

'카지노업영업준칙' 제3조에서 "콤프"라 함은 카지노사업자가 고객 유치를 위해 카지노 고객에게 무료로 숙식, 교통서비스, 골프비용, 물품(기프트카드 포함), 기타 서비스 등을 제공하는 것을 말한다(2012.3.29. 개정). 또 "크레딧"이라 함은 카지노사업자가 고객에게 게임참여를 조건으로 칩스로 신용대여하는 것을 말한다.

이와 같이 콤프(Comp)는 치열한 경쟁을 벌이는 카지노업체들이 우량고객을 유치하기 위해 불가피하게 의지하는 마케팅수단이다. 이러한 콤프로 인하여 수많은 카지노업체가 경영에 어려움을 겪고 있는 것이 현실이며, 국가별로도 일본고객과 중국고객들의 콤프에 대한 선호도가 다르다고 한다.

콤프(Comp)를 통한 판촉활동은 각 카지노업체마다 여러 가지 형태로 고객을 모집하고 있으나, 대부분의 카지노업체는 중국계인 경우 중국에 산재하여 있는 전문 모집책을 통하여 고객을 모집하고 있는 실정이다. 국내에서는 외국 전문모집책(Organizer)에 의하여 입국하는 단체고객을 정킷(Junket)이라 부르고 있다.

기존 카지노업체에 따르면 콤프(Comp)의 활용범위를 각 카지노업체마다 다르게 운용하고 있으나, 2백만엔 이상을 게임하는 손님에게는 객실 및 식음료비용을 무료로 제공해 주고 3백만엔 이상을 게임하는 손님에게는 객실 및 식음료비용은 물론 왕복비행기표까지 무료로 제공하고 있다.

외국에서는 대외 판촉비용처럼 분류되므로 콤프(Comp)로 인한 부담은 전액 영업비용으로 계산되지만, 국내의 경우 다른 경쟁국가보다 손해비용비율이 높은 것으로 나타나고 있는데, 콤프의 제공기준을 대폭 낮추어 운영하던 반면에 영업수지 악화를 가져올 수도 있으므로 고객의 게임수준 등급에 따라 콤프 제공은 다양하게 제한적으로 사용되고 있다. 한편, 신용대출(Credit) 자격이 되는 고객에게 신용을 담보로 카지노 자금을 빌려주는 것으로 고객의 자격요건은 카지노업체마다로 되어 있다.

3. 마케팅전략 및 기획

1) 마케팅전략

마케팅전략 중에서 인적판매(Personal Selling)는 우리나라 카지노에서 가장 많이 사용하고 있는 마케팅기술이다. 인적 판매는 카지노업체의 영업을 증대시키기 위해 특별히 고용되는 직원에 의해서 행해지는데, 대부분 카지노에서는 일본고객시장 개척 및 단골고객을 확보하는 데 많이 이용하고 있다.

마케팅부서는 잠재고객을 위해서 우편, 전화, 직접방문 등으로 잠재고객의 카지노게임을 유도할 수 있도록 노력해야 한다.

인적판매는 모든 판매직원이 직접 고객을 상대로 판매하는 영업을 하며 내부판매인 경우 고객에게 최대의 서비스를 제공하여 영업순이익을 높이려는 판매전략의 하나이다.

여행알선도매업자나 일반 여행사들은 카지노 일반고객을 유치하는데 큰 공헌을 하기도 한다. 따라서 카지노의 경쟁에서 지속적으로 유치하려면 이런 여행사 회사들과 긴밀한 유대관계를 지속해야 할 것이다.

2) Junket Agent(Wholesaler) 유치 전략

① Commission

Commission은 고객의 Cage에 돈을 맡긴 금액과 게임테이블에서 현금으로 게임한 금액 모두 합한 총금액에 일정한 비율을 카지노업체와 전문모집인과 계약에 의해 전문모집인에게 지급하는 것을 뜻한다.

② Share System

Share System은 대부분 전문모집인의 요청 또는 카지노업체에 의하여 전문모집인의 단체에 한정하며, 게임기간 동안에 카지노업체와 전문모집인가 손익비율을 계약한 후에 이루어지고 있다. Share System은 카지노업체의 위험도가 낮다는 것이 장점이며, 카지노 전문모집인 개척에도 유리하게 활용할 수 있다.

③ Rolling System

Rolling System은 전문모집인의 카지노 영업장 전부 또는 일부분을 임대하고, 카지노업체는 딜러와 영업장을 임대해 주고 수수료를 전문모집인에게 받는 것을 말한다. 이때에 사용하는 칩스가 Rolling Play Chips와 Money Chips를 사용하며, Rolling Play Chips 순환에 의해서 계약한 일정비율에 의해 수수료를 지불한다.

3) 마케팅기획

마케팅기획은 고객을 유치하고 그것을 지속시키는 장기 · 단기 기획이 필요하며, 마케팅기획은 규모가 큰 카지노의 마케팅부서만 해당되는 활동이 아니라, 규모가 작은 카지노일수록 더 명확하고 분명하게 문서화시켜 진행할 필요가 있다.

훌륭한 마케팅기획은 필요한 행사와 서비스를 적재, 석소, 적시에 판매하는 것을 도와줄 수가 있다.

마케팅계획의 기본요소를 간단하게 요약하면 다음과 같다.

① 카지노경영방침 : 업체 성격

② 상황분석 : 여러 가지 변수에 대한 정확한 분석

③ 통계비교 : 해당 연도와 다음해 사업규모 비교

④ 실행계획 : 세분화 시장에 대한 월별 계획

- 계획내용은 매니저들의 책임영역, 판매활동, 실행일 계획의 성공여부, 평가기준 등 포함
- 유치하고자 하는 고객 선정

⑤ 판촉행사

- 판촉행사를 언제 어떤 형식으로 할 것인가 구체화
- 행사에 대한 판촉효과로서 예상되는 가치와 창조적인 제안 등의 내용들 명시

제 **7** 장

카지노 인사관리

제7장 카지노 인사관리

제1절 카지노 인사관리의 개요

인사관리는 조직 내의 관리과정에서 인적 요소를 주요 대상으로 하고 이의 종합적인 활동을 체계화시키는 내용을 포괄하고 있다. 따라서 카지노 인사관리면에서 본다면 특정한 카지노 조직과 직무에서 필요한 인적 자원을 카지노 조직의 최적상태에서 최적기에 확보하여, 이를 효율적으로 유지·개발 및 활용하기 위한 계획·집행·확인하는 총체적인 관리 과정이라고 생각할 수 있다.

카지노 인사관리는 카지노 운영에 필요한 숙련된 종사원을 획득 조달하여 이를 적극적으로 계획·조직·지휘·통제하는 일련의 모든 과정을 의미하는 것이다.

인사관리부서의 기능은 카지노산업 전반에 걸쳐 여러 가지 방법으로 다루어지며, 때로 카지노의 규모에 따라 다르나, 대부분 카지노에서는 인사관리부서가 없고 관리부 소속인 총무과 또는 인사과에서 대행하는 경우가 많다.

인사관리상의 주요 업무내용은 ① 직무분석, 인력수급, 계획, 업무분담, ② 종사원 모집, 선발과 교육, ③ 업무평가, 고용조건과 종사원의 복지후생, ④ 승진·퇴직과 해임, ⑤ 종사원에 대한 상담 및 협상, 노사분규의 처리 등으로 구분할 수 있다.

카지노경영의 성공적인 열쇠는 바로 인력자원의 질(Quality of Human Resources)에 달려 있다고 생각된다.

인사관리에 있어 주요 경영기능을 간단하게 설명하겠다.

1. 기획

관리자들은 기획(Planning)을 통해 그 조직의 장기·단기 목적을 설정한다. 기획절차는 장기·단기 전략의 기획, 규칙적인 운영 및 절차기획, 일상업무 활동계획 등이 포함된다. 인사담당부서는 운영계획의 모든 단계에서 참모의 역할을 수행할 수 있어야 된다.

2. 조직

조직(Organizing)은 직위와 기능에 의한, 고객과의 접촉 여부에 따른, 수입과 지출발생부분, 업무권한에의 흐름과 종사원들 간의 상호의 전달단계를 구축한다. 인사관리부서는 이러한 흐름을 유지하게 해주며, 조직은 직무의 주된 목적(Goals)을 성취하는 데 필요한 업무(Task)를 결정한다. 인사관리부서는 그 카지노의 빈자리를 채우고 회사가 확장됨에 따라 새로운 직위를 제안하기 위해 카지노 직무의 요구사항을 철저히 파악해야 할 것이다.

3. 조정

조정(Coordinating)은 조직의 목표를 만족시키기 위해 개인의 능력과 적성을 고려하여 그룹의 목적과 일치시켜 준다. 인사관리부서는 각 부서장으로 하여금 조직 목적을 달성하는 데 필요한 종사원의 최적 배치·균형·전환 등 인원수를 조정할 수 있게 도와준다.

4. 감독

감독(Directing)에는 여러 가지의 활동이 포함된다. 이는 동기화, 훈련, 감독, 평가, 징계(임금관리, 복리후생, 근로조건, 노사관계) 등 인사관리부서는 이러한 업무의 전부 또는 일부를 담당 처리한다.

5. 통제

통제(Controlling)는 그 절차가 조직의 목표를 달성하는 데 크게 도움이 된다. 통제는 업무수행의 표준, 평가 및 교정작업의 필요성, 교육훈련, 복지후생, 임금 관리, 노사관계 등 여부를 결정하기 위해 업무수행의 표준과 실제수행 간의 비교가 필요한데, 이것 모두가 인사관리부서의 기능이다.

6. 평가

평가(Evaluating)는 기획과정에서 설정된 카지노의 목적이 충족되는지 여부를 결정하고, 종사원의 태도·적성 등을 판정하여 종사원의 직무수행의 성과를 측정, 능력을 개발하는 제도 또는 과학적인 평가라 할 수 있다.

최근 들어 전통적 평가에서 정확성과 객관성을 제고하기 위해 인사고과자의 범위가 확대되고 있고, 평가표준을 개발시켜 종사원의 평가기록을 관리한다.

인사관리부서의 업무

　　카지노사업에서 경영의 성패는 유능한 인적자원의 확보 유무에 의해 좌우된다. 따라서 카지노고객 취향에 맞는 최상의 서비스를 제공할 수 있는 자질을 갖춘 종사원이 절대적으로 필요하다.

　　따라서 인사관리부서는 노동력의 질 관리를 책임지고 있는 중요한 부서라고 강조할 수 있다.

1. 모집(Recruitment)

　　모집이란 인력계획에 의해서 산정된 기업의 소요인력을 어떠한 계층과 영역에서 어떤 방법으로 모집·선발하며, 어느 직무에 배치시킬 것인가를 합리석으로 계획하기 위한 활동 중에서 먼저 전개되어야 할 활동을 말하다.

　　카지노경영진들이 직면한 가장 어려운 문제는 훌륭한 위치의 선정과 그 운영에 필요한 우수한 종업원을 모집하는 일이다.

　　카지노 직원이 되려면 나라마다 채용기준을 달리하고 있다. 예를 들어, Dealer가 되려면 미국의 라스베이거스나 영국에서는 Dealer Academy를 수료한 후 국가나 주정부에서 주는 Licence 또는 Sheriff Card가 있어야만 취업이 가능하다. 그러나 국내 카지노에서는 정기 또는 수시의 공채방식으로 어떤 응모자격을 두고 모집하여, 소정의 절차에 의거 3개월~6개월의 교육을 받은 후, 그 기능이 숙련되었을 때 자격이 주어지는 방식으로 한다. 여기에서 차이는 Dealer가 되기까지의 교육비를 해외에서는 본인이 부담한다는 것이고, 국내에서는 채용하고자 하는 카지노업체가 부담한다는 것이다.

　　현재 국내 카지노 응식자격 조건은 다음과 같다. 즉 학력, 나이, 신장, 용모, 병역필 또는 면제자, 색맹이 아닌 자 등에 제한을 두고 있으나, 각 카지노 업소마다 약간의 차이를 두고 있다.

2. 선발(Selection)

선발은 모집활동을 통해서 지원한 다수의 취업자 중에서 직무요건에 가장 적합한 사람을 선정하는 과정을 말한다.

무계획적이고 부적격자의 고용은 업무의 비능률과 이직률을 높이는 결과를 초래하게 된다. 따라서 종사원은 신뢰성 있고, 요구되는 직무능력과 함께, 그 업체에 장기적으로 헌신할 수 있는 체질의 종사원을 선발해야 한다. 종사원의 선발시 우선적으로 고려할 몇 가지 사항을 설명하겠다.

첫째, 체계화된 직무수칙과 직무명세서에 의한 선발이 필요하다. 누가 어떤 자리에 고용되기 전에, 인사관리 부서에서는 그 자리에서 요구되는 기술은 어떠한 것이며 어떤 훈련이 필요한지에 대한 파악이 있어야 한다.

이리하여 업무수칙(Job Descriptions)과 업무분류(Job Breakdowns)가 인사부서의 실무자에게 있어서 중요한 도구가 된다.

Job Descriptions	Job Dreakdowns
① 업무명(Job Title)	① 교육(Education)
② 위치(Postition)	② 경험(Experience)
③ 업무개요(Job Summary)	③ 판단능력(Judgment)
④ 의무(Duties)	④ 육체적 노력(Physical Effort)
⑤ 사용도구·장비(Machines, Tools)	⑤ 육체적 숙련도(Physical Skill)
⑥ 감독이나 피감독(Supervision given or Received)	⑥ 책임(Responsibilities)
⑦ 직입조건(Working Conditions	⑦ 정서적 특성(Emotional Characteristics)
⑧ 기타	

둘째, 인터뷰는 Dealer 선발과정의 핵심이라고 할 수 있다. 일반적으로 인터뷰는 직무능력 및 이력에 초점을 두어야 한다. 그리고 직원들 간의 인화력, 업체에 대한 관심, 배우려는 의지 등과 같은 자질과 개인의 외모와 몸치장 등도 카지노산업에 종사하는 사람들에게는 매우 중요한 요소가 된다. 카지노업체들은 새로운 Dealer들이 철저하게 훈련을 거쳐 빠른 시일 내에 높은 수준의 업무수행을 달성할 수 있는 Dealer들이 필요로 한다.

3. 채용관리

채용관리는 인력계획에 의해 신규로 필요한 인력을 결정하고, 이를 선발하기 위해 적합한 응모자를 확보하여 이들 응모자 중에서 적합한 자질을 갖춘 사람을 선발하는 활동이다.

장기 고용제를 할 경우는 능력있고 동기가 충분한 인적자원의 확보는 기업의 발전을 좌우하기 때문에 이는 인사관리 중에서 가장 중요한 분야 중의 하나이며 채용관리는 다음과 같이 요약할 수 있다.

첫째, 기업이 업무상 필요로 하는 노동능력의 요건을 확립

둘째, 필요한 인원수 산정

셋째, 노동능력과 성질을 노동자 중에서 발견하는 기술을 확립

4. 임금 및 복지후생 관리

복지후생이란 종업원의 생활수준 향상을 위하여 시행하는 임금 이외의 간접적인 모든 급부를 뜻하며, 복지후생제도는 온정적·은혜적 성격을 지닌 것이었지만, 산업사회의 발전과 노사관계의 변화로 인하여 오늘날에 있어서는 국가의 입법에 의하여 강제로 법정제도화되고 있다.

카지노업체들은 최저임금의 불가피성과 노조의 결성 등은 현실적인 추세로 경영진들에게 적잖은 부담이 되고 있다.

  카지노 종사원들은 업체에서 제공되는 복지후생제도에 매우 관심이 높다. 인사부서에서는 복지후생제도가 그 지역의 다른 카지노와 상대적으로 경쟁력이 있는지, 그리고 그것이 종사원들의 욕구를 얼마나 충족시키고 있는지에 대한 관리가 필요하다. 오늘날 복지후생제도는 종업원들의 권리이며, 일정한 법제도나 규정에 따라 운영 관리되어야 한다. 미국의 경우, 실직자들에게 그들의 생활보호를 위해 실직보장이나 봉급의 일부를 제공하도록 대부분의 주법에 규정하고 있음을 볼 수 있다.

제3절 종사원의 관리

  카지노종사원 이직의 주요 원인은 사회적 인식, 승진기회의 제한이나 부적당한 급료 등의 부족에도 원인이 있으나, 직장 내에서 상호 인간관계적 요소가 적잖은 원인 중의 하나로 지적되고 있다.

  카지노경영에 있어서 어느 정도의 이직은 불가피하나 결원에 따른 새로운 종사원을 모집하고, 고용하고, 교육시키는 데에는 적잖은 경제적·시간적 노력손실이 따른다. 따라서 이러한 손실을 최소화하기 위한 체계적인 오리엔테이션(Orientation)과 효율적인 연수교육, 경력개발 프로그램 등의 실시와 원활한 노사관계는 물론, 엄정한 보상과 징계 등의 인사관리원칙은 업체 내에서 불만과 이직을 줄이고 업계에서는 우수한 인적 자원을 확보·유지·관리하는 데 큰 도움을 줄 수가 있다.

1. 오리엔테이션(Orientation)

오리엔테이션 프로그램은 신입 종사원을 대상으로 실시되며, 신입 종사원이 업무수행을 통해 카지노경영에 성공적으로 공헌하는 방법과 사회에 공헌하는 방법 및 절차에 관해 설명하고 카지노의 사규와 기본정책을 소개하는 훈련계획이다.

오리엔테이션 프로그램은 업무수행에 대한 동기부여와 잠재력을 카지노업체 목표에 지향시킬 수 있도록 유도·촉진시킬 수 있게 기획 실시되어야 한다.

오리엔테이션 프로그램은 다음과 같은 주제를 소개할 수 있다.

① 카지노업체의 역사·목적을 포함한 업무 및 업체에 대한 소개

② 인사관리사의 방침과 제규정

③ 고용조건과 복무규정 및 간부와 임원소개

④ 제반복지 후생관계

⑤ 업무상에서의 인간관계

⑥ 부대시설이나 사용방법에 대한 소개

⑦ 화제 및 안전절차, 행동수칙, 불만의 처리방법

⑧ 기타 관련 내용 및 질문 받기

2. 교육 및 개발(Training And Development)

교육훈련은 단시일에 종사원들의 환경과 수행해야 할 직무에 적응케 하기 위해, 숙련된 기술과 많은 지식을 습득시키기 위해 체계적이고 종합적 교육훈련을 실시해야 하며, 또한 교육훈련은 다음과 같은 일반적 목적을 가지고 있다.

① 종사원에게 그들이 속한 환경과 조직에 적응을 보다 빨리 할 수 있도록 지도

② 수행해야 할 직무에 대한 직무능력의 배양

③ 종사원 각자의 자기능력 개발을 지원

교육훈련의 유형은 크게 3가지로 구분할 수 있다

① 교육훈련을 받는 대상에 따라 신입사원 교육훈련, 일반직원 교육훈련, 감독자 교육훈련, 중간관리자 교육훈련, 최고경영자 교육훈련으로 세분화된다.

② 장소에 따라 직장훈련(on-the-job training)과 직장외 훈련(off-the-job training)으로 나눈다.

③ 내용에 따라 전문교육훈련과 교양교육훈련으로 구분할 수 있다.

교육내용에 있어서는 직무와 직접 관련된 지식·기술에 관한 것과 종사원의 사기제고(士氣提高), 의식개혁, 협동조성 등을 위한 교양 또는 정신교육에 관한 교육과 경우에 따라서는 인간관계 개선을 위해 취미·오락에 대한 교육도 있으나, 오늘날에 와서는 종사원의 직무수행의 효율성 제고에 초점을 맞추고 다양한 교육프로그램을 개발하는 전문업체와 직접 교육시키는 전문업체가 늘어나면서 많은 기업들의 교육에 대한 경비·인력·시간 등을 절약하기 위해 교육전문업체에 의뢰하는 경우가 높아지고 있다.

카지노 종사원의 능력개발은 카지노업체의 미래에 대한 투자이다. 대부분의 카지노업체에는 종업원의 능력개발을 위한 프로그램이 있다.

오늘날 카지노산업 종사원들의 능력개발은 매우 중요한 문제로서 더 나은 질적 서비스를 제공하려면 잘 훈련된 우수한 인력이 필요하며, 이러한 종업원들을 지원하는 것이 바로 인사부서가 해야 할 가장 큰 과제가 된다.

질적인 서비스를 촉진하기 위한 한 가지 방법은 업무수행 표준을 개발하기 위해 업무분류(Job Breakdowns)를 이용하는 것이다. 업무분류의 이용으로 각각의 업무에 따라 특정수준의 질을 갖춘 업무수행 표준안을 개발할 수 있다. 업무수행 표준안은 그 측정이 가능해야 한다.

일단 업무수행의 표준안이 제자리를 잡으면, 그것이 종사원교육에 관한 토대와 관점을 제공해 주게 되며, 이 종사원 교육은 인사부서 스텝이나 그 부서 직원에 의해 수행되어간다.

인사부서에서는 종사원들과 직무를 자세히 파악하고 있어야 하며, 그들을 적절히 훈련하기 위한 모든 교육을 주관해야 한다. 대부분의 카지노업체가 성공하게 된 것은 부분적으로 모든 종업원들이 조직에서 그들의 역할을 이해하는 것을 충실하게 한데 있다. 따라서 종업원들을 교육시키기 위한 프로그램에 많은 투자가 필요하다.

3. 경력개발(Career Development)

경력개발의 목적은 카지노 내부 상황과 급격히 변화하는 외부환경 속에 적응하기 위한, 효율적 인재확보 및 배치와 종사원 동기유발을 통해 개인의 능력을 최대한 개발을 통해 조직에 경력기회를 제공한다.

경력개발은 종업원이 조직생활을 수행하는 과정에서 빠른 속도로 상위직을 지향하는 상향적 이동성과 전문직에서 경륜과 숙련을 요구하는 전문성 및 개인의 경험과 이력을 총제적으로 나타내는 직무의 집합성 등의 세 가지 성격을 포함하고 있다. 이러한 성격을 갖는 경력은 관리측면에서 개인의 자발적인 입장과 기업의 입장에서는 의무적 성격을 가미하여 경력개발이라는 복합단어로 이용하게 되었다. 유능한 종사원을 유지 관리하기 위해서는 급료나 급부 이상의 것을 제공함과 동시 종사원들이 회사 내에서 승진할 수 있는 폭넓은 기회를 제공해야 한다. 따라서 인사부서에서는 이들 프로그램을 개발 감시하며 종업원들과 필요한 상담을 통해 정보를 그들에게 제공하게 도움을 준다.

4. 징계 및 해고(Discipline And Termination)

징계활동은 종사원들에게 부정적으로 들릴 수 있으나, 적절히 이용되면 종사원들의 업무수행에 매우 긍정적인 효과를 가진다. 그러나 징계활동은 부적절한 행동을 수정하는데 이용되어야 한다. 어떤 상황에서도 종사원에 대한 보복의 수단으로 이용되어서는 안된다.

인사관리 부서에서는 모든 종사원들의 징계처리가 공정하다는 인식을 주어 불만이 없도록 해야 한다. 따라서 모든 징계절차는 약정된 문서 서류로 제출되어야 한다. 최근의 노동법은 이러한 종업원의 고용이나 해고에 관한 일정한 법률적 규정을 하고 있다.

5. 노사관계(Labor Relations)

일반적으로 경영활동은 노사간의 긴밀한 협력관계에 의해 카지노의 경영을 크게 기대할 수가 있다. 카지노기업의 주체는 경영자와 노동자이다. 그러나 고용관계에서 보면 노동자는 경영자의 피고용자로서 주체와 객체의 관계가 성립된다.

카지노경영자는 카지노종업원을 지휘통제하게 되며, 급부의 관계에서도 종업원은 항상 경영자에게 급부를 받는 사람의 관계가 성립한다.

노사관계는 공동의 목적을 효과적으로 달성하고 상호 협력하여 카지노업체와 개인의 안정은 물론 경제사회의 발전을 유지하는데 근본적인 의의가 있다.

6. 노사분규의 경제적 파급효과

노사분규는 분규가 발생한 해당 기업은 물론 사회·경제적으로 큰 영향력을 미치게 되며, 그 중에서도 경제적 파급효과는 지대하므로 이에 대해서 설명하겠다.

1) 임금과 물가상승

노사분규는 일반적으로 임금인상이 높은 비율을 점유하게 되어 원가상승에 직접적인 영향을 미치게 되어, 상품의 시장가격에 직접적으로 반영되어 물가상승을 촉진하여 인플레를 유발시킨다.

2) 관련업계의 연쇄적 파급효과

노사분규는 생산활동의 중단을 가져오므로 분규가 발생한 기업만 해당되지 않고 분규기업과 수평적·수직적으로 관련된 여러 업체의 생산활동에 커다란 연쇄적인 영향을 주게 된다.

3) 막대한 관련비용의 발생

노사분규는 경영활동과 무관한 비용(시설관리 및 유지비, 자원보존비, 여러 가지 형태의 기회비용 등)을 많이 유발시키고 기업에 막중한 부담을 안겨줌으로써 기업의 이익감소, 매출액 감소, 시장경쟁력 약화 등을 초래한다. 특히 호텔·카지노 등 서비스업종은 비용 이외에 기업 이미지에 큰 영향을 미치게 되며, 다시 회복하기까지에는 많은 시간이 필요하게 된다.

4) 국제수지 약화와 국내성장 둔화

노사분규는 조업중단을 가져와 수출물량 공급과 시간적 요구를 충족시키지 못하므로 수출물량 감소, 그 기업에 대한 대외신용도가 저하되어 국제경쟁력이 약화된다. 이런 현상은 국제수지의 악화를 초래하여 경제성장 둔화와 경기침체로 이어지며 장기적인 측면에서도 부정적 파급효과를 미치게 된다.

5) 노동수요의 감소와 전산화 촉진

노사분규에 따른 높은 임금인상은 경영자로 하여금 장기적인 계획으로 비용구조의 개선을 통해 인건비의 대체효과를 유발하게 되며, 인력의 활동대신 전산화를 모색하거나 인건비가 낮은 해외에 투자를 통해 해외생산이 가속화하게 된다.

7. 인간관계

1) 인간관계의 의의

개개의 종업원은 기업 내의 단순한 일원으로 일을 하고 있는 것이 아니라 기업의 목적달성을 위해서는 종업원의 협조가 꼭 필요하다는 것을 인식시켜야 한다. 또한 종업원 스스로 일하려는 적극적인 의욕이나 창의가 경영성과에 지대한 영향이 있음을 인식하게 되었고, 여러 실험을 통해서도 인간성을 중시하는 관심사로 부각하게 되면서 인사관리의 중요한 업무가 되었다.

2) 인간관계의 개선방안

(1) 제안제도(suggestion system)

카지노기업 조직의 운영이나 직무수행에 관련된 여러 가지 개선방안을 조직구성원(종업원)이 제안하도록 하고, 우수한 제안에 대해서는 적절하게 보상하는 제도이다.

제안제도를 성공적으로 운영하려면 다음과 같은 조건이 충족되어야 한다.

① 새로운 아이디어를 자유롭게 그리고 적극적으로 제안할 수 있어야 한다.

② 선택된 제안에 대해 응분의 물질적 · 정신적 보상을 하는 제도가 있어야 한다.

③ 제안을 장려 · 지도하고 처리 · 심사하는 제도를 설치하고 지속적으로 운영하여야 한다.

(2) 인사상담제도(personnal counseling program)

개인적인 문제나 업무상의 문제를 해결하기 위해서 종업원 신상에 대한 카운슬러(counselor) 전문인력을 배치하고 상담기구를 마련함으로써 개인적으로는 인격형성을 촉진하고, 종업원 개개인의 근로의욕을 고양시키는 것을 목적으로 한다.

인사상담제도가 성과를 거두기 위해서는 상담요청자가 솔직하게 이야기할 수 있는 분위기를 먼저 조성하고, 다음에 카운슬링은 두 사람만으로, 상담은 주로 대화를 통해 전문적인 조언을 해야 하고, 문제해결과 상담요청자의 인격적 성장을 촉진시킬 수 있어야 한다.

(3) 사기(morale)조사

기온(R. M. Guion)은 사기(morale)를 개개인의 욕구가 충족되는 정도이며, 자기의 종합적인 작업환경에서 얻어지는 만족의 정도라고 하였다. 따라서 사기는 개인의 욕구만족 정도 또는 개인이 속한 직장에서 얻을 수 있는 만족을 알아서 깨달을 정도라고 말한다.

경영활동에 있어서 목표달성을 위해서 종업원의 사기가 어떠한가에 따라 좌우하게 된다. 따라서 종업원의 사기가 저조하면 근로의욕을 잃게 되고, 작업능률과 게임승률이 떨어지며, 여러 가지 문제가 발생하게 된다.

사기의 진작을 위해서는 가장 먼저 사기조사에 의해 종업원의 사기 또는 근로의욕을 저해하는 요인 또는 불평불만의 이유를 파악할 수 있으며, 저해요인을 제거하여 사기를 진작시켜야 한다.

종업원의 사기조사 방법으로는 태도조사가 있으며, 이는 면접법, 질문지법, 직접관찰법, 제안법, 실험 조사법 등으로 세분화되어 있다.

이 중에서 가장 일반적으로 사용하고 있는 것은 면접법과 질문지법이다.

(4) 의사소통

의사소통은 일반적으로 정보를 전달하는 과정을 뜻하며, 사상·사고·정보 및 의견 또는 감정의 교환 또는 전달을 뜻하는 것이라고 정의한다.

조직의 목표를 효과적으로 달성하기 위해서는 구성원들 간에 의사소통의 원활하여야 한다. 이런 의사소통은 조직 내에서 수직 또는 수평으로 이루어지며, 수직적으로는 보고제안제도, 면접, 종업원 의견조사 등 여러 방법이 있고, 수평적 의사소통으로는 심의회의 또는 위원회 등이 주로 쓰여진다.

의사소통의 유형에는 3가지가 있다.

① 상의하달(上意下達) : 명령, 지시, 감화(感化) 등
② 하의상달(下意上達) : 제안, 항의, 통지, 감화 등
③ 수평적 상호연락

의사소통의 방법에는 다음과 같은 것이 있다.

① 공식적 방법
  • 품의 제도
  • 공식회합 : 공식위원회제도, 간담회 등
  • 간행물발간 : 사내보
  • 사내방송, 게시판 활용
② 비공식방법
  • 취미활동서클
  • 간담회
  • 회식

(5) 고정(苦情)처리

고정은 주로 종업원의 근로조건이나 단체협약의 실시 등에 있어서 불평불만 내용을 노사관계관리에 관련되거나 공식적으로 제기된 불평을 말한다.

고정은 개인적인 것과 주관적인 것은 대상이 되지 않고, 근로조건에 관계되고 일반근로자의 이해에 영향이 있으면 즉시 처리대상이 된다.

고정처리의 방법은 제3자의 중재에 따르는 것과 노사간의 직접해결에 따르는 것이 있으나, 보통 어떠한 고정처리기간을 두는가는 당사자의 자유이며, 협약 또는 노사의 협의로 마련된다.

제4절 직무분석 및 평가

1. 직무분석과 인사고과

1) 직무분석의 의의

직무분석(job analysis)이란 일정한 직무의 성질과 내용, 즉 직무를 수행하는데 필요한 지식·능력·숙련·책임 등과 같은 직무상의 모든 요건을 체계적으로 결정하는 과정이며, 업무수칙과 직무명세서에 의해 구체화된다.

직무분석의 결과는 인사관리의 주요한 기초가 되며, 또한 다음과 같은 목적에 쓰인다.

① 권한과 책임의 범위를 명확히 하고 조직합리화의 기초가 됨
② 직무평가와 직무급 결정의 근거
③ 직무수행방법 개선의 자료
④ 인사고과, 교육훈련, 직무설계에 근거
⑤ 모집배치·이동·승진에 기준

2) 직무분석방법

직무분석방법에는 자료수집, 직무자료의 정리와 분석, 업무수칙(job description)과 직무명세서(job specification) 등 세 가지로 나누어 설명할 수 있다.

(1) 자료의 수집

직무분석자료의 수집에는 최근 질문지법, 진술서작성법, 관찰법, 면접 등 4가지 방법이 있다.

일반적으로 가장 많이 사용되는 방법은 면접에 의한 자료수집이며, 관찰법과

병행하여 실시하면 더 큰 효과를 나타낼 수 있다.

면담은 직무담당자와 직접 만나 대화하는 과정에서 그의 직무를 직접 확인 할 수 있으며, 일반적으로 직무에 의한 자세한 정보수집이 가능하며, 다만 문제가 있다면 면담상태가 자신에게 유리하거나 주관적인 의견을 제시할 가능성이 높다는 점이다.

질문지법은 일정한 양식에 의해 질문지를 작성하고 조사대상자로 하여금 직무의 성격과 내용, 지식요건, 적성, 작업환경 등 필요한 사항을 기재토록 하는 방법이다.

진술서작성법은 일지에 그들이 일상 수행하는 업무의 내용을 구체적으로 기재하게 함으로써 그 기록에 의해 직무분석에 필요한 정보와 자료를 수집하는 방법이다.

(2) 직무자료의 정리와 분석

직무분석은 수집된 자료를 분류 및 분석을 통하여 수행되는데, 각 지위나 직무에서 필요한 인적·물적 요소를 체계적으로 대응시키는 것이 중요하다.

업무를 효율적으로 수행하기 위해서는 정신적·지적·신체적·환경적 요소와 필요장비·도구 및 이를 조작하는 기능과 수준 등이 구체적이고 명확하게 명시되어야 한다.

직무분석의 결과를 정리하면 업무수칙과 직무명세서 2가지이다.

(3) 업무수칙과 직무명세서

인사관리의 자료로 사용하기 위해 정보의 수집과 수집된 정보분석에 의해 일목요연하게 정리하고, 이런 목적으로 작성된 것이 업무수칙과 직무명세서이다.

업무수칙에는 업무의 명칭, 소속, 종업원 수 등과 같은 직무의 확인사항과 직무의 내용, 직무의 요건 등 직무전반에 걸친 사항이 포함된다.

직무명세서는 업무수칙 내용 중에서 직무요건만을 분리하여 구체적으로 작성한 문서로서 직무요건 중에서도 특히 성공적인 직무수행을 위해 필요한 인적요건을 중심으로 기술한다.

(4) 업무평가(job evaluation)

업무평가는 업무분석에 의해 작성된 업무수칙과 직무명세서를 기초로 하여 이루어지며, 이는 카지노기업이나 기타 조직에 있어서 각 업무의 중요성 난이도·위험도 등을 평가하여 다른 업무와 비교함으로써 업무의 상대적 가치를 결정하는 방법이다.

업무평가는 각 업무의 업무수행의 난이도 및 복잡도, 권한과 책임의 범위, 업무수행환경 등을 고려하여 업무 그 자체를 평가하는 것이며, 업무를 수행하는 인간을 평가대상으로 해서는 안된다.

(5) 인사고과(merit rating)

업무평가는 업무의 상대적인 가치를 평가하며, 인사고과는 종업원에 대한 평가라는 점이 다르다. 따라서 인사고과는 카지노기업 내 각 업무를 담당하고 있는 종업원의 업무수행능력, 근무성적, 자격, 습관, 태도 등을 평가하는 방법이다.

인사고과는 배치·승진 등을 하기 위해 적임자 발견과 임금의 차별화를 위한 근거로서 가장 많이 이용되지만, 고과목적에 따라 그 성격이 달라지며 또 목적을 좀더 상세하게 설명하면 아래와 같다.

첫째, 종사원 각자의 능력에 맞는 직종이나 부서에 배치, 전환, 채용, 승진, 복직, 해고 등에 인사배치 및 이동에 활용한다.

둘째, 종사원의 정확한 능력을 파악하여 교육, 훈련, 개발 등 인력개발에 활용한다.

셋째, 종사원 연령, 성별, 직종, 기능, 근무연수 등 인적 데이터를 확보하여 장·단기 인력계획을 수집해야 한다. 또한 인사고과를 통하여 종사원 근무능률을 평가하고 해당 종사원의 승진, 채용, 배치전환 등의 인사기능의 타당성을 검증하는 자료로 활용한다.

넷째, 종사원의 승급, 승진, 상여금, 임금결정 등을 측정하기 위해 종사원의 성과를 측정하여 활용한다.

다섯째, 인사고과를 통해 직무담당자의 조직관계나 직무조건의 문제점을 개선하며, 종사원의 성취의욕의 자극제로 활용한다.

인사고과의 합리적 평가를 위해서 인사고과자의 범위가 확대하고 있다. 예를 들면, 직속상사에 의한 평가, 차상급자에 의한 평가, 자기평가, 동료에 의한 평가, 상향식 평가, 외부인에 의한 평가 등이 있다.

2. 업무평가

업무분석의 결과로 파악된 업무내용과 요건을 중심으로 업무수칙이 작성되고 업무요건 중에서 인적 요건을 중시하는 업무분류 세분화가 작성이 되면 이는 업무의 상대적 가치를 결정하는 업무평가의 기초자료로 이용된다.

업무평가의 제반자료는 카지노업체 내에서 인사관리 전반의 합리화에 기여함을 그 목적으로 하고 있으며, 그의 구체적인 내용은 다음과 같다.

① 업무의 질적 측면에서 업무의 상대적 가치와 그 유용성의 결정 자료를 제공
② 조직의 직계제도 확립과 업무 또는 직급제도 정립을 위한 자료 제공
③ 노사간의 타당성을 인정할 수 있는 임금의 차등으로 종업원의 근로의 욕을 고취시켜 노사협력 체계를 확립
④ 노동시장에서 노동자를 유입할 수 있는 우월할 임금체계를 수립하는 자료를 제공
⑤ 단체교섭을 위한 자료를 제공하는 등의 다양한 효과를 얻음

카지노산업의 미래는 종사원의 업무수행 평가나 검토로 모든 종사원들 내부에 있는 많은 잠재능력을 이끌어 냄으로써 생산성을 증가시켜야 할 것이다.

3. 기록관리(Record Keeping)

경영진들이 개인기록을 정확하게 파악할 수 있도록 하고 그 내용은 임금 및 각종 세제에서부터 복지후생 수혜에 이르기까지 종사원의 모든 근로관리에 관한 업무이다. 따라서 이를 효율화하기 위해서는 전산화된 기록관리 시스템이 효율적이며, 또다른 임무 못지 않게 기록관리도 인사관리부서의 매우 중요한 기능이 되고 있다.

제**8**장

카지노회계

카지노회계

카지노의 회계업무

모든 카지노는 현금이나 또는 현금과 동등한 가치를 가진 것만을 사용하여 운영되는데, 카지노에서의 회계, 재정적 구조, 자금수입의 흐름 등을 살펴볼 필요가 있다.

카지노의 회계절차에서 약간의 예외를 제외하고는 호텔과 카지노가 같이 있는 경우, 궁극적으로는 모든 돈은 환전소(Cage)를 통하게 된다. 왜냐하면 그것이 전체 조직의 재정적인 창구의 일원화 때문으로 어떤 호텔은 호텔의 수입을 환전소(Cage)에서 취급하지 않고 경리과에서 취급하는 경우도 있고, 심지어는 호텔과 카지노를 분리하여 경영하는 곳도 있다. 이런 경우는 카지노와 호텔이 분리되어 경영을 하는 경우가 대부분이다.

대부분 초창기의 라스베이거스 카지노의 오너들은 카지노 한전소의 중요성을 인식하지 못하였기 때문에 그들은 능력 있는 Credit Manager들이 환전소를 적절하게 운영하여 주는데 의지했으므로 정통적으로 Credit Manager는 운영을 카지노 총지배인(Casino General Manager)에게 직접 보고했다.

그 후 1960년대 후반에 몇몇 공공기업과 Hughes재벌이 네바다의 대형 카지노의 대부분을 매입하면서 이러한 기업들의 몇몇은 호텔의 지배인이 Credit Manager 를 관리하도록 하였으나, 현재의 추세는 Credit Manager의 위치를 손님의 Credit 방침이나 환전소의 재무구조에 대한 책임과 함께 Casino General Manager 대신에 경리과의 직접적인 감독을 받게 하여 환전소는 카지노의 경리과에 복합적으로 관계되어 있다.

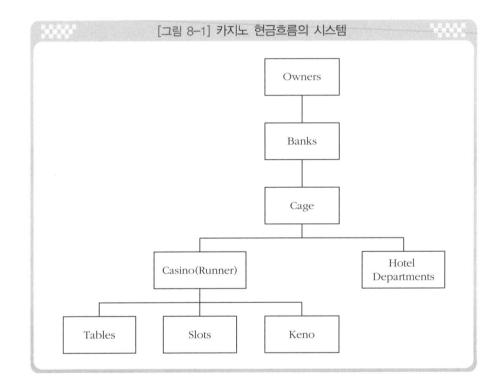

[그림 8-1] 카지노 현금흐름의 시스템

1. 카지노회계의 의의

카지노회계의 독특한 목적들은 3가지로 설명될 수 있다. 첫째, 자산의 유출 또는 도난을 방지하기 위한 내부의 관리기능이다. 둘째, 모든 수입에 대한 정확한 보고를 확인하기 위한 관리기능이다. 셋째, 경영의사결정에 필요한 믿을 만한 자료를 제공하는 역할이다.

이와 같은 목적이외에도 전통적인 재무보고서의 목적도 물론 포함된다는 것은 당연한 것이나, 우선 위의 3가지 목적을 자세히 살펴보면, 일단 카지노회계의 첫번째이자 최우선 관심사는 카지노자산에 대한 최대한의 관리기능을 보장하는 것으로 카지노는 타시장과는 달리 매우 유동적인 분위기에서 운영되며, 거의 모든 거래가 현금 또는 Chips으로 이루어지므로 이러한 자산들에 대한 관리는 어떤 회계구조에서도 최우선의 관심거리가 될 것임은 당연하다고 할 수 있다.

카지노회계의 두번째 관심은 카지노 수입계정(Transaction)들이 올바르게 보고되는 것을 확인하는 것이라 할 수 있다. 왜냐하면 슬롯게임이나 피트(Pit) 게임의 수입은 정해져 있는 시간에만 계산되므로 수입계정을 올바르게 보고·확인하지 않는다면 이는 백화점이 현금등록기 없이 운영되는 것과 마찬가지이기 때문이다.

카지노회계에서 관심분야 중 마지막이라 할 수 있는 것은 경영에 사용될 정보들을 제공할 회계에 관한 다양한 기록을 유지 관리하는 것이다. 이것은 쓰여진 돈에 비례하는 경제적 반대급부를 계량하는 것도 포함된다. 한 예로 약속어음 발행체계(Maker Control System)라는 것이 있는데, 이는 발부된 Credit의 양을 기록할 뿐만 아니라 다양한 고객이 Betting한 양, 게임한 시간 등을 기록하여 고객을 관리한다.

다른 예는 특정한 무료 접대고객을 위하여 사용한 전체 비용과 Junket들을 위한 단체관광 등의 전체 비용을 그들의 게임에 사용한 비용의 양과 비교해서 서비스의 양과 질을 결정해 주는 것으로 카지노산업은 그 서비스의 독특성 때문에 회계문제는 다른 기업에 비하여 덜 알려져 있다고 할 수 있다.

2. 카지노의 재정구조

네바다 카지노는 규모가 작고 불법적인 도박장에서는 오너가 모든 돈의 흐름에 책임을 지고 임의대로 처리하나, 일반적인 카지노에서의 재정적 거래는 환전소(Cage)에서 우선적인 책임을 지고 있다.

네바다 카지노 등은 이러한 재정적 거래를 감독할 수 있는 회계절차를 개발하여 이용하고 있으며, 카지노 재무조직을 살펴보면 [그림 8-2]와 같다.

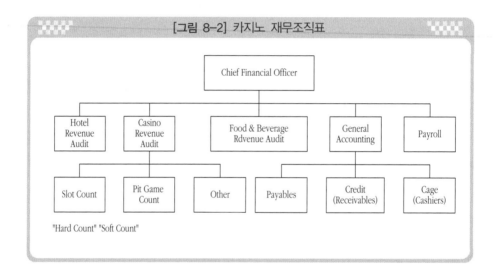

[그림 8-2] 카지노 재무조직표

3. 카지노 수입의 흐름(Reverne Flows)

카지노수입의 흐름은 독특한 면을 가지고 이루어진다고 하겠다. 카지노 수입회계에서 알아두어야 할 것으로는 우선 다양한 수입의 흐름 때문에 고도로 숙련된 회계직원조차도 카지노 수입흐름을 파악하기 어려울 때가 있다는 점과, 둘째는 그럼에도 불구하고 카지노수입은 조정되어져 전체 카지노경영이 감사를 받을 수 있을 정도로 체계화되어야 한다는 점이다. 다음의 [그림 8-3]은 미국 카지노의 전반적인 수입흐름을 설명하고 있는 것으로 한국인 경우는 일부만 적용되고 있다.

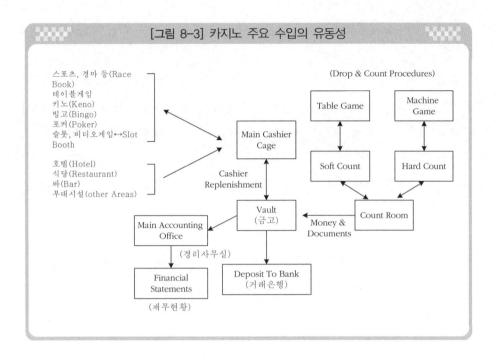

[그림 8-3] 카지노 주요 수입의 유동성

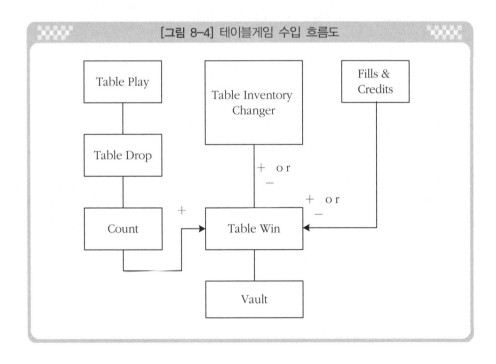

[그림 8-4] 테이블게임 수입 흐름도

그리고 카지노게임들 중 Table게임의 수입의 흐름을 살펴보면 다음 [그림 8-4]
와 같다.

또한 카지노에서는 환전소(Cage)의 역할이 중요한데, 환전소(Cage)의 기본적
인 역할은 고객의 Credit 정보를 카지노에 공급하며 다른 담당자가 Credit 결정이
어려운 경우에는 직접 해결도 해주고 카지노의 각 부서와 고객 사이에 대규모
재정적 교환을 시행하며 기록도 해준다.

Cage의 조직은 카지노의 규모에 따라 변화가 있을 수 있으나 기본적인 인원은
다음과 같다.

① Credit Manager

　　Cage와 Credit 정책을 입안·집행하는 매우 중요한 직책이며, 이는 경리과
　　와 카지노 지배인에게만 종속되며 은행 및 고객관리에 능숙해야한다.

② Shift Manager

　　Credit Manager가 입안하여 시키는 모든 일을 수행하고 보고한다.

③ Cashier

　　모든 Cage의 일을 책임지고 있다.

④ 환전 비서

　　고객의 신용도를 확인하고 자료를 확보함

⑤ 환전 서기

　　게임 중 직원이 운반하는 회계서류를 관리하며, 고객의 은행정보나 신용상
　　태를 확인하고 서류를 작성하는 업무

⑥ Collection Manager

　　비교적 새로운 직종으로서 카지노 지배인을 직접 보좌하며 수금하는 역할
　　을 한다.

제2절 케이지(Cage)의 업무

1. 개요 및 기능

카지노 Cage는 종종 "카지노의 심장", "운영의 중심", "필수적 신경 조직의 중심"이라 불리며 실질적으로도 그러하다. 카지노의 Cage 또는 캐셔의 Cage는 카지노의 매일의 운용에 있어서 많은 중요한 역할을 제공한다.

첫째, Cage는 카지노 재원의 저장소(금고) 역할을 한다. 이는 매일 수천, 수천 수백, 더 나아가서는 수백만 달러의 관리·감독·보고의 책임을 포함한다. 통화, 칩스, 코인, 고객의 마커, 재원의 보관에 관련된 업무처리가 끊임없는 주기로 Cage로 그리고 Cage로부터 순환한다. 이러한 많은 업무의 정확한 처리의 보고는 카지노 운영에 있어서 아주 중요하다.

둘째, Cage는 카지노의 Pit과 Pit지역과의 중요한 커뮤니케이션과 서비스 연계를 제공한다.

이러한 서비스들은 다양한 게임테이블에 칩스의 fill과 credit의 제공, 고객의 신용상태를 포함한 정보의 제공, 원만한 운영을 도와주는 적절한 정보를 카지노의 경영자에게 지속적으로 제공하는 일들을 한다.

셋째, Cage는 무수한 고객업무를 처리해야 한다. 칩스, 출금(여기서 카지노 칩스는 통화로 거래된다)의 처리, 개인수표 Payroll과 여행자수표를 현금으로 교환, 고객마커 지급의 인수, 재원보관소 업무의 처리, 카지노 발전관련(마케팅활동 관련) 쿠폰의 처리, 고객에게 정보의 제공 등과 같은 것은 카지노 Cage의 캐셔로서의 매일의 업무에 불과하다.

넷째, Cage는 카지노의 모든 부서들과 연결이 되어야 한다. 이는 회계부서로 키양식들의 전달을 포함한다 : 모든 자금부서 즉 bar banks, showroom banks 등에의 자금전달, 위에서 설명한 바와 같이 카지노 pit에의 지원, 다른 필요한 업무처리뿐만 아니라 fill과 credit작업 중 보안사무실들과의 연계 등의 역할을 한다.

몇몇 카지노에서 Cage는 거대한 슬롯의 지급에 있어서 슬롯 fill을 제공하고, 필요한 코인과 사람들의 교환을 제공하면서 슬롯부서를 지원한다.

다섯째, Cage는 안정된 내부관리절차와 카지노자금의 안전관리에 필요한 많은 업무들의 유지·준비·관리의 역할을 한다. 이러한 업무에 관하여는 이 책을 통하여 자세하게 열거·설명될 것이다. 전문적이고 완벽하게 처리해야 할 필요가 있는 많은 부수적인 업무와 세부사항들은 Cage에 의해 수행되며, 카지노 케이지는 카지노의 심장이다.

2. 케이지의 구조

1) 외형적 구조(Physical Structure)

많은 카지노들은 Cage를 카지노의 후위에 그리고 손님들의 출입구로 부터 멀리 떨어진 곳에 위치한다. 이렇게 하는 한 가지 이유는 금품강탈의 기회를 최소화하는 것이다. 사람이 배치되어 있는 박스는 종종 강도의 가능성이 최소인 곳에 위치하게 된다. 심리적으로 카지노의 후미 위치는 합당하다. 창구에서 돈을 바꾼 손님은 카지노의 길이 만큼 출구를 향하여 걸어야 한다. 걷는 동안 그 손님은 "마지막으로 한번 슬롯 당기기", "최종으로 테이블에서의 게임"에 유혹 당하게 된다. 카지노 Cage는 pit이나 실제 게임테이블에 될수록 가까이 위치한다. 만일 한 사람이 카지노 Cage를 향하여 서면 아주 많은 구조적 가능성이 존재한다. 몇은 금속막대에 의해 보호되고, 다른 것은 손님들에게 서브할 수 있는 작은 창만을 갖고 있는 깨지지 않는 유리인 plex-유리를 갖고 있다. 작은 Cage의 운영은 두 개의 손님 창구와 부가로 카지노 슬롯 직원들을 보좌하는데 사용되는 부가적 창이 하나 더 있다. 큰 운영체는 그 요구량에 따라 많은 서비스 창을 제공한다.

2) 출입 허가(Accessibility)

Cage로의 출입은 정식으로 허가된 직원에 의해 제한된 출입으로서 최대의 보호를 받아야 한다. 제한된 문의 출입시스템은 출입자들을 즉시 알아볼 수 있도록 캐셔들에게 제공되는 좋은 통제성으로 이용된다. 많은 Cage문들은 Cage안의 캐셔들 또는 Cage부근의 박스에 인접한 보안관리자들이 활동할 수 있게 전기 부좌시스템에 의해 열기를 푼다. 게임규정은 "비밀" 출구 또는 입구를 엄격하게 규제하고 Cage로의 접근을 오직 허가된 직원으로만 제한한다.

보안근무자들은 Cage안과 밖의 어떠한 허가도 받지 않은 사람을 에스코트해야 한다.

3) 케이지 내의 배치(Cage Layout)

카지노 Cage는 다양한 장비, 사업기기, 파일 케비닛, 저장소(금고), 귀중품 보관박스, 전화시스템, 게다가 카지노 칩스, 통화, 모든 종류의 경화에 대한 놀랄만한 재산목록을 가지고 있다.

Cage의 레이아웃은 다음을 포함하지만 한정하지는 않는다.

(1) 캐셔의 창구

손님에게 각종 서비스를 제공하는데 사용된다. 각 캐셔의 창문은 캐셔의 은행 또는 자금으로 알려진 다양한 통화와 경화를 유지하는 방막으로써 제공되어진다. 많은 업무에서 캐셔에게 주요 vault(큰 금고)에 의해 지원되는 시작자금이나 준비 자금이 제공된다.

모든 업무들이 동등한 교환(즉 칩스를 현금으로, 자기앞수표, payroll, 여행자수표의 교환)을 위한 것이거나, 현금지출 영수에 의한 카지노 부서의 시급의 경우에나 자금은 항상 그 근무조의 마지막에는 균형을 이루어야 한다. 캐셔들은 어떠한 자금의 저장량에 관하여도 책임이 지워지게 된다.

(2) 서비스 창구

카지노업무의 복잡성과 운영과 경영구조의 크기에 따라서 서비스 창구에는 다양한 사항들이 있다. 예를 들어 서비스 창구는 독점적으로 카지노 pit에게 칩스 fill을 제공할 목적으로 유용할 것이다. 다른 것은 Bar Banks, 프론트 Banks에 제공하고 받는 목적이다.

몇몇 큰 카지노는 서비스 창구를 독점적으로 바카라 pit과의 고객들의 마커업무를 수행하는 목적으로 유지한다. 정반대로 작은 카지노는 고객업무처리를 배제하고 극도로 많고 다양한 카지노 서비스를 제공할 창구를 지정할 것이다.

(3) Work 카운터

하나 또는 여러 개의 카운터는 Cage의 옆이나 후미에 위치하나 캐셔나 서비스 창구로부터 멀리 위치하게 된다. 그들은 일하는 시간 동안에 필요한 많은 양식이나 갖가지 서류를 준비하기 위해 캐셔들에게 적당한 위치를 내주게 된다.

(4) 저장 캐비닛

워킹 카운터의 위나 아래 또는 다른 벽의 지역들은 필수품과 Cage와 카지노의 양식을 저장하고 유지하기 위한 케비닛과 잠금장치가 있는 서랍구획이다. 자그마한 카지노는 Cage에게 중요한 문서의 저장과 안전의 책임을 맡길 것이다. 이러한 품목은 수금되어 장부에서 지워진 고객의 마커와 반환된 고객의 수표, 지급된 고객마커, 예금되거나 수집되기를 기다리는 고객의 수표 등을 포함한다. 자물쇠로의 엄중한 보관이나 정식인가가 필요한 품목들은 반드시 잠겨진 구획에 보관되어야 한다.

(5) 감시 카메라

Cage의 내부구조에서 중요한 위치에 있는 것은 시스템의 복잡성의 여부에 따라 총지배인, 카지노 지배인, 케이지 지배인과 보안책임자 사무실을 감시할 수 있는 천장에 고정된 카메라이다. 감시 시스템은 날짜와 시간을 명시할 수 있고 다시 돌릴 수 있는 기능을 제공하고 24시간 동안 활용된다.

(6) 경보 시스템

보통 캐셔의 창구의 바닥에 위치하고 그중 대부분은 발로 동작하게 만든다. 대부분은 무소음의 경보시스템이고 캐셔들은 강도의 발생에 대비하여 Cage의 절차뿐만 아니라 이것의 사용을 숙지해야 한다.

4) 케이지 장비(Cage Eguipment)

다음 장비목록들의 이해와 숙지는 카지노 Cage의 적절한 수행에 중요하다.

(1) 계산기(Adding Machines)

계산기는 보편적으로 유용하며, 전형적인 shift는 게임서류, 현금목록, 관리 기록 등을 필요로 하게 된 이후로 업무기구에 대한 숙달된 능력이 필요하게 되었다.

(2) 자금관리 시스템(Money Processing System)

작은 카지노 운영체계에서는 되도록 이러한 장비의 이용을 Cage안에서만 한다. 예를 들어 카지노 안에 교환대가 없는 곳에서는 슬롯머신 이용자로 하여금 교환대 캐셔로서의 역할을 수행하는 Cage를 이용할 수밖에 없다. 이 업무는 다양한 코인들(1¢, 5¢, 10¢, 25¢, 50¢)들의 분류, 계산, 합산을 한다. 대개 오래된 모델들은 손으로 구분해야 하는 민트실버달러, 카지노 달러토큰, '수잔' 달러를 받아들이지 않는다.

(3) 전화시설(Phone Systems)

보통 두세 개의 벽에 고정된 기기가 필요하다. 수화기를 들어올리거나 목표버튼(다이얼은 불필요)을 누르는 것을 용이하게 해주면서 전화를 건 사람을 즉시 다음지역인 카지노 pit센터 credit, 카지노 매니저 사무실, 케이지 매니저 사무실에 연결된다.

(4) 안전금고(Lock Box)(fill and credit slip receptacle)

기계는 보통 fill과 credit슬립을 담고 서비스 카운터에 위치한다. 이것은 계속 부서지지 않는 형태로 기계안에 하나의 사본을 유지하는 동안 일괄된 수치를 나타내는 일련의 순서로 공개되어야 할 원본과 사본 slip지를 제공한다. 슬립지를 교체하거나 꺼내는 목적으로 락박스에의 접근을 카지노의 내부관리에 의해 지명된 키 서명자에 의해 관리되어진다.

(5) 일자표시기(Time and Date Stamp Machine)

양식들, 슬립지, 서류 등을 기계의 구멍에 집어넣으면 그 사무처리의 날짜와 시간을 자동적으로 찍어준다. 보편적인 규칙에서 카지노로부터 받은 모든 양식이나 슬립, 고객에게 지급된 수표, 마커와 안전관리 기기들은 날짜와 시간이 찍힌다. Cage의 금언 "의심이 가는 경우… 시간과 날짜가 그것을 증명한다".

(6) 카데스 파일(Kardex File)

(고객신용확인 서류 : customer credit application file)

서류기구가 고정된 벽이나 테이블은 손님의 신용신청서(손님의 데이터카드)를 알파벳 순서로 정리한다. 큰 카지노는 대개 복합적 시스템… 출입이 잦은 파일, 드문 고객의 파일, 비중이 덜 가는 파일로 나누는 - 을 사용한다. 컴퓨터 기술의 시대가 도래하여서 이러한 서류정리기구는 즉시 고객의 신용정보를 알 수 있는 온라인 컴퓨터에게 자리를 내주었다.

(7) Marker and RCCFiles

알파벳순으로 정리하는 파일 시스템은 카지노로 돌아오고 수집되기를 기다리는 수표와 손님 마커 서류를 포함한 봉투를 갖고 있다.

(8) 금고(Safe Deposit Boxes)

카지노에 현금이나 귀중품의 보관을 원하는 사람들에게 고객서비스로 제공된다. 손님의 금고사용의 획득은 Cage에 의하여 운영되는 자료기록에 등록이 되어야 한다. 금고를 여는 것은 은행에서 필요로 하는 것과 같은 방법으로 데이터카드를 작성하고 고객의 사인을 받음으로써 이루어진다. 금고 안의 내용물을 비우기 위해서는 두 개의 열쇠가 필요하다. 하나의 열쇠는 손님에게 제공되고 모두가 필요하다. 고객은 대개 손님이 키를 분실하게 되면 Cage 혼자 그것을 열 수 없으므로 드릴로 뚫어서 열어야 한다.

(9) 마루용 금고(Floor safe)

더 이상 일반적이지는 않지만 몇몇 작은 카지노들은 저장되거나 발행되지 않은 카지노 칩스, 현금의 초과분, 연재되어지고 보고되어야 하는 Cage 양식의 저장, 극도의 안전을 요하는 몇 품목들의 저장을 위해서 Floor safe를 이용한다.

(10) 열쇠 보관소(Key board or key Panel)

Cage는 많은 종류의 "Sensitive" 열쇠들의 소유·발행, 관리의 책임을 맡는다. 보통 이것들을 음료저장창고, 드롭박스 캐비닛, 드롭박스들, 슬롯머신, 게임테이블의 칩랙 커버, 현금록 회계감사 테입 등을 여는데 사용하는 열쇠들이다. '센시티브'로 분리된 그런 열쇠들은 케이지나 보안에 있는 키밀지에 의해 관리된다.

(11) 호출 시스템(Paging System)

많은 작은 카지노는 캐셔들로 하여금 공개호출 시스템의 사용에 익숙하기를 원한다. 케이지 안에 부착이 된 그 시스템은 보안관들을 부르는데, 슬롯기계의 돈의 지불에 대한 방송, 카지노 다른 지역에 보고서를 제출하도록, 그에 더하여 쇼룸의 좌석에 대한 안내에조차도 이용된다. 큰 운영체에서는 PBX(Private Branch Exchange) 부서가 이러한 역할을 맡는다.

(12) 전화교환대(Phone switchboard)

호출시스템과 함께 몇 Cage들은 캐셔가 스위치보드의 운영, 특히 카지노에 걸려오는 전화에 책임을 맡기를 원한다. 그러나 이러한 일은 PBX 부서가 맡는 것이 합당하다.

5) 다른 Cage구역

특정한 지역, 방, 사무실들은 Cage구조의 한 부분으로 인정된다. 이러한 시설들이 얼마나 광범위한가 또는 복잡한가는 카지노의 크기, 결합구조, 얼마나 많은 돈을 카지노가 쓸 수 있고, 공헌할 수 있는 공간에 따라 달려 있다. 다음에 전형적 예들이 있다.

(1) The Coin room(Hard count)

이 방의 존재는 모든 카지노에게 필수이다. 대부분 Cage와 근접한 곳이거나 안에 위치하면서, 대개 Coin room은 Cage 매니저나 Coin room 매니저에 의해 감독된다. 이방은 코인의 무게를 다는 기계, 코인의 계산, 분리기, 코인 포장지 등을 사용한다. 이것은 많은 양의 은달러, 카지노 토큰, 모든 종류의 "캔드" 코인을 분류한다. 이것은 책임은 코인드랍(계산, 분리, 보고, 포장, 슬롯부서로부터의 영수증의 재산목록 작성)의 수거, 슬롯부서로 코인의 발행, 박스의 교환과 회전, 케이지로의 코인 발행, 케이지의 코인 계산, 분리기로부터 계량된 코인 제거와 확인을 포함한다.

(2) The Count Room(Soft Count)

카지노 테이블 드롭의 관리를 하는 곳이다. 계산팀은 게임테이블의 드롭박스를 여는데, 분리하는데, 계산하는데 Mater Game Report에게 결과를 보고하는 회계감사역할을 수행한다.

작은 카지노에서는 계산팀에서 계산되어진 모든 돈은 특정의 캐셔에 의해서 확인되어지고 그 후에 특정 캐셔가 케이지 재원에 그 돈을 집어넣는다. 큰 카지노에서는 vault(큰 금고)의 매니저나 메인 뱅크 캐셔가 그들이 만든 돈을 관리한다.

(3) 대형 금고(The Main Vault)

볼트 매니저와 고용된 볼트 캐셔의 감독하에 주요 은행업무가 이루어진다. 모든 운영자금을 케이지와 다른 카지노부서에 공급하고 다른 수입원뿐만 아니라 케이지로부터 자금을 공급받는다. 요약해서 Main Vault는 카지노자원의 수로 역할을 한다.

(4) 게임 드롭박스 보관장소(Storage Area for Game Drop Boxes)

최대의 보안이 필요하고 그 조의 마지막에 게임테이블로부터 옮겨진 드롭박스를 저장하게끔 특별하게 디자인된 방이나 구역이다. 엄격한 운영과 내부관리 절차가 이 지역에 안전관리 접근을 위해 필요하다.

(5) 부속 사무실(Miscellaneous(각종) Offices)

케이지 구조는 케이지 매니저, 크레디트 매니저, 컬렉션 매니저, 볼트 매니저를 위한 사무실을 포함한 구조여야 한다.

제3절 케이지의 조직

무수한 교재들은 조직원칙과 기술이 교재내용을 꽉차게 채울 수 있다는 것에 주제를 맞추어 제작되어 왔다. 많은 정보들이 조직 안에서 경영기능, 조직이론, 조직도 - 계열기능, 직원기능, 조직구조, 전략, 목표 등과 같은 주제들을 다루는

데 유용하다.

웹스터 사전은 조직을 "서비스와 같은 것의 가지들의 안에 있는 방식들의 정돈된 것 : 개인들의 어떠한 일을 위하여 구조적으로 결합된 것"으로 정의한다. 우리의 목표에 의한 기본적이고 간단한 조직의 정의는 "공통된 목표의 달성을 위하여 한 그룹의 사람들이 함께 일하는 것이다."

"공통된 목표"를 달성하기 위해서는 다음과 같다.

① 각 카지노는 그들 고유의 특별한 운영구성원들에게 최선을 다할 수 있는 조직구조를 발전시켜야 한다.

    a. 자신이 아니거나 될 수 없는 것은 삼가라.

    b. 자신의 계획에 유동성을 가져서 상황에 대처할 수 있도록 하라.

② 수행되어야 하는 일들의 분석 : 문서화된 일의 설명서와 명세서 : 모든 분야에서의 책임의 교환 접근, 운영 현실에 기본이 된 조직 구조의 개발을 포함한 조직계획을 세워야 한다.

③ 다음의 기본원칙을 고수하라.

    a. 당신의 조직에서 각 위치에 대한 책임을 명확히 하라. 이러한 책임에 대하여 충분하게 전달하라.

    b. 개인들에게 일을 수행할 수 있는 권한을 준다. 그 시점에서

    c. 개인은 그들의 성과에 책임을 지게 된다.

1. 조직구조 설계에 있어서의 게임규정의 영향

네바다 게임위원회의 주게임 규제위원회의 규정 6200, 소부 4에서 면허받을 사람을 위한 최소한의 절차를 확정하였다.

"내부통제의 좋은 시스템의 특징들은 무제한의 면허받을 사람에 의해서 채택된 것이고, 다음 사항을 포함한다.

① 직무책임의 적절한 분산을 제공할 조직의 계획

② 재산, 채무, 총수입, 총지출에 대하여 합당한 회계통제를 하기에 적당한 권한부여와 기록절차 시스템

③ 각 조직부서의 업무와 직무의 수행에 필요한 철저한 연습

④ 책임있는 양질의 요원

카지노의 내부적 통제시스템의 합당성을 발전시키기 위한 노력에 있어 게임통제위원회의 회계감사부에서는 내부통제 앙케이트 조사표를 이용한다. 조직과 체제에 타당하게 하기 위하여 앙케이트 조사를 다음과 같은 항목을 명확히 하는 것이 요구된다.

① 면허자는 내부통제의 수행시스템에 있어서 조직 차트표를 포함하고 있는가?

② 그 조직 차트표는 게임과 그것에 관계된 부서를 모두 포함하고 있는가?

③ 그 시스템을 조직차트에서 각 지위의 업무설명을 포함하는가?

④ 각 업무수칙의 설명은 아래와 같은 사항이 지적되고 있는가?

   a. 직위

   b. 임무와 책임

   c. 권한과 관리능력

   d. 금고, 케이지 캐셔, 슬롯 드롭박스, 크레디트 레코드 등이 있는 제한된 구역에의 출입.

   e. Comp, 크레디트(Credit), 키(Key) 등에의 서명능력

⑤ 위의 4에서 설명이 된 것과 같이 일에 대한 설명서들이 적당하게 제공될 수 있도록 문서화되었는가?

   a. 임무의 분산

   b. 조직에서 한 부서 이상에의 접근 제한

⑥ 만일 중요한 경영임원진이 그 조직에서 한 부서 이상의 출입이 가능하다면 통제가 공모하는 일을 제한할 수 있는가?

⑦ 보안부서는 다른 무엇보다도 카지노부서의 산하에 있는가?

⑧ 케이지와 크레디트 기관은 다른 무엇보다도 카지노부서나 카지노경영진에 있는가?

⑨ 그러므로 네바다 카지노가 철저한 조직원칙을 고수할 뿐만 아니라 그것의 운영구조를 결정하도록 위에 열거된 게임규칙을 따라야 하는 것이 의무이다.

2. 네바다 공인회계사 이사회협회

네바다 공인회계사 이사회협회(Study of Nevada Society of Certified Public Accountants)에서는 카지노 내부통제 문제에 원만히 되어 있으며, 다음 추천인을 결정내린 게임산업운영위에 의하여 연구를 마쳤다.

"부서들과 임무의 분산을 위하여 위원회는 회계부와 캐셔조직을 카지노 재산의 부정한 횡령이나 바꿔치기를 막는데 노력해야 한다고 권고한다. 일반적인 규칙에 의하면 카지노의 재산의 회계에 대한 책임은 회계부서에 일임되어야 한다. 더욱이 한 그룹에 의하여 통제되는 재산은 다른 그룹에 의하여 통제되는 재산과 확실히 구분하여 확실한 기록이 각 그룹의 책무를 모여줄 수 있도록 유지되어야 한다."

위원회는 credit과 collection 그룹과 함께인 shift 책임자에게 보고하는 네 개의 그룹으로 이루어지고, 교대로 chief cashier에게 보고하는 케이지 캐셔의 "모텔 조직"의 제시에 의하여 계속된다.

그 도해는 다음과 같다.

① Shift 책임자
   a. 크레디트와 컬렉션
   b. Cage cashier가 보고 → chief cashier
② Shift 책임자에게 보고사항
   a. 캐셔들 현황
   b. IOU 관리 현황
   c. cash bank의 유지 현황

d. 마스터 칩 뱅크 현황

각 부서의 임무와 책임은 다음과 같다.

① 캐셔 부서장과 시프트 책임자는 케이지에 있는 재산의 종합적인 통제에 대한 책임이 있다. 이러한 사람만이 약식차용증서와 마스터 칩 구역의 대표를 할 수 있도록 권한이 지명된 사람이 없는 사이에 부여된다.

② 크레디트와 컬렉션부서는 새로운 크레디트 승인에 관계되고 체납된 IOU의 수집에 관계된 모든 문제들에 관하여 중요한 책임이 있다.

③ 캐셔들은 정액신급 자금을 운영하고, 플레이어들과 케이지에 연결되는 다른 부서들과의 연계의 조정과 기록에 관한 책임이 있다. 이러한 상호작용은 ─ 제한이 되지는 않지만 ─ IOU에 대한 지급을 받는 것, 고객으로부터 칩스의 보충, 개인수표와 여행자수표의 교환, 예금의 접수와 반환을 포함한다.

캐셔들은 플레이어들에게 칩스를 교환해 주어서는 안된다. 모든 칩스는 게임테이블에서 교환되어야 한다. IOU에 연관된 상호작용들과 예금상태로 남아 있는 영수증과 원서는 캐셔에 의해 기록이 되고, IOU의 보관자에 의해 승인을 받아야 한다.

④ IOU관리자는 케이지에 운반된 지급되지 않은 IOU를 접수하고 관리한다. IOU관리자는 캐셔에 의하여 접수된 지급금에 관하여 통보를 받게 된다. 그러나 이러한 지급에 관하여는 접근할 수 없다. 임시 예외적으로 ─ 그리고 까다로운 관리하에서 ─ IOU의 관리자는 사용되지 않은 IOU, 칩스, 현금에의 접근이 불가능하다. IOU관리자는 연(延)수표와, 반환된 수표에 대하여 IOU와 똑같이 접수하고 관리할 수 있다.

⑤ Cash Bank Cashier : Management personnel과 management에 의한 위임된 senior cashier는 현금은행의 비축금의 유지에 관한 책임이 있다. 이러한 은행은 캐셔의 개인 정액 선급자금의 보충과 master chip에게 운반하기 위하여 캐셔로부터 돌아온 칩스를 사들인다.

칩스가 cash뱅크에 임시적으로 보관이 된 동안에는 pit에게 지급될수가 없다. Pit에는 모든 fill들은 master chip bank에 의해 처리되어야 한다.

⑥ Chips Bank Cashier : master chip bank는 pit에게 fill을 발행하고 초과분이 있을 때 칩스를 돌려 받는다. master chip bank를 경유해서 캐셔로부터 전달된 칩스를 받거나 책임을 갖는다.

철저한 조직 원칙, 게임규칙의 요구, 카지노 케이지의 운용적 요구에 기초를 두고 경영자는 운영을 위하여 실용적이고 합리적인 조직구조를 디자인(계획) 해야 한다.

3. Cage의 조직구조

[그림 8-5]는 도식으로 어떻게 작은 카지노가 처음에 구성이 되었는가를 보여준다.

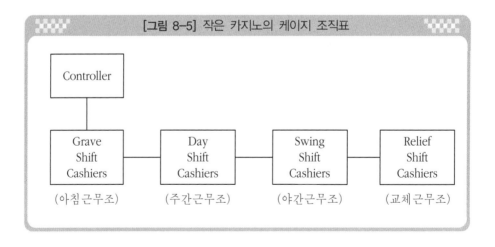

[그림 8-5] 작은 카지노의 케이지 조직표

[그림 8-5] 조직은 단순한 구조로 controller는 케이지 운영에 있어서 아주 기초적인 책임을 맡고 있는 것처럼 보인다. 두 명의 케이지 캐셔들은 아마 shift의 각각의 임무에 책임이 있다. 이 캐셔들은 교대로 근무시간 동안에 요구된 임무의

수행에 책임이 있다.

- 케이지 뱅크롤에 대한 책임 : 모든 pit요구에의 응수, 즉 fills, credits, 손님 마커의 처리
- 손님 창구 거래 처리 : 필요한 케이지 문서의 완성 : 모든 다른 카지노 부서 와 연계업무 등 요약해서 작은 케이지에 고용이 된 캐셔들은 이 업무 모두 를 해야 한다.

카지노의 확장정도에 따라 케이지의 업무는 더욱 복잡해져서 [그림 8-6]에 표 시하는 것처럼 특별함의 정도가 더 깊어질 것이다.

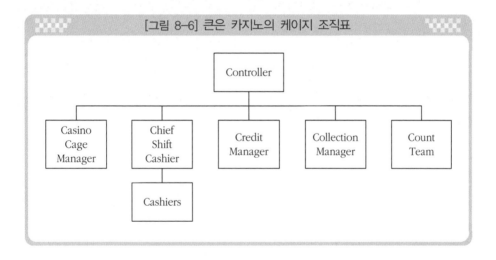

[그림 8-6] 큰은 카지노의 케이지 조직표

기본적인 임무와 책임, 이러한 구조에 알맞은 것들을 보면

① 카지노 케이지 매니저 : controller에게 직접적으로 보고, 모든 케이지 절차 의 직접적 감독에 의한 책임
② chief 캐셔 : 카지노 케이지 매니저에게 보고, 특정 shift동안에 모든 케이지 운영에의 책임
③ chief shift캐셔에게 직접적으로 책임하에 있는 캐셔들, 특별화의 요구된 정 도에 달려 있다. 캐셔들은 다음과 같은 세분화된 업무의 책임을 부여받게 된다.

윈도우 캐셔(고객이나 직원들과 직접적으로 업무를 하는 캐셔) : 카지노 pit
에 연계된 fill과 credit의 준비 : 손님마커의 처리의 완성과 정리 : 게임수입
문서의 작성 시작

완전한 일의 설명은 이과의 끝에 제공되어 있다.

④ credit manager : controller에게 직접 보고, 손님 credit기능에 책임

⑤ collection manager : controller에 보고 손님 게임 채무 수집의 감시와 영향
에 대한 책임, 많은 조직 차트는 이러한 감시구역에서의 임무의 큰 구분을
준다는 것을 인지해야 한다.

⑥ count team, 3명이나 더 많은 구성원들로 구성된다. controller에게 직접적으
로 보고, casino pit과 바카라와 포커부서로부터의 수입을 접수, 카운트, 문
서화, 보고하는 책임이 있다.

카지노가 계속해서 성장하고 확대됨에 따라 부가적 케이지 책임과 직무가 출
현하게 된다. 예를 들어, 케이지 금고, 또는 메인 bank는 vault 캐셔의 임무를 교
대로 정하는 vault 매니저에 의하여 감독된다.

제4절 신용관리

신용관리(Credit)부는 카지노 전체와 경리부의 필수적인 부분이며, 목적은 매
일매일의 모든 신용통제기능과 연관된 높은 등급의 정확도를 확인한다.

신용관리부의 기능은 환전시설, 고객등급, 총계정원장 마감을 포함하며, 공정
한 신용보고서 활동과 승낙에 책임이 있다.

신용관리책임자는 언제나 감사, 사무실 책임, 자료입력, 문서화에 대하여 정확
성을 기해야 한다.

신용관리부서는 월별 수표 재검토 레포트, 환전시설 진행에 책임이 있으며, 그들은 아래와 같은 영역을 포함하는 모든 환전시설에 취할 수 있는 조치를 확인해야 한다.

① 첫번째 확인

② 전산입력

③ 환전시설 설치와 유지보수

④ 부도수표

⑤ 신용관리 참조

⑥ 은행 참조

신용관리는 케이지나 게임에 의해 시스템으로 들어오는 고객등급의 감사에 책임이 있으며, 신용관리 종사원들은 확실하게 문서화되고 입력된 정확한 고객과 금액, 시간당 게임수, 게임종류 등과 같은 모든 세부사항을 확인한다.

1. 신용대출의 목적

신용대출의 목적은 고객의 게임욕구를 충족시키고, 고객의 게임을 유도, 카지노의 영업활성화, 카지노수익을 높여주고, 고객의 신용도 내에서 접대 및 관리, 고객과 카지노 간에 믿음 등을 목적으로 한다.

특히 신용대출을 신청하려면 신청서에 꼭 필요한 사항이 있다.

① 신청인 은행계좌 : 개설시기, 현재잔고, 평균잔고, 부도수표 발행여부 등

② 신청인 이름, 여권번호, 회사명 및 직책, 현주소, 연락처, 자산규모, 게임금액, 게임시간, 베팅금액, 신용도, 거래은행계좌 확보 등

2. 환전시설(환전소)

카지노는 게임목적으로 고객에게 개인수표를 현금으로 바꿔 줄 수 있는 사항은 아래와 같다.

① 고객은 확인할 수 있는 증명서를 제공해야만 한다.

② 고객의 수표책은 암호화되어야만 한다.

③ 지급보증이 있어야만 한다.

수표지급 보증회사는 독립된 회사이고 카지노가 그들의 독립된 요청을 따라 제공된 모든 수표들의 지급을 보증한다.

신용관리는 반드시 필요한 환전시설과 현금, 수표를 확인하기 위한 필요한 판단기준에 정통해야 하며, 케샤들은 케이지의 규칙에 의해 모든 정확한 절차를 걸치고 있는지 확인해야 하고, 또 그들은 어떤 의문이나 수표에 관한 문제점을 처리해야 한다.

(1) 고객이 현금 인출기를 확인하고 필요시 영수증을 확인하여 더 이상 현금 인출기를 붙들고 있지 않다는 사실을 환전담당직원이 확인했는지 여부를 다음과 같이 분명히 해야 한다.

가) 고객은 최소한의 정보가 있는 신원증명서를 확인하기 위해 다음과 같은 사항이 필요하다.

1. 여권

2. 사진 있는 신분증(예, 운전면허증)

나) 고객으로부터 받을 수 있는 신원확인을 할 수 있는 형태는 다음과 같다.

1. 현 여권

2. 사진 있는 신분증(예, 운전면허증)

3. 고객 서명(사인)(예, 신용카드)

(2) 고객의 수표를 현금화하기 위해 받을 수 있는 위의 신원확인서의 정보를

케이지 관리자에게 제시해야만 한다.

(3) 환전소의 진행과정

가) 일반적으로 고객이 수표를 현금으로 바꾸려 요구하면 환전양식에 작성하고 서명한다.

나) 고객이 계속적으로 환전 요구를 하지 않으면 케이지는 자세한 개인, 은행계좌나 신원증명을 기록한다.

다) 계속적인 환전처리를 믿게 원하는 고객을 위해 신용관리부는 필요한 신용관련자료나 은행거래 자료를 요구한다.

라) 고객은 환전을 위해 고객자료를 검토할 때까지 다른 수표는 현금화할 수 없다.

마) 수표를 현금으로 즉시 요구할 때 승인은 다음과 같다.

   1. 케이지 관리자나 영업쉬프트 책임자의 서명승인 없이도 US$501~US$1000까지의 첫번째 수표에 대해서만 승인하다.

   2. 신용관리는 각부서의 관리자에 의해 승인된 모든 수표, 현금처리를 조사한다.

   3. 가끔 오는 고객은 완성된 수표, 현금처리 양식을 제출하고, 그것을 검토 후 승인능한 후에 활용할 수 있다.

3. 시설유지평가보고서

신용관리부 종사원은 시설유지평가보고서를 다음과 같이 진행한다.

① 고객게임전표에 기록된 것을 확인, 편집하고 케이지에 전달해 준다.

② Pit로부터 게임전표의 영수증은 케이지 케샤의 총회수율을 검사하고 서명 후 원본을 Pit 관리자에게 돌려준다.

③ 케샤는 고객등급을 처리하고 Pit에는 원본을 남기고 케이지에는 사본을 보

관한다.

④ 평가된 고객의 수를 기록한다.

⑤ 방문자료는 컴퓨터 시스템을 통하여 보여지고 그 상황을 방문횟수, 일자 등을 포함한다.

(1) 케이지가 Data를 사용하기 위한 과정

① 보고서를 쓰기 위한 목적으로 날짜를 기록한다.

② 처리를 위해서 게임부분을 찾는다.

③ 세미나, 연회 참석일 때 개개인 방문평가들 중에서 게임자의 숫자를 확인한다.

④ 게임자의 평가 카드로 확인 및 평균 bet로 확인한다.

⑤ 게임한 시간이 몇 시간, 몇 분인지 게임시간으로 확인한다.

⑥ 고객의 게임에서이기거나 진 기록들을 실제 카지노게임금액으로 확인한다.

⑦ 시간당 4게임은 무시한다.

(2) 다른 분야는 아래와 같이 점검되어야 한다(컴퓨터 시스템)

가) Date 입력화면에서의 주의

① 시간

② 무료 고객을 위한 고객전표에 기록된 실제 시간

③ 무료 고객을 위해 실제 게임시간에 관계없이 언제나 1시간으로 한다.

나) Hands / Hour의 무시

① 무료 초대권을 가진 고객들을 테이블 타입에 적용되는 판들의 미리 결정된 숫자를 이행하지 않는다.

② 수수료를 내는 고객들은 이행하지 않는 숫자들을 1번에 의하여 반드시 무시한다.

③ 거래액 숫자들은 리스트에 올리고 할인해준 고객들의 게임시간은 반드시 1시간이고 Hands/Hour는 반드시 1 이어야 한다.

4. 신용관리 운영

1) PIT 운영

(1) 테이블 Fill Slip

① 실행 : 정확한 서명과 딜러의 이름(미국 : 딜러 자격증 번호) 확인·검사한다.
② 비교확인 : CBFR(Chip Bank Financial Report)과 Manager을 비교하여 총 테이블 Fills을 확인한다.
③ 배분 :
  ◆ 1 Copy : Drop Box에 넣고 테이블번호와 문서번호 순서대로 철한다.
  ◆ 2 Copy : 총지배인에게 전달한다.
  ◆ 3 Copy : Chip Bank / Main Cage가 보유한다.

(2) 테이블 신용관리 Slip

① 실행 : 정확한 서명과 딜러의 이름(미국 : 딜러 자격증 번호) 확인·검사한다.
② 비교확인 : CBFR(Chip Bank Financial Report)과 Manager을 비교하여 총 테이블 Fills을 확인한다.
③ 배분 :
  ◆ 1 Copy : Drop Box에 넣고 테이블번호와 문서번호 순서대로 철한다.
  ◆ 2 Copy : 총지배인에게 전달한다.
  ◆ 3 Copy : Chip Bank / Main Cage가 보유한다.

(3) 테이블 Inventory Slip : 마감자

① 실행 : 테이블 Fill Slip / Credit Slip과 동일
② 비교확인 : 테이블 Fill Slip / Credit Slip과 동일
③ 배분 :
  ◆ 1 Copy : Drop Box에 넣고 임시정산동안 테이블번호와 문서번호 순서대

로 철하여 보관한다. 일자별로 철한다.

- 2 Copy : Inventory Tray에 보관하였다가 다음 조가 테이블을 다시 Open 하면 Drop Box에 넣고 임시정산 후에 총지배인에게 전달한다.
- 3 Copy : Chip Bank / Main Cage가 보유한다.

(4) 테이블 Inventory Slip : 개시자

① 실행 : 테이블 Fill Slip / Credit Slip과 동일

② 비교확인 : 테이블 Fill Slip / Credit Slip과 동일

③ 배분 :

- 1 Copy : Drop Box에 넣는다. 임시정산동안 테이블번호와 문서번호에 순서대로 철한다. 일자별로 작업한다.
- 2 Copy : 업무마감 때까지 Pit Bo 또는 Shift Manager가 보관하였다가 총 지배인에게 전달한다.
- 3 Copy : Chip Bank / Main Cage가 보유한다.

2) Chip Bank

(1) Inventory Tray / Drop Box 불출

① 실행 : 정확한 서명과 딜러의 이름(미국 : 딜러 자격증 번호) 확인·검사한다.

② 비교확인 : 지배인에게 Drop Box 요청서를 확인한다.

③ 배분 :

- 1 Copy : 보안요원이 집계한다. Tray와 Drop Box가 불출된 후에 마지막 Drop Box에 넣는다. 일자별로 작업한다.
- 2 Copy : 총지배인에게 전달한다.
- 3 Copy : Chip Bank / Main Cage가 보유한다.

(2) Inventory Tray 반납

① 실행 : 정확한 서명과 딜러의 이름(미국 : 딜러 자격증 번호) 확인·검사한다.

② 비교확인 : 지배인에게 Drop Box 요청서를 확인한다.

③ 배분 :

- 1 Copy : 보안요원이 집계한다. Inventory Tray와 Drop Box가 수집된 후에 Drop Box에 넣는다. 일자별로 작업한다.
- 2 Copy : 총지배인에게 전달한다.
- 3 Copy : Chip Bank / Main Cage가 보유한다.

(3) Chip Bank Control Sheet

① 실행 :

- 각 칩들을 다시 센다.
- 칩들의 개수, 테이블 Fills과 신용관리, 케이지 간에 이동되었거나 환전되지 않은 숫자를 CBFR과 비교하여 확인한다.
- 서명과 딜러 이름을 확인한다.

② 배분 :

- 1 Copy : 일자별로 철한다.
- 2 Copy : 총지배인에게 전달한다.
- 3 Copy : Chip Bank / Main Cage가 보유한다.

(4) Chip Bank Financial Report

① 실행 : 모든 마감 자료는 Chip Bank Control Sheet와 비교하여 확인한다.

② 배분 :

- 1 Copy : 일자별로 철한다.
- 2 Copy : 총지배인에게 전달한다.
- 3 Copy : Chip Bank / Main Cage가 합계치를 보유한다.

(5) 외부 Chip의 이동

① 실행 :

- 모든 서명과 딜러 이름을 확인한다.
- Chip Bank Control Sheet와 CBFR을 확인한다.

② 배분 :

- 1 Copy : Chip Bank Control Sheet와 맞춘다. 일자별로 철한다.
- 2 Copy : 총지배인에게 전달한다.
- 3 Copy : Chip Bank/Main Cage에 보관한다. 일자별 번호순으로 철한다.

5. JOb Descriptions

1) President

카지노사업운영의 전반적인 임무에 책임이 있다. 카지노경영정책을 확립하고, 책임들을 분담시키며, 부사장과 부서장들에게 권한을 위임하여 전반적으로 운영의 효과와 이익을 안전하게 한다. 장기적인 계획을 보조하고, 부서의 예산과 기획을 확인한다. 자본금 지출을 인가한다. 게임보고서와 경제상태를 보고받고, 부사장이나 부서장들과 검토하고 의논하여 타당한 결단 및 행동을 취한다. 음식과 음료의 무료제공에 관한 서명권한을 갖고 있고, credit를 승인한다. 보안근무자와 동행했을 때에만 모든 보안구역에 출입을 할 수 있고, 그렇지 않으면 접근한 구역에서의 재산과 관리와 보관의 개인적 책임을 진다.

2) Vice president

사장에게 직접 보고하거나 보조한다. 사장이 없을 때에 같은 임무와 권한을 대행할 책임이 있다.

3) Genral Manager

slot, cage, credit, bar와 showroom 운영을 감독한다. 부사장이나 사장에게 보고한다. 시설물의 모든 제한구역에의 출입이 가능하다. 그의 관리 아래에 있는 종사원들의 채용과 해고의 권한이 있다. 무료 특권을 줄 수 있는 사인권한이 있다. 그의 직접 관리 아래에 있는 운영체들의 재검토와 필요한 조치의 경영 충고의 책임이 있다.

4) Casino Shift Manager

부사장과 사장에게 보고, 그 shift에서의 pit게임 운영에 있어서 직접적인 감독과 지도의 책임이 있다. 각 shift의 manager가 없을 때 slots, keno, 포커부서의 부서장으로서의 기능, 사용된 카드와 주사위의 보호, 게임룰에 따라 게임과 절차의 지도, 정책과 Gaming control Board의 규정의 경영을 포함한 자산의 안전보장의 책임이 있다. 그의 지휘아래 있는 사원을 해고하거나 선출할 수 있는 권한이 있다. pit에서 인사관리를 포함해서 Floorman과 딜러의 근무시간표를 짜는 것을 pit boss와 같이 일한다. 매일(Daily) 및 매달(Monthly)마다 게임운영과 회계정보를 부사장과 pit boss들과 검토하고, 필요한 경영조치를 지시한다. 무료음식과 음료의 사인권한이 있으며 credit의 승인과 발행, 수표 캐쉬특권을 특정한 양 이하를 승인할 수 있는 사인권한이 있다. pit지역과 케이지의 제한구역에의 접근이 가능하다.

5) Pit Boss

Casino Shift 매니저에게 보고, 그의 shift에서 게임의 지시와 감독에 관한 책임이 있나. 게임룰, 경영정책, Gaming control Board의 규정에 따라 게임과 절차의 지시에 책임이 있다. 사용하지 않은 카드의 보호를 포함하여 자산의 안전에 책임이 있다. floormen의 채용과 해고를 추천하고 인사행정부에 관하여 floormen과 연계하여 일한다. 그 shift의 floormen과 딜러의 근무시간표를 짠다. fill/credit 슬립에 관하여 싸인 권한이 있다. Casino shift manager와 매일 및 매달마다 운영데 이터를 검토하고, 필요한 조치를 추천한다. 제한구역의 접근은 pit지역에 한한 다. slot jackpot의 지급의 참관을 할 수 있고 정해진 양 이하로 hopper를 채울 수 있다.

6) Floor Superctsors

Pit boss에게 보고, 자신의 shift에서 게임테이블에의 지시와 직접적 관리의 책 임이 있다. 게임룰, 경영정책, Gaming control Board규정에 따라 절차의 지기의 책임이 있다. 딜러의 채용과 해고를 추천하고, 인사행정부에 관해서 pit boss와 함께 일한다. 그 shift의 딜러 근무시간표에 관해서 pit boss을 돕는다. 특권과 크 레디트 승인권한이 없다. 제한구역의 접근은 pit 지역에 한한다. marker, fill의 credit slip card의 확인을 위해서이다.

7) Twenty-One Dealers

"21"테이블의 뒤에 서며, 칩스와 실버를 플레이어에게 팔고, 카드를 일하고, 판 돈을 가져오거나 지급하며, 적당한 게임룰에 충실하면서 게임의 운영에 힘쓴다. 돈이나 칩스가 테이블에서 가져가거나 테이블로 가져올 때 fill과 credit slip에 확 인하고 사인한다. 마커처리의 확인을 위해서 마커와 테이블카드에 사인하거나 머리글자로 서명한다. shift의 처음에 테이블을 배정받으나 pit boss의 지도 아래 아무 때라도 다른 테이블로 이동할 수 있다. 사용하지 않은 card에 접근의 불가 능하며, deck의 변화에 관하여 관리가 불가능하다. 위에서 설명한 것 이외의 어 떠한 감독권한이나 책임, 사인권한이 없다. pit boss에게 직접보고, 제한구역의 접근이 불가능하다.

8) Box Supervisors

그 shift의 floorman이나 pit boss에게 직접보고, craps게임의 조치에 관한 책임이 있다. 테이블에서 돈이나 칩스가 들어오고 나올 때 fill/credit slips의 확인과 사인을 한다. 마커활동의 확인을 위하여 마커에 사인하거나 머리글자를 서명한다. shift의 처음에 테이블을 배정받으나, floorman과 pit boss의 지시아래 shift 동안 어떠한 테이블로도 이동이 가능하다. 위에서 제시한 것 이외의 어떠한 감독권한이나 책임, 사인권한이 없다. 제한구역에의 접근이 불가능하다.

9) Slot Manager

총지배인에게 보고, slot부서의 운영에 책임이 있고, 부서 안에서의 인사관리 책임이 있다. 모든 슬롯머신의 수리와 유지의 책임, 기계의 제거와 교환에 관한 모든 문서의 유지, 모든 기계 세팅과 지급계획의 기록에 책임이 있다. Jackpot Payout Tickets의 제한과 발행의 책임이 있다. 끊임없이 슬롯머신의 움직임을 관찰하고, 불법적 장치나 동전이 사용되는지 검사한다. 슬롯머신이나 미터기들이 수리나 교환을 필요로 하는지에 관하여 슬롯의 통계적 데이터를 계속 검토해야 한다. 해고와 채용, 슬롯부서의 인사 스케줄에 관하여 casino Manager와 일한다. slot제한구역에의 출입이 가능하다. 특권이나 크레디트 사인 권한이 없다. 사인에 의하여 jackpots이나 fill의 권한이 있다.

10) Change Persons

slot manager에게 보고, 카지노 손님의 편의를 위하여 지폐와 큰 단위의 코인을 작은 단위로 교체한다. jackpot우승의 지급을 보조하며, hopper fill를 참관한다. jackpot과 fill문서에 사인하고, change girl check-in log, banks의 교환이 필요할 때에만, 필요한 키에 대한 사인의 권한이 있다. 어떠한 감독책임이나 특권 권한이 없다.

11) Slot Mechanics

slot manager에게 보고한다. 슬롯머신의 감독과 수리, 유지의 책임이 있다. hopper fill와 jackpot지급의 참관을 할 수 있다. 불법적 장치나 동전을 사용하는지 player를 감시한다. slot 매니저를 도와 슬롯 기술자와 다른 인사행정을 하며 슬롯 기술자의 근무시간표를 짠다. 슬롯머신 mechanism/hopper에의 접근을 위하여 키의 log에 사인한다. 육체적 노동을 제공하여 slot drop에 참가한다. 특권이나 크레디트의 사인권한이 없다.

12) Cage Shift Head Cashier

총지배인에게 보고한다. 그들의 shift동안의 cage활동과 케이지 안의 모든 문서의 유지에의 지시와 감독을 한다. 적절한 기록, 마커, 예금, 되돌아온 수표, 채무상황, 수행된 지급, 현금 교환, stiff 문서, shift 균형보고서 등에 대하여 책임이 있다. 무료사인권한이 없으며, credit을 승인할 수 없다. 정해진양 이하의 수표 cash지급이 가능하다.

캐셔들의 다른 인사관리와 해고, 채용에 관하여 총지배인과 일한다. 제한구역의 접근은 캐셔 케이지와 soft count room에 한한다. 손님 크레디트 기록의 참가, 매일의 캐쉬 요약, soft and hard count 문서, cage inventory count문서의 fill과 credit에의 사인을 한다.

13) Cage Cashiers

Cage Shift Head Cashier에게 보고한다. 손님을 위한 chips의 교환의 책임이 있다 : 적당한 서류보고서에 의해 수반되는 credit의 교환수용과 fill의 준비 : stiff sheet에 자료를 부착 : 다큐멘테이션의 접수와 준비 : jackpot 상환 또는 적절한 bank ▽▽▽의 유지를 위한 slot change girls의 상환을 현금 지급한다. 요구된 key log의 사용에 의하여 발행과 영수를 조정하는 제한된 구역의 키의 유지, 음식과 음료로부터 제출된 돈의 수용과 보관한다. 무료사인 권한이 없으며 credit 승인을 할 수 없으며, 감독적 책임과 권한이 없다. 접근구역은 캐셔의 케이지와 soft count room으로 제한된다.

14) Credit Manager

총지배인에게 보고, collection efforts의 감독과 지시의 책임이 있다. 무료 사인 권한이 없으며, credit의 승인을 할 수 없다. 접근구역은 캐셔의 케이지에 제한된다. wrife off list의 사인과 마커봉투의 collection 기록과 손님의 크레디트 기록을 시작한다.

15) Controller

부사장에게 보고한다. 재정과 회계의 운영에 책임이 있다. 감독과 accounting 캐셔 케이지 count team등의 인사관리에 있어 부사장과 일한다. general leader에의 posting과 되돌려 받을 수 없는 수표와 마커의 승인과 검토를 한다. 받고 지급된 모든 돈의 관리를 감시한다. 적절한 내부관리의 확립과 유지, 감사와 행정적 관리에 의하여 자산의 안전관리 책임이 있다. 무료사인 권한이 없고, credit를 승인할 수 없다. 접근구역은 캐셔 케이지와 count room으로 제한되나, 보안관과 동행하면 다른 지역의 접근이 가능하고, 그렇지 않으면 접근한 구역의 관리와 감독의 개인적 책임을 진다.

16) Accounting Personnel

Controller에게 보고, 영수와 지급의 적절한 기록과 문서에 협조하는 다양한 사람들로 구성이 된다. 기간적 재정상황의 준비와 Nevada Gaming Control Board와 Commss에의 보고, payroll과 payroll 기록의 진행 매일의 slot, pit ken와 다른 경영 보고서를 준비한다. pit문서들의 검토와 감사를 통해 모든 fill/credit slips를 맞추고, 처리한다. fill/credit slips, keno games 서류를 요청한다. 모든 jackpot 지급문서를 검토하고, 내부관리의 확립된 시스템과 일치하여 양식들이 적절한 사용을 확실히 하기 위하여 다른 일상적 내부관리 업무를 수행한다. soft와 slot count에 참가할 수 있고, 그들이 그렇게 할 때 감사의 수행과 기능 검토에서 제외된다. 무료 사인권한이 없으며, credit승인을 할 수 없다. 접근구역은 count room에만 제한되며, key와 양식 관리장부에 사인하고, soft와 hard count에 참가할 때에는 count sheets에 사인한다.

17) Secutity Officers/Guards

Controller에게 직접보고, 자산의 안전관리에 관한 책임이 있다. 끊임없는 감시를 전카지노를 통해 수행하고, 규정에 없는, 불법적인 장치를 감시한다. 어떠한 수상적이고, 예사롭지 않은 활동에 대해서도 즉시 해당 부서의 관리자, controller, 총지배인에게 보고해야 한다. pit과 케이지 캐셔의 연계자의 역할을 한다. fill과 credit slip의 사인권한을 갖는다. slop drop cabint, count room을 열기 위하여 fill과 credit와 key를 요구할 수 있다. 접근구역의 개인적 관리와 책임을 수반할 때를 제외하고는 접근이 불가능하다. 쓰지 않은 drop box가 있는 count room에 위치한 storage cage를 열기 위해 필요하다.

부 록

1. 카지노업영업준칙

제정 1995. 7.13.	문화체육부고시	제1995-26호
개정 1998. 1. 5.	문화체육부고시	제1997-60호
개정 1999.10. 2.	문화관광부고시	제1999-26호
개정 2002. 7.15.	문화관광부고시	제2002- 9호
개정 2004. 7. 2.	문화관광부고시	제2004- 4호
개정 2008. 7.31.	문화체육관광부고시	제2008-23호
개정 2012. 3.29.	문화체육관광부고시	제2012-13호

제1장 총 칙

제1조(목적) 이 준칙은 관광진흥법 제25조·제28조·제30조, 관광진흥법시행령 제30조 및 관광진흥법시행규칙 제33조·제36조의 규정에 의하여 카지노사업자와 카지노 종사원 및 카지노 이용객이 카지노업의 영업 및 회계와 관련하여 지켜야 할 사항을 정함으로써 카지노업의 건전한 발전을 도모함을 목적으로 한다.

제2조(적용범위) 카지노업의 영업 및 회계에 관하여는 다른 법령에 특별한 규정이 있는 경우를 제외하고는 이 준칙이 정하는 바에 의한다.

제3조(정의) 이 준칙에서 사용하는 용어의 정의는 다음과 같다.

1. "콤프"라 함은 카지노사업자가 고객 유치를 위해 카지노 고객에게 무료로 숙식, 교통서비스, 골프비용, 물품(기프트카드 포함), 기타 서비스 등을 제공하는 것을 말한다.(2012.3.29 개정)
2. "크레딧"이라 함은 카지노사업자가 고객에게 게임참여를 조건으로 칩스로 신용대여하는 것을 말한다.
3. "칩스"라 함은 카지노에서 베팅에 사용되는 도구를 말한다.
4. "카운트룸"이라 함은 드롭박스의 내용물을 계산하는 계산실을 말한다.
5. "고객관리대장"이라 함은 카지노영업장에 출입한 사실이 있는 고객에 한정하여 고객의 이름, 여권번호, 국적, 유효기간 등의 기록을 유지하여 입장을 원활하게 하기 위한 장부를 말한다.
6. "뱅크롤"이라 함은 영업준비금을 말한다.
7. "베팅금액한도표"라 함은 1회 베팅가능 최저액과 최고액을 표시한 표를 말한다.

8. "드롭박스"라 함은 게임테이블에 부착된 현금함을 말한다.

9. "드롭"이라 함은 드롭박스 내에 있는 현금, 수표, 유가증권 등의 내용물을 말한다.

10. "전문모집인"이라 함은 카지노사업자와 일정한 계약을 맺고 카지노사업자의 판촉을 대행하여 게임의 결과에 따라 수익을 분배하는 등의 행위를 하는 자, 또는 법인 등을 말한다.(2012.3.29 개정)

11. "머신게임"이라 함은 슬롯머신(Slot Machine) 및 비디오게임(Video Game)을 말한다.

12. "프리칩스 쿠폰"이라 함은 카지노게임 참여를 통한 입장객 증대와 매출촉진을 목적으로 불특정 외래관광객을 대상으로 직·간접적으로 배포한 쿠폰을 말한다.

13. "프리칩스" 라 함은 프리칩스 쿠폰에 기재된 금액만큼 교환되어지는 칩스를 말한다.

14. "칩스교환대" 라 함은 테이블게임 기기와는 별도로 칩스교환을 하는 부스를 말한다.

15. "셔플기" 라 함은 카드를 섞을 때 사용하는 기계를 말한다.

16. "터미널"이라 함은 E-Table게임에서 베팅에 참여하기 위한 전자식 숫자표시장치로서 일반 테이블게임 레이아웃과 같은 모양으로 구성된 디스플레이를 말한다.

17. "하이브리드 전자 게임"이라 함은 테이블게임과 머신게임의 특성이 조합된 형태의 게임을 말한다.(2012.3.29 개정)

18. "기록, 유지"라 함은 전산 자료 또는 장부에 의해 수치 등을 작성, 보관하는 것을 말한다.(2012.3.29)

제2장 영업시설

제4조(전산시설 설치기준 등) 카지노전산시설 설치기준 및 운영요령은 문화체육관광부장관이 고시하는 카지노전산시설기준에 의한다.

제5조(출납창구의 설치기준) 출납창구는 다음 각호의 기준에 적합하게 설치하여야 한다.

1. 현금, 칩스, 기록문서가 통과할 수 있도록 개봉된 창구를 설치하여야 한다.

2. 출납장면을 녹화할 수 있도록 CCTV를 설치하여야 한다.

3. 출입문 내부에 잠금장치를 설치하여야 한다.

4. 카지노사업자는 고객의 편의증대를 위하여 칩스교환대를 설치 운영할 수 있다.

제6조(환전영업소의 설치기준 등) ①환전영업소의 설치기준은 제5조의 규정을 준용한다.
②카지노사업자는 필요한 경우 환전업무와 출납업무를 동일한 장소에서 수행하게 할 수 있다.

제7조(카운트룸 설치기준) 카운트룸은 다음 각호의 기준에 적합하게 설치하여야 한다.

1. 출입문은 1개이어야 한다.
2. 출입문에는 잠금장치를 설치하여야 한다.
3. 바닥까지 보이는 투명한 재질로 제작된 계산대를 갖추어야 한다.
4. 계산장면을 녹화할 수 있도록 CCTV를 설치하여야 한다.
5. 드롭박스를 안전하게 보관할 수 있는 공간을 확보하여야 한다.

제8조(CCTV의 녹화) ①카지노사업자는 다음 각호에 해당하는 장면을 녹화하여야 한다.

1. 카지노 영업장에 출입장면
2. 환전(재환전) 및 출납장면
3. 테이블에서 행해지는 게임장면
4. 카운트룸에서 행해지는 계산장면
5. 기타 카지노에서 일어나는 행위

②CCTV 녹화물은 촬영장소에 따라 관리번호(월·일·시간 표기)를 부여하여 다음 각호에서 정한 기간동안 보관하여야 한다.

1. 카운트룸의 계산장면 : 녹화한 날부터 20일 이상
2. 기타 장면 : 녹화한 날부터 6일 이상

③카지노사업자는 CCTV설비의 작동상태를 주기적으로 점검하여 별지 제1호서식의 CCTV점검기록부에 점검결과를 기록하여야 한다.

제9조(통제구역 설정 및 관리) ①카지노사업자는 다음 각 호의 구역을 통제구역으로 설정하고 출입문에 통제구역 표시를 붙여야 한다.

1. 카운트룸
2. 모니터룸

②통제구역에 허가받은 자 이외의 자가 출입한 경우에는 별지 제2호서식의 통제구역출입대장에 다음 각 호의 사항을 기록하여야 한다.

1. 출입자이름
2. 출입일시

3. 출입사유

③제2항의 허가받은 자라 함은 다음 각 호의 자를 말한다.

1. 카운트룸 : 계산요원

2. 모니터룸 : CCTV시설 담당부서 직원

제10조(시설관리) 카지노사업자는 이 준칙에서 정한 시설을 성실히 유지·관리하여야 한다.

제3장 게임기구

제11조(게임기구의 종류등) ①카지노 영업장에서 사용하는 게임기구의 종류는 별표 1과 같다.(2012.3.29 개정)

②카지노사업자는 게임진행의 원활화를 위하여 제1항에서 규정한 게임기구중 일부를 사용하지 않거나 보조게임기구를 사용할 수 있다.

제12조(게임기구의 관리) 카지노사업자는 별지 제3호서식의 게임기구현황표를 작성하고 게임기구를 성실히 관리하여야 한다.

제13조(칩스의 규격 및 관리등) ①칩스는 정액칩스와 비정액칩스로 구분한다.

②정액칩스의 액면가는 숫자 또는 색깔로 뚜렷이 구별될 수 있도록 하여야 한다.

③비정액칩스의 액면가는 카지노사업자와 게임참가자의 합의에 의하여 정한다.

④카지노사업자는 위조칩스의 발생 등 정당한 사유가 있을 때에는 즉시 예비칩스로 교체, 사용할 수 있다.

⑤카지노사업자는 칩스관리대장을 비치하고 기록을 유지하여야 하며 게임진행에 지장이 없도록 적정수량을 확보하여야 한다.

⑥칩스는 사업장내 안전한 장소에 보관하여야 하며 언제나 확인이 가능하도록 정리되어 있어야 한다.

제14조(테이블의 규격) 게임테이블은 드롭박스를 부착하여야 하며, 레이아웃과 테이블별 적용 베팅금액한도표를 설치해 두어야 한다.

제15조(룰렛휠의 규격) ①룰렛휠의 규격은 직경 700㎜ 이상이어야 한다.

②룰렛휠은 싱글제로 휠과 더블제로 휠의 2종을 사용할 수 있으며, 싱글제로 휠은 0과 1에서 36까지 총 37개의 볼 낙착구역이 균등하게 배열되어 있어야 하며, 더블

제로 휠은 0, 00과 1에서 36까지 총 38개의 볼 낙착 구역이 균등하게 배열되어 있어야 한다.

제16조(빅휠의 규격) ①빅휠의 직경은 1,500㎜ 이상이어야 한다.

②빅휠의 둘레는 균등한 간격으로 구분되어야 하고, 간격의 수는 50개 이상이 되어야 하며, 각 간격사이에 들어갈 그림 혹은 숫자가 선명히 나타나야 한다.

제17조(주사위 흔들개의 규격) 빠이까우 게임시 참가자의 순번을 정하기 위하여 사용되는 주사위흔들개는 카지노사업자가 별도로 정할 수 있다.

제18조(카드의 규격 및 관리) ①카드는 52장 혹은 조커카드가 있을 경우에는 54장의 카드를 1덱으로 구성한다.

②카드 1덱은 4종의 문양 즉, 다이아몬드, 스페이드, 크럽 및 하트로 구성되며, 각 문양은 A, K, Q, J, 10, 9, 8, 7, 6, 5, 4, 3, 2로 구성된다.

③카지노사업자는 사업장내의 지정된 장소에 카드를 보관하여야 한다.

④흠집 등 카드에 이상이 발견되면 즉시 카드를 교체하여야 한다.

제19조(룰렛볼의 규격) ①룰렛볼의 규격은 직경이 16㎜ 이상이어야 한다.

②룰렛볼의 재질은 비금속성이어야 한다.

제20조(주사위의 규격) ①주사위의 규격은 주사위 눈의 식별이 가능한 크기 이어야 한다.

②주사위 각면의 눈의 숫자는 1과6, 2와5, 3과4가 서로 마주 보고 있어야 한다.

③주사위의 면과 면 사이는 90°를 이루어야 하며, 각 면의 무게가 일정 하여야 한다.

제4장 영업절차

제21조(고객출입관리) ①카지노 영업장에는 내국인(해외이주법 제2조의 규정에 의한 해외이주자를 제외한다) 및 19세 미만의 자를 출입시켜서는 아니된다. 다만, 카지노이용객의 편의를 돕기 위한 여행사직원과 방문객은 방문증을 패용케 한 후 출입시킬 수 있으나 게임에 참가할 수 없도록 조치를 취하여야 한다.

②카지노 출입구에는 "내국인출입금지"라는 표지를 붙여야 한다.

③카지노사업자는 모든 카지노입장객에 대해 다음 각호의 신분증명서를 각인별로 직접 확인해야 한다.

1. 여권, PT여권(여행증명서)

2. 외교관 신분증, 미군 ID카드,

3. 영주자격이 확인되는 재외국민국내거소신고증, 외국국적동포거소신고증, 시민권 또는 영주권카드

4. 외국인임이 입증되는 국제운전 면허증, 외국인등록증, 선원수첩(선원증). 다만, 다음 각목의 경우에는 각인별로 직접 확인을 생략할 수 있으나 내국인으로 확인된 경우에는 관광진흥법령에 규정된 제재를 받아야 한다.

   가. 동반한 여행사직원이 고객명단을 제출한 단체입장객의 경우

   나. 별지 제4호서식의 고객관리대장 및 고객관리용 전산장치에 등재되어 있는 단골고객의 경우

④카지노사업자는 별지 제5호서식의 입장객현황을 작성하여야 한다.

⑤카지노사업자는 다음 각호의 사람의 입장을 금지시킬 수 있다.

1. 무기소지 등으로 타인에게 위협을 줄 수 있는 자

2. "폭력행위 등 처벌에 관한 법률" 제4조에 따른 단체 또는 집단을 구성하거나 그 단체 또는 집단에 자금을 제공한 자 (2012.3.29 개정)

3. 카지노에서 불법행위나 소란행위 등으로 영업장운엉을 방해한 경력이 있는 자

4. 폭력·만취·고성방가·정신장애·악취 등으로 타인에게 위압 또는 혐오감을 느끼게 하는 자

5. 국내외를 막론하고 불법행위 등으로 카지노업체에 피해를 입힌 경력이 있는 자

6. 카드카운터 등 전문도박인으로 인정되는 자

⑥카지노사업자는 제5항 각호에 해당하는 자가 발생한 경우에는 한국카지노업관광협회에 이를 보고하여야 하며, 한국카지노업관광협회는 매월 카지노사업자에게 이들의 명단을 통보하여야 한다.

⑦카지노영업장내에서 영업행위를 방해하거나 방해할 우려가 있는 자는 강제 퇴장시킬 수 있다.

⑧제1항 내지 제3항의 규정은 폐광지역개발 지원에 관한 특별법에 의하여 설립된 카지노에는 적용하지 아니한다.

제22조(환전) ①카지노 환전영업소에서 환전할 수 있는 외화의 종류 등은 외국환거래법령이 정한 바에 따른다.

②환전영업소에서의 환율적용 및 행정절차는 외국환거래법령에 따른다.

제23조(게임규칙) 카지노업의 영업종류별 개별규칙은 관광진흥법(이하 "법"이라 한다) 제26조제2항 및 관광진흥법시행규칙(이하 "규칙"이라 한다) 제35조제2항의 규정에 의하여 문화체육관광부장관에게 신고한 카지노업의 영업종류별 영업방법 및 배당금에 관한 규정에 의한다.

제24조(게임의 진행) ①카지노사업자는 게임참가자가 1명이라도 게임을 진행할 수 있다.

②모든 게임에서 베팅과 지불은 카지노사업자가 인정하는 칩스(전자칩스를 포함한다)만 사용하여야 한다.

③수표로 칩스를 교환코자 하는 게임참가자에게 카지노사업자는 신분증제시를 요구할 수 있다.

④카지노사업자는 각 테이블에 베팅가능한 최저·최대 한도금액을 설정하여야 한다.

⑤게임참가자는 베팅한도금액을 초과하거나 미달되게 베팅하여서는 아니된다.

⑥카지노사업자가 카지노 특성에 맞는 규칙을 정할 경우에는 이를 게시하여야 하며 카지노사업자와 게임참가자는 그 규칙을 준수하여야 한다.

⑦게임을 위한 베팅은 반드시 베팅지역에 칩스를 놓아야 한다.

제25조(칩스수불) ①영업부서와 칩스관리부서에 칩스이동이 발생할 경우에는 별지 제6호서식의 칩스전표 2부를 작성하여 부본은 테이블의 드롭박스에 투입하고 원본은 칩스관리부서에서 이를 보관하여야 한다.

②제1항의 칩스전표에는 다음 각호의 사항을 기재하여야 한다.

1. 칩스전표 발행일시
2. 게임종목 및 테이블번호
3. 액면가별 칩스수량

③칩스전표상의 금액과 실제 칩스금액을 확인하기 위하여 영업부서의 딜러와 감독자, 칩스관리직원이 서명하여야 한다.

④칩스전표를 잘못 발행한 경우에는 VOID라고 표시하고, 책임자가 서명하여야 한다.

⑤전산시스템이 구축되어 전자서명 등으로 칩스 이동의 확인 및 관리가 가능한 경우 이를 전산화일 보관으로 대체 할 수 있다.

제26조(출납과 재환전) ①칩스는 고객이 요청할 경우 즉시 현금 등으로 교환 하여야 한다.

②출납에서는 칩스교환요구 고객의 게임참가 및 크레딧제공 여부를 확인할 수 있으며 게임에 참가하지 않았거나 크레딧을 상환하지 않는 고객에 대하여는 현금교환을 지연 또는 거부할 수 있다.

③재환전시 행정절차와 장표관리에 관하여는 외국환거래법령에 따른다.

제27조(드롭박스의 기준등) 드롭박스는 다음 각호의 기준에 적합하여야 한다.

1. 2중의 잠금장치를 하여야 하며, 테이블에 부착시키는 잠금장치는 드롭박스 자체의 잠금장치와 분리되어야 한다.

2. 현금, 수표, 유가증권 및 전표 등을 넣을 수 있어야 한다.

3. 식별이 가능하도록 게임유형별 테이블번호가 선명히 표시되어 있어야 한다.

제28조(드롭박스의 열쇠관리등) ①테이블에서 드롭박스를 제거하는 열쇠는 회계부서와 독립된 부서에서 관리하여야 한다.(2012.3.29 개정)

②드롭박스 개봉열쇠는 계산요원만이 취급할 수 있다.

③드롭박스 제거열쇠와 드롭박스 개봉열쇠를 동일인이 관리하도록 하여서는 아니된다.

제29조(드롭박스의 계산절차) ①드롭박스 계산은 일정한 시간을 정하여 실시하여야 한다.

②드롭박스의 계산은 카운트룸에서만 하여야 한다.

③계산에는 최소한 3명의 직원이 참여하여야 하며 1명은 화폐 등의 금액을 계산하고 다른 1명은 집계표를 작성하며, 나머지 1명은 이를 감독하는 방법으로 업무를 분장하여야 한다.

④드롭박스를 개봉하면 투명한 테이블에 내용물을 쏟아 내용물의 잔류여부를 감독자에게 확인시킨 다음 현금, 수표, 유가증권 등으로 분리하여 계산하여야 한다.

⑤각 테이블별로 작성된 드롭액을 집계하여 별지 제7호서식의 일일집계표를 작성하고 계산에 참여한 전원이 서명하여야 하며, 계산내용을 수정할 때에도 또한 같다.

제5장 머신게임

제30조(머신게임 시설기준) ①머신게임을 운영하는 카지노사업자는 원활한 영업활동과 효율적인 내부통제를 위하여 다음 각호의 시설을 갖추어야 한다.

1. 잔돈교환소
2. 중앙금고
3. 코인(토큰)카운트(포장)실
4. CCTV시설

②제1항의 시설중 제1호의 시설은 출납창구와, 제2호의 시설은 테이블 게임 칩스뱅크(chips bank)와, 제3호의 시설은 테이블게임 카운트룸(count room)과 병행하여 사용할 수 있다.

제31조(잔돈교환소의 설치기준등) ①잔돈교환소는 고객의 이용이 편리하고 보안성을 고려하여 다음 각호의 기준에 적합하게 설치하여야 한다.

1. 윗면이 개봉된 부스형이어야 하고 밀폐된 면의 상단부는 투명한 재질로 설치하여야 한다.
2. 지폐, 코인(토큰), 문서 등이 통과할 수 있도록 개봉된 창구를 설치하여야 한다.
3. 출입문 내부에 잠금장치를 하여야 한다.
4. 지폐, 코인(토큰), 문서 등의 교환장면은 녹화할 수 있도록 CCTV 설치가 가능하여야 한다.

②카지노사업자는 고객의 편의를 도모하기 위하여 잔돈교환소의 책임하에 이동식 잔돈교환원, 잔돈교환머신 등을 운영할 수 있다.

제32조(CCTV시설) 제30조제1항제4호의 CCTV시설은 다음 각호의 장면을 감시할 수 있어야 한다.

1. 머신게임기구(이하 "머신기구"라 한다) 주도어 개폐장면
2. 코인(토큰)·지폐 등의 드롭 및 호퍼(hopper)에 코인(토큰)을 넣는 장면
3. 기타 머신게임 운영과 관련하여 필요한 장면

제33조(머신기구의 규격 및 기준) 카지노영업장에 설치되는 모든 머신기구는 다음 각호의 규격 및 기준에 적합하여야 한다.

1. 배당금액표는 고객이 볼 수 있도록 머신기구 내부 또는 외부에 명시되어야 한다.(2012.3.29 개정)

2. 머신기구의 전면에는 항상 다음 각목의 내용을 표시하고 있어야 한다.

　가. 투입된 코인(토큰)수

　나. 고객이 이겼을 때 지불된 코인(토큰)수

　다. 남아있는 코인(토큰)

3. 수학적으로 검증이 되는 이론적 배당률이 반드시 75% 이상이어야 한다.

4. 매 게임의 결과는 무작위 선택방법에 의하여 결정되어야 하고, 실제 운영테스트 등의 방법을 이용하여 시험할 때 95% 이상의 신뢰도를 가져야 한다.

5. 배당률 조작을 위한 배당금액표 자동전환장치가 부착되어서는 아니된다.

6. 고객으로부터 발생되는 정전기, 외부의 자기방해, 전기방해, 무선주파수 등에 대한 내성을 가져야 하고, 전원공급장치는 휴즈나 회로차단기로 보호되어야 한다.

7. 투입, 지불, 드롭(drop)을 기록할 수 있는 미터기를 포함한 최소 3개 이상의 미터기를 장착하여 6자리 이상까지 등록할 수 있어야 한다.

8. 투입미터기는 머신기구에 투입한 코인(토큰) 등을 누적하여 기록하여야 하고, 지불미터기는 머신기구를 통해 고객에게 지불된 코인(토큰) 등을 누적하여 기록하여야 하며, 드롭미터기는 드롭박스에 떨어진 코인(토큰) 등을 누적하여 기록하여야 한다.

9. 미터기는 정전에 대비하여 자체정보를 보유하고 있는 구조이어야 한다.

10. 코인(토큰) 또는 지폐접수기가 내장되어 있어야 하고, 유효한 것만 받아들이도록 되어 있어야 한다.

11. 이피롬(Eprom)은 주요한 회계자료를 보존하여야 하며, 카지노사업자가 최저승률 이하로 변경하거나 카지노기구검사기관(이하 "검사기관"이라 한다)의 검사를 받지 아니한 이피롬은 사용하지 못하도록 봉인하여야 한다.

12. 머신게임과 관련된 프로그램이 들어있는 회로보드는 이를 보호할 커버가 있어야 하고, 회로보드커버에 잠금장치(봉인)가 되어 있어야 한다.(2012.3.29 개정)

13. 호퍼의 고장, 지불코인(토큰)의 소진, 릴스핀 에러(reel spin error) 등 결함이 있는 경우와 작동불량으로 수리가 필요한 경우 등을 감지할 수 있어야 하고, 머신기구상에 명확하게 그 사실이 표기되어야 한다.

14. 머신기구상단부에 최소 2단계 이상의 경보용 등장치를 장착하고 있어야 하되, 1단계는 주도어가 열렸거나 드롭박스가 열리는 등 보안상의 이유로 경보등이 점멸되어야 하며, 2단계는 고객이 코인(토큰)이 필요하거나 서비스가 필요할

때 점멸되도록 되어 있어야 한다.

15. 생산자의 이름, 생산일련번호, 모델번호 및 생산일자를 표시하여야 한다.

제34조(머신기구의 설치등) ①머신기구는 허가받은 카지노영업장 이외에서 영업에 사용할 수 없다.(2012.3.29 개정)

②머신게임운영책임자는 영업장에 머신기구 설치 즉시 기구별로 고유번호를 부여하여야 하고, 설치된 머신기구의 배당률 관련자료가 유출되지 않도록 관리하여야 한다.

③카지노사업자는 동일 영업장내 또는 타 카지노영업장과 수대의 머신기구를 연결·설치하여 운영할 수 있다.

④제3항의 규정에 의하여 머신기구를 연결·설치한 경우에는 누적식 배당금액표시기를 고객이 볼 수 있도록 설치하여야 한다.

⑤제3항의 규정에 의하여 머신기구를 연결·설치한 경우에는 누적식 배당금액지불에 대비하여 공동으로 일정액을 적립하거나, 각 사업자별로 충분한 현금을 보유하여야 한다.

⑥1억원 이상의 누적식배당금액에 당첨된 고객에 대하여는 약관에 명기된 경우에 한하여 배당금을 분할지급할 수 있다.

제35조(머신기구의 철거) ①머신기구를 철거할 때에는 머신게임운영책임자, 근무조책임자 및 안전관리부서요원이 함께 참여하여야 한다.

②카지노사업자가 영업장내에서 일시 또는 영구적으로 머신기구를 철거할 때에는 각각의 머신기구에 대한 철거당시의 호퍼, 드롭박스 등에 있는 금액과 투입, 지불 및 드롭미터기의 수치를 별도로 기록, 유지하여야 한다.

제36조(이피롬의 관리) ①카지노사업자가 검사기관에 머신기구 검사를 신청할 때에는 머신기구의 모델별로 각각 1개의 이피롬을 제출하여야 한다.

②카지노사업자는 검사기관에 등록된 이피롬만 사용하여야 한다.

③카지노사업자는 어떠한 경우에도 검사기관의 검사를 받지 아니하고는 사용중인 이피롬을 교체할 수 없다.

제37조(영업일지 기록) 머신기구의 주도어를 연 때에는 반드시 전산장치 또는 머신영업일지에 다음 사항을 기록·비치하여야 한다.(2012.3.29 개정)

1. 일시

2. 사유

3. 조치결과

4. 직원의 성명 및 서명

제38조(배당율 점검) 머신게임운영책임자는 출납부서와 협조하여 주기적으로 기계에 내장된 미터기 등을 판독하여 이론적배당률과 실제배당률의 차이를 점검하고, 그 차이가 5% 이상일 경우에는 검사기관의 장에게 즉시 통보 하여야 하며 이에 따른 검사기관의 조치에 응하여야 한다.

제39조(계산확인절차) 계산확인절차는 계산이 종료된 후 다음 사항을 확인하여야 한다.

1. 잭팟·필지불티켓 원본과 사본의 모든 내용과 서명 등이 일치하는지 여부

2. 잭팟·필지불티켓의 합계가 드롭보고서와 일치하는지 여부

3. 계산금액에 오기가 없는지 및 화폐금액으로의 환산이 정확한지 여부

4. 미터기에 의해 판독한 금액과 실제 계산한 금액과의 차이 등

제40조(중앙금고의 관리) ①중앙금고는 금고회계원의 책임하에 운영하여야 한다. ②모든 거래는 일일금고잔고보고서에 매 교대조별로 요약 기록하여야 한다.

제41조(머신게임의 매출액) 머신게임의 매출액이라 함은 고객이 머신기구에 투입한 총금액에서 머신기구를 통하여 고객에게 지불된 총금액 및 머신기구를 통하지 않고 별도로 지불된 총금액을 공제한 금액을 말한다.

제42조(테이블게임과 함께 운영하는 사업자의 총매출액 산정방법등) ①테이블게임과 머신게임을 함께 운영하는 카지노사업자의 관광진흥개발기금(이하 "기금"이라 한다) 부과를 위한 총매출액 산정은 제41조 및 제50조의 규정에 의하여 산출한 매출액을 합한 금액을 말한다.

②테이블게임과 머신게임을 함께 운영하는 카지노사업자가 제58조의 규정에 의한 매출액을 보고할 때에는 테이블게임 매출액과 머신게임 매출액의 내역을 각각 별도로 작성, 별지 제8호서식의 매출액 현황에 따라 보고하여야 한다.

제43조(매출액 자동확인시스템 구축등) ①매출액 자동확인시스템을 구축한 카지노사업자에 대하여는 제39조의 계산관련 절차의 규정을 적용하지 아니한다.(2012.3.29 개정)

②매출액 자동확인시스템에 의한 매출액 기록은 리세팅이 불가능하고, 전원이 차단된 상태에서도 5년간 기록이 보존되어야 하며, 필요시 일일매출액 및 누적매출

액의 출력이 즉시 가능하여야 한다.

제44조(머신기구 검사기관의 지정기준) 문화체육관광부장관이 법 제25조제2항 및 규칙 제33조제3항의 규정에 의하여 검사기관을 지정하고자 할 때에는 다음 각호의 요건을 갖춘 경우에 한하여 지정할 수 있다.

1. 검사기관의 대표자, 임원, 주주가 법 제7조제1항 각호의 1에 해당되지 않아야 한다.
2. 검사기관은 머신기구의 배당률을 확인할 수 있는 능력을 갖추어야 한다.
3. 제33조의 규정에 의한 머신기구의 규격 및 기준을 심사할 수 있는 인력 및 장비를 갖추어야 한다.

제45조(머신기구의 검사) 카지노영업장에 머신기구를 설치하고자 하는 자는 규칙 제33조제3항 각호에 규정된 서류 이외에 다음 각호의 서류를 첨부하여 문화체육관광부장관이 지정한 검사기관의 검사를 받아야 한다. 규칙 제33조제2항제2호의 규정에 의한 경우에도 또한 같다.

1. 머신기구의 규격 및 기준에 적합함을 증명할 수 있는 서류
2. 기구설치도면
3. 기타 머신기구 검사기관이 요청한 서류

제6장 회계제도

제46조(회계연도) 카지노사업자에 대한 기금 부과를 위한 회계연도는 매년 1월 1일에 시작하여 12월 31일에 종료한다.

제47조(회계기준) 카지노사업자는 카지노영업장의 수입 및 비용과 관련된 모든 거래를 기업회계기준에 적합하도록 기록 유지하여야 한다.

제48조(회계기록) 회계기록은 복식부기에 의하여야 하고 다음 각호와 관련된 증빙서류는 5년간 유지 보관하여야 한다.

1. 매출액, 카지노수입금, 카지노손실금에 관한 사항
2. 크레딧 관련 사항
3. 기타 영업 및 회계에 관한 주요사항(단, 전산시스템에 의거 관리되는 경우 바우처, 티켓 등 제반 증빙서류는 전산화일 보관으로 대체할 수 있다)

제49조(외부감사) 카지노사업자는 재무제표를 작성하여 외부감사인에 의한 회계감사를 받아야 한다.

제50조(매출액 산정) ①총매출액이라 함은 카지노영업과 관련하여 고객으로부터 수입한 총금액에서 고객에게 지불한 총금액을 공제한 금액을 말한다.

②제1항에서 고객으로부터 수입한 총금액이라 함은 카지노고객에게 현금, 수표, 유가증권 등을 칩으로 교환하여 준 금액과 크레딧으로 제공한 금액을 말한다. (단, 프리칩스쿠폰 및 프리칩스에 해당하는 금액은 고객으로부터 수입한 총금액에 산입하지 않으며, 기업회계기준에 따라 처리한다)

③제1항에서 고객에게 지불한 총금액이라 함은 카지노고객에게 칩을 현금으로 교환하여 준 금액과 제51조의 규정에 의하여 대손처리한 금액을 말한다.

④매출액은 일일단위로 결산하여 카지노고객으로부터 수입한 총금액이 카지노고객에게 지불한 총금액을 초과한 경우에는 별지 제9호서식의 매출액 현황에 이를 카지노수입금으로 표기처리하고, 카지노고객에게 지불한 총금액이 카지노고객으로부터 수입한 총금액을 초과하는 경우에는 이를 카지노손실금으로 표기처리하여야 한다.

⑤계약게임과 관련하여 카지노고객 및 전문모집인에게 지불하는 대가는 게임이 종료된 후 영업장내에서 칩스로 지불하여야 하며, 동 대가는 제 3항의 카지노고객에게 지불한 총금액에 산입한다.(단, 전문모집인이 내국인일 경우 계약게임 대가는 현금으로 지급할 수 있다)

제51조(대손처리) 카지노고객이 제공한 현금, 수표, 유가증권 등이 위조 판명되거나 부도로 인하여 회수 불가능한 경우와 카지노사업자가 크레딧을 제공받은 자로부터 크레딧을 회수할 수 없다고 판단될 경우에는 관계법령이 정하는 바에 따라 이를 대손처리할 수 있다.

제52조(콤프비용의 범위) 카지노사업자가 카지노고객에게 제공할 수 있는 콤프의 범위는 다음 각호와 같다.

1. 고객 운송을 목적으로 지불할 경우
2. 고객 숙박을 목적으로 지불할 경우
3. 고객에게 식음료 및 주류제공을 목적으로 지불할 경우
4. 카지노 고객유치를 목적으로 골프비용, 물품(기프트카드 포함), 기타 서비스 등

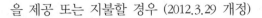

을 제공 또는 지불할 경우 (2012.3.29 개정)

제53조(콤프비용 증빙서류) 카지노사업자가 카지노고객에게 콤프를 제공할 때에는 다음 각호의 증빙서류를 구비하여야 한다.

1. 콤프승인서
2. 수혜자의 여권사본
3. 항공권 복사본, 숙식영수증 등 콤프비용제공 증명서류

제54조(크레딧 제공등) ①카지노사업자(폐광지역개발지원에관한특별법에 의한 카지노사업자는 제외한다)는 카지노게임 참가자에게 크레딧을 제공할 수 있다. 이 경우 다음 각호의 사항이 기록된 크레딧전표를 발행하여야 하며, 별지 제10호서식의 크레딧내역서에 크레딧 제공 및 상환관련 기록을 유지하여야 한다.

1. 제공일시
2. 금액
3. 제공자의 성명 및 서명
4. 제공받은 자의 성명, 주소 또는 전화번호 및 서명

②크레딧전표는 원·부본을 작성하여 크레딧 발행부서에 안전하게 보관한다.

③크레딧전표는 일련번호를 부여하여 순서대로 발행하며, 잘못 발행된 전표는 'VOID'라고 표시하고 책임자가 서명하여야 한다.

제55조(크레딧 한도) 카지노사업자가 카지노게임 참가자에게 제공하는 크레딧의 한도는 외국환거래법령이 정하는 바에 의한다.

제56조(크레딧 상환) 크레딧이 상환될 때에는 상환 즉시 크레딧장부에 기록하여야 하며, 크레딧전표 원·부본에 "VOID"라고 표시한 후 원본은 크레딧을 제공받은 고객에게 교부하고 부본은 크레딧발행부서에서 보관한다.

제57조(계약게임등) ①카지노사업자는 외래관광객 유치 및 외화획득을 위하여 카지노고객 및 전문모집인과의 계약에 의하여 일정한 대가를 지불하는 조건으로 계약게임을 유치할 수 있다.

②카지노사업자가 카지노고객 및 전문모집인과 계약게임 관계가 성립되면 게임계약서 및 다음 각호의 사항을 기록한 별지 제11호서식의 계약게임내역서를 작성하여 보관하여야 한다.

1. 계약일자

2. 전문모집인 성명 (2012.3.29 개정)

3. 고객수

4. 고객의 국적

5. 지불금액

제58조(보고) 카지노사업자는 제21조의 입장객현황, 제42조 및 제50조의 매출액현황, 제54조의 크레딧내역서 및 제57조의 계약게임내역서를 익월 10일까지 문화체육관광부장관에게 보고하여야 한다.

제7장 카지노 종사원의 준수사항

제59조(게임규칙준수) 카지노종사원은 이 준칙에서 정한 규칙에 어긋나는 게임을 하여서는 아니된다.

제60조(종사원의 품위유지) ①카지노종사원은 관광종사자로서의 품위를 유지하여야 한다.

②카지노종사원은 사업자가 정한 복장을 착용하고 단정한 상태를 유지하여야 하며, 고객에게 불쾌감을 주는 태도와 행동을 하여서는 아니 된다.

③카지노종사원은 허가받지 않은 카지노업 영업에 관여하거나 참여할 수 없다.

제61조(종사원의 교육) ①한국카지노업관광협회 등은 관광진흥법 및 문화체육관광부령이 정하는 바에 따라 카지노종사원에 대한 교육을 실시하여야 한다.

②카지노사업자는 종사원이 제1항의 규정에 의한 교육을 받도록 협조하여야 한다.

부칙

제1조(시행일) 이 준칙은 고시한 날부터 시행한다.

제2조(카지노 검사기관에 대한 경과규정) 이 준칙 시행 당시 법 제25조제2항, 규칙 제33조제3항 및 종전 카지노업영업세칙(문화관광부 고시 제2002-9호, 2002.7.15) 제46조의 규정에 의하여 카지노검사기관으로 이미 지정을 받은 기관은 이 준칙에 의한 검사기관으로 지정된 것으로 본다.

[별표 1]　　　　　　　　게임기구의 종류(제11조 관련)

1. 일반기구 : 칩스(전자칩스 포함), 드롭박스, 셔플기, 터미널 등
2. 게임종류별 기구(2012.3.29. 개정)

게임	사용 기구
룰렛	테이블, 룰렛휠, 룰렛공, 룰렛마커, 터미널
블랙잭	테이블, 카드, 디스카드홀더, 슈, 터미널
다이스	테이블, 주사위, 스틱
포커	테이블, 카드, 터미널
바카라	테이블, 카드, 디스카드홀더, 슈, 스쿠퍼, 터미널
다이사이(식보)	테이블, 주사위, 주사위흔들개, 전광장치, 터미널
키노	키노티켓, 키노보드, 키노머신
빅휠	테이블, 빅휠, 터미널
빠이까우	테이블, 주사위, 주사위흔들개, 도미노, 뱅커마커
판탄	테이블, 버턴, 버턴막대, 보울
죠커세븐	테이블, 카드
라운드크랩스	테이블, 주사위
트란타콰란타	테이블, 카드
프렌치볼	테이블, 프렌치공
챠카락	테이블, 주사위, 주사위흔들개
빙고	빙고티켓, 빙고보드, 빙고머신
마작	테이블, 마작도미노, 마커
슬롯머신	슬롯머신 게임기
비디오게임	비디오게임기
카지노 워	테이블, 카드, 터미널

[별지 제1호서식] CCTV점검기록부

점검일시	점검장비(기기)	점검항목	점검결과	점검원	비고

[별지 제2호서식]   통제구역(카운터룸, 니터실) 출입대장

출입자 성명	출입일시		출입사유	책임자 서명
	입실	퇴실		

[별지 제3호서식]　　　　　　게임기구 현황표

기구명	연월일	입고	출고	현재고	비고

[별지 제4호서식]　　　　　　　　　고객관리대장

고객명	여권번호	성별	구분	발급지	생년월일	발급일	만료일

[별지 제5호서식]　　　　　　　　　　입장객 현황(○월)

일자	요일	입장 인원	비고
계			

[별지 제6호서식]

칩 스 전 표

게임종류(테이블번호) :			일자 :	
시간 :			근무조 :	

칩스 종류	칩스 수량	금액	확인	
			부서명	성명 및 서명
합 계				

※ 칩스 불출시 전표와 칩스 회수시 전표는 색깔, 발행사유 명기 등의 방법으로 구분하여야 한다.

[별지 제7호서식]　　　　　　　　일일집계표

년　월　일

테이블번호	현 금	수 표	유가증권등 기타	계	비 고
합 계					

※ 게임종류별 테이블번호 순서대로 기재하고 각게임 종류별로 소계를 표시한 다음 맨 마지막란에 합계금액을 표시

※ 비고란에는 수정내용 등 특기사항을 표시

※ 자체 실정에 맞게 계산요원 및 감독자의 서명란을 만들어 사용

[별지 제8호서식]

매출액 현황(○월)

일자	총매출액 (A)+(B)	테이블게임				머신게임				비고
		대수	드롭액	지급액	매출액(A)	대수	INPUT	OUTPUT	매출액(B)	

[별지 제9호서식]　　　　　　　　매출액 현황(○월)

일자	매출액(A-B)	카지노수입금(A)	카지노손실금(B)	누적액
총매출액				

[별지 제10호서식] 크레딧 내역서(○월)

제공 내역				상환 내역				
일자	제공자 성명	제공받은자의성명 (주소또는전화번호)	금액	제공 일자	상환 일자	상환자 성명	제공받은 금액	상환 금액

[별지 제11호서식] (2012.3.29 개정)

계약게임 내역서(월)

게임일자	전문모집인 성명	고객수(국적)	매 출 액	지불내역	지불금액
합 계					

※ 지불내역란에는 게임 형태별로 산출근거를 구체적으로 기재

2. 카지노전산시설기준

제정 1996. 5.28.　　문화체육부고시 제1996-20호
개정 1999.11.19.　　문화관광부고시 제1999-30호
개정 2000.10.16.　　문화관광부고시 제2000-130호
개정 2002. 7.15.　　문화관광부고시 제2002-10호
개정 2009. 9. 1.　　문화체육관광부고시 제2009-54호
개정 2014.12. 1.　　문화체육관광부고시 제2014-49호

제1장 총칙

제1조(목적) 이 기준은 관광진흥법 제23조제1항 및 동법시행규칙 제29조의 규정에 의한 카지노 전산시설 설치기준을 정하고, 카지노사업자와 카지노종사원이 카지노전산시설을 운영·관리함에 있어 필요한 사항을 규정함을 목적으로 한다.

제2조(적용범위) 이 기준은 카지노영업장에 한하여 적용한다.

제3조(용어의 정의) 이 기준에서 사용하는 용어의 정의는 다음과 같다.
1. "테이블게임"이라 함은 테이블, 주사위, 휠 등을 사용하는 게임으로서 관광진흥법 시행규칙 제35조제1항에서 정한 게임을 말한다.
2. "머신게임"이라 함은 슬러트머신(Solt Machine) 및 비디오게임(Video Game)을 말한다.
3. "주전산기"라 함은 프로그램 및 단말기에 입력된 자료를 총괄하여 관리하는 기기를 말한다.
4. "단말기"라 함은 주전산기의 프로그램과 자료를 이용하여 자료입력 및 출력 등 제반업무를 수행하는 기기를 말한다.
5. "프린터"라 함은 입력된 자료를 일정한 양식에 따라 활자화 시키는 기기를 말한다.
6. "전산실"이라 함은 전산요원 및 전산관련기기를 갖추어 전산시설 및 프로그램 등을 관리·운영하고 통제하는 장소를 말한다.
7. "프로그램"이라 함은 전산처리를 위한 작업지시의 순서를 프로그래밍 언어를 사용하여 기록한 일련의 명령어들의 집합을 말한다.

8. "화일"이라 함은 각종 기억매체에 수록되어 기록된 내용을 정해진 규칙에 따라 편성된 논리적인 의미를 갖는 자료의 합을 말한다.

9. "프로그램명세서"라 함은 완성된 프로그램의 흐름도 및 화일의 구성, 각 항목의 상세명세 등을 말한다.

10. "칩스뱅크"라 함은 칩스를 보관, 수불, 관리하는 부서를 말한다.

11. "휠(FILL)"이라 함은 칩스를 칩스뱅크에서 테이블로 이동하는 것을 말한다.

12. "콜렉션(COLLECTION)"이라 함은 칩스를 테이블에서 수거하여 칩스 뱅크로 이동하는 것을 말한다.

13. "오픈(OPEN)"이라 함은 테이블에 있는 칩스보관함을 개봉하는 것을 말한다.

14. "클로즈(CLOSE)"라 함은 테이블에 있는 칩스보관함을 폐쇄하는 것을 말한다.

15. "클로즈/오픈(CLOSE/OPEN)"이라 함은 전날의 업무마감 및 칩스레포트를 출력하기 위하여 당일 업무시작시점에서 테이블에 있는 모든 칩스의 수량을 오픈(OPEN)과 클로즈(CLOSE)가 일치되게 하는 것을 말한다.

16. "리필(REFILL)"이라 함은 출납에서 현금으로 교환해준 칩스를 칩스 뱅크로 이동하는 것을 말한다.

17. "크레딧(CREDIT)"이라 함은 카지노영업세칙에서 정한 정의 외에 칩스를 테이블 및 출납에서 수거하여 칩스뱅크로 이동하는 것을 말한다.

18. "칩스금고"라 함은 칩스뱅크에서 칩스를 보관하는 금고를 말한다.

19. "코드"라 함은 전산업무처리를 편리하게 하기 위하여 자료를 간략하고 체계적으로 분류한 숫자 또는 문자를 말한다.

20. "백업"이라 함은 사용하고 있는 화일이나 프로그램등이 파괴될 경우에 대비하여 다른 기억매체에 별도로 복사하여 보관하는 것을 말한다.

21. "전산요원"이라 함은 전산실에 근무하면서 전산시설을 운용하는 전산관리자, 자료관리자 등을 말한다.

22. "수정"이라 함은 입력된 당초의 자료를 변경하여 입력하는 것을 말한다.

23. "삭제"라 함은 입력된 자료를 소거하고, 당초의 자료가 별도로 유지되는 것을 말한다.

24. 기타 이 기준에서 사용하는 용어는 카지노업영업준칙 제3조에서 정한 용어의 정의를 준용한다.

제2장 하드웨어 성능 및 설치방법

제4조(하드웨어의 성능) 카지노사업자는 카지노전산 프로그램이 원활히 수행될 수 있도록 다음과 같은 시스템을 설치하여야 한다.

1. 주전산기(Server) 및 단말기(Client) 처리속도
   100건당 응답속도가 3초이내
2. 프린터(Printer)
   해당 출력물의 출력이 가능한 프린터 사용

제5조(하드웨어 설치방법) ①카지노사업자는 주전산기와 단말기를 다음 장소에 설치하여야 한다.

1. 주전산기 설치장소: 전산실
2. 단말기 설치장소
   가. 입장객관리부서
   나. 칩스뱅크
   다. 카운트룸
   라. 출납창구
   마. 크레딧관리부서
   바. 환전 · 재환전소
   사. 콤프관리부서
   아. 알선수수료관리부서
   자. 전산실
   차. 기타 카지노영업과 관련하여 필요한 부서

②카지노사업자는 제1항제2호의 규정에도 불구하고 업무를 통합하여 단말기를 설치운영할 수 있다. 다만, 제1항제2호 나목 내지 라목과 자목의 부서는 그러하지 아니하다(라목과 바목을 통합해서 설치 운영하는 경우는 예외로 한다)

③프린터는 자체실정에 맞게 설치할 수 있다.

제3장 네트워크 구성방법

제6조(네트워크의 구성방법등) 카지노사업자는 전산시스템을 설치하는데 있어서 근거리통신망(LAN) 또는 데이터 전송에 있어 보안이 제공되는 통신방법을 기준으로 하여 주전산기와 단말기간 통신이 가능하도록 구성하여야 한다.

제4장 프로그램의 구성

제7조(전산시스템구성) ①카지노전산시스템은 프로그램관리, 입장객관리, 칩스뱅크관리, 카운트룸관리, 출납관리, 크레딧관리, 환전·재환전관리, 콤프관리, 알선수수료관리, 머신게임 관리 및 코드관리가 가능하도록 구성하여야 한다.
②제1항의 부문별 세부프로그램 및 세부프로그램별 운영장소는 별표1과 같다.
③제2항의 부문별 프로그램 명세서는 카지노사업장의 실정에 따라 문화체육관광부장관이 별도로 정한다.

제8조(프로그램관리프로그램의 구성) 프로그램관리프로그램은 프로그램등록프로그램, 비밀번호등록프로그램, 담당자별사용업무등록프로그램, 비밀번호변경 등록프로그램, 비밀번호변경조회프로그램으로 구성하여야 한다.

제9조(프로그램등록프로그램 구성방법) 프로그램등록프로그램은 제7조제1항에서 규정한 부문별관리번호, 부문별프로그램명 및 부문별세부프로그램명칭을 순서대로 등록할 수 있도록 구성하여야 한다.

제10조(비밀번호등록프로그램 구성방법등) ①비밀번호등록프로그램은 반드시 사용자 정보(비밀번호 등) 등을 입력할 수 있도록 구성하여야 한다.
②단말기설치장소별로 단말기취급자의 비밀번호를 등록하면 담당자별사용업무등록프로그램에 자동적으로 각각의 프로그램에 대한 단말기취급자의 사용권한을 지정할 수있도록 연계하여 구성하여야 한다.
③단말기설치장소별 단말기취급자의 최초의 비밀번호등록은 각 단말기 취급자의 요청에 의하여 전산실 비밀번호등록 담당자가 일괄하여 등록한다.

제11조(담당자별사용업무등록프로그램 구성방법등) ①담당자별사용업무등록프로그램은 동프로그램 전산실 취급자의 비밀번호, 제8조에서 규정한 각 부문별 관리번호,

제7조제2항에서 규정한 세부프로그램의 단말기설치장소별 단말기취급자에 대한 각 프로그램의 사용권한 여부를 입력할 수 있도록 구성하여야 한다.

②담당자별사용업무등록은 칩스뱅크관리·카운트룸관리·출납관리 단말기 취급자간에 상호 중복하여 지정할 수 없다.

제12조(비밀번호변경등록프로그램 구성방법등) ①비밀번호변경등록프로그램은 단말기취급자의 기존비밀번호, 변경비밀번호를 입력할 수 있도록 구성하여야 한다.

②비밀번호변경등록은 단말기취급자가 직접 등록하여야 한다.

제13조(비밀번호변경조회프로그램 구성방법등) ①비밀번호변경조회프로그램은 단말기취급자의 현재 비밀번호, 변경한 일자, 변경된 비밀번호가 조회될 수 있도록 구성하여야 한다.

②비밀번호변경조회프로그램은 단말기취급자가 자기비밀번호변경내역을 확인코자 요구한 경우에만 운영하여야 한다.

제14조(입장객관리프로그램의 구성) ①입장객관리프로그램은 일일입장객등록프로그램, 국가별입장객조회프로그램, 국가별요일별입장객조회프로그램, 월별입장객조회 및 출력프로그램으로 구성하여야 한다.

②일일입장객등록프로그램에 자료를 입력하면 제1항의 입장객관리프로그램을 구성하는 모든 프로그램의 관련자료에 자동적으로 분류되어 정리되도록 구성하여야 한다.

제15조(일일입장객등록프로그램 구성방법) 일일입장객등록프로그램은 비밀번호, 일자, 자료입력순번, 국가별입장인원을 입력할 수 있도록 구성하여야 한다.

제16조(국가별입장객조회프로그램 구성방법) 국가별입장객조회프로그램은 일정기간을 설정할 경우 당해기간의 국가별입장인원의 합이 조회되도록 구성하여야 한다.

제17조(국가별요일별입장객조회프로그램 구성방법) 국가별요일별입장객조회프로그램은 일정기간을 설정할 경우 당해기간의 국가별요일별입장인원의 합이 조회되도록 구성하여야 한다.

제18조(월별입장객조회 및 출력프로그램 구성방법) 월별입장객조회 및 출력프로그램은 특정월을 입력할 경우 특정월의 입장인원이 일자별로 조회 및 출력되도록 구성하여야 한다.

제19조(칩스뱅크관리프로그램의 구성) 칩스뱅크관리프로그램은, 칩스이동등록 프로그램, 테이블별칩스입출고조회프로그램, 칩스레포트출력 및 일일영업준비작업 프로그램, 테이블별손익레포트출력프로그램, 칩스뱅크 보유현황 출력프로그램, 칩스입고등록프로그램, 칩스입고조회프로그램, 파손칩스등록프로그램, 파손칩스조회프로그램, 칩스이동삭제현황출력프로그램, 칩스기초자료등록프로그램으로 구성하여야 한다.

제20조(칩스이동등록프로그램 구성방법등) ①칩스이동등록프로그램은 비밀번호, 일자 및 시간, 칩스이동횟수, 근무조, 발생사유 [휠, 콜렉션(크레딧), 오픈, 클로즈, 클로즈/오픈, 리필(크레딧)로 구분표기)], 테이블코드 [휠이나 콜렉션(크레딧)인 경우에는 게임테이블명, 리필(크레딧)인 경우에는 출납으로 표기], 액면가별칩스종류 및 칩스수량을 입력할 수 있도록 구성하여야 하고, 액면가별칩스수량을 입력할 경우 자동적으로 칩스합계금액이 표시되도록 하여야 칩스이동등록회수의 일련번호가 자동적으로 부여되도록 구성하여야 한다.
②칩스이동등록프로그램에 자료를 입력하면 동자료가 테이블별칩스입출고 조회 · 칩스레포트출력 · 테이블별손익레포트출력 · 칩스뱅크보유현황출력 · 칩스이동삭제현황출력프로그램의 관련자료에 자동적으로 분류되어 정리되도록 구성하여야 한다.
③칩스이동등록프로그램은 칩스이동사유 발생시마다 칩스이동등록내용을 출력할 수 있는 기능을 수행하도록 구성하여야 한다.
④제3항의 칩스이동등록내용을 출력할 경우에는 별지 제1호 서식의 칩스전표를 사용하여야 한다.

제21조(테이블별칩스입출고조회프로그램 구성방법) 테이블별칩스입출고조회프로그램은 테이블별로 일자, 칩스이동횟수 및 시간, 발생사유, 칩스액면가별수량이 조회되도록 구성하여야 한다.

제22조(칩스레포트출력 및 일일영업준비작업 프로그램 구성방법) 칩스레포트 출력 및 일일영업준비작업프로그램은 특정일자를 입력할 경우 특정일의 테이블별 칩스변동사항 및 재고량이 별지 제2호 서식의 칩스 레포트에 의거 출력되도록 구성되어야 하고, 제19조의 칩스뱅크관리 프로그램을 구성하는 모든 프로그램의 일자를 칩스레포트 출력일자의 다음일로 변경되도록 구성하여야 하며, 동시에 전일의 칩스

변동사항을 최종 정리한 후의 칩스수량이 파악되도록 구성하여야 한다.

제23조(테이블별손익레포트출력프로그램 구성방법) 테이블별손익레포트출력프로그램은 특정일자를 입력할 경우 특정일의 테이블별 손익금액이 별지 제3호 서식의 테이블별손익현황에 의거 출력되도록 구성하여야 한다.

제24조(칩스뱅크보유현황출력프로그램 구성방법) 칩스뱅크보유현황출력프로그램은 특정일자를 입력할 경우 특정일의 칩스금고내의 칩스현황이 별지 제4호 서식의 칩스뱅크보유현황에 의거 출력되도록 구성하여야 한다.

제25조(칩스입고등록프로그램 구성방법) 칩스입고등록프로그램은 비밀번호, 일자, 액면가별칩스종류 및 칩스수량을 입력할 수 있도록 구성하여야 하고, 액면가별 칩스수량을 입력할 경우 자동적으로 칩스합계 금액이 표시되도록 하여야 하며, 동자료가 칩스레포트출력 및 일일영업준비작업프로그램 및 칩스뱅크보유현황 출력프로그램의 관련자료에 자동적으로 분류되어 정리되도록 구성하여야 한다

제26조(칩스입고조회프로그램 구성방법) 칩스입고조회프로그램은 일정기간을 설정할 경우 당해 기간중에 칩스금고에 입고한 칩스액면가별수량이 일자별로 조회 되도록 구성하여야 한다.

제27조(파손칩스등록프로그램 구성방법) 파손칩스등록프로그램은 비밀번호, 일자, 근무조, 액면가별칩스종류, 칩스수량 및 파손사유를 입력할 수 있도록 구성하여야 하고, 액면가별파손칩스수량을 입력할 경우 자동적으로 칩스합계 금액이 표시되도록 하여야 하며, 동자료가 칩스레포트출력 및 일일영업준비작업프로그램 및 칩스뱅크보유현황출력프로그램의 관련자료에 자동적으로 분류되어 정리되도록 구성하여야 한다.

제28조(파손칩스조회프로그램 구성방법) 파손칩스조회프로그램은 일정기간을 설정할 경우 당해 기간 중에 파손된 칩스의 액면가별 수량 및 근무조가 일자별로 조회되도록 구성하여야 한다.

제29조(칩스이동삭제현황출력프로그램 구성방법등) ①칩스이동삭제현황출력프로그램은 일정기간을 설정할 경우 당해 기간의 칩스이동삭제내역이 표시되어 출력되도록 구성하여야 한다.

②제1항의 칩스이동삭제내역에는 이동일시, 칩스이동순번, 근무조, 테이블코드[휠

이나 콜렉션(크레딧)인 경우에는 게임테이블명, 리플(크레딧)인 경우에는 출납으로 표기)], 발생사유 [휠, 콜렉션(크레딧), 오픈, 클로즈, 클로즈/오픈, 리필(크레딧)로 구분표기], 액면가별칩스수량, 당초자료입력자 비밀번호, 삭제자비밀번호, 삭제이유가 표시되어야 한다.

제30조(칩스기초자료등록프로그램 구성방법등) ①칩스기초자료등록프로그램은 칩스와 관련된 기초자료를 등록할 수 있도록 구성하여야 한다.

②동프로그램은 비밀번호, 일자, 액면가별칩스종류, 액면가별총보유량, 액면가별뱅크보유량, 액면가별전일재고, 액면가별파손누계를 입력할 수 있도록 구성하여야 한다.

③동프로그램에 자료를 입력할 경우 칩스레포트출력 및 일일영업준비작업프로그램 및 칩스뱅크보유현황출력프로그램의 관련자료에 자동적으로 분류되어 정리되도록 구성하여야 한다.

제31조(카운트룸관리프로그램의 구성) 카운트룸관리프로그램은 테이블별드롭액등록프로그램, 테이블별드롭액조회 및 출력프로그램, 테이블별일일집계표조회 및 출력프로그램, 드롭액삭제현황출력프로그램으로 구성하여야 한다.

제32조(테이블별드롭액등록프로그램 구성방법등) ①테이블별드롭액등록프로그램은 계산자, 입력자 및 감독자의 비밀번호, 입력일시, 테이블별드롭박스코드, 화폐코드, 화폐코드별 수량을 입력할 수 있도록 구성하여야 하고 화폐코드프로그램에 등록된 화폐코드별 수량을 입력하였을 경우 화폐금액이 자동적으로 표시되도록 하여야 하며(액면가별 분류가 곤란한 유가증권의 경우는 금액을 입력하여야 함) 동프로그램에 자료를 입력하면 동자료가 제31조의 카운트룸관리프로그램을 구성하는 모든 프로그램의 관련자료에 자동적으로 분류되어 정리되도록 구성하여야 한다. 단 원화만 취급하는 카지노 사업자는 화폐코드를 등록하지 아니할 수 있다.

②테이블별 드롭박스코드번호 변경시 자동적으로 입력순번대로 일련번호가 부여되도록 구성하여야 한다. 단 카운트룸에서 사용하는 계수기가 카지노관리 프로그램에 연결되어 계수한 내용이 자동으로 입력되는 경우에는 적용하지 아니한다.

제33조(테이블별드롭액조회 및 출력프로그램 구성방법) 테이블별드롭액조회 및 출력프로그램은 특정일자를 입력할 경우 일련번호, 테이블명칭 및 드롭금액이 입력순서대로 조회되고 테이블별 화폐종류 및 화폐단위별 드롭금액이 별지 제5호서식의

테이블별 드롭액현황에 의거 출력되도록 구성하여야 한다.

제34조(테이블별일일집계표조회 및 출력프로그램 구성방법) 테이블별일일집계표조회 및 출력프로그램은 특정일자를 입력할 경우 특정일의 집계금액이 테이블별로 화폐종류에 따라 세분하여 조회되고 특정일의 집계금액이 별지 제6호 서식의 테이블별일일집계표에 의거 출력되도록 구성하여야 한다.

제35조(드롭액삭제현황출력프로그램 구성방법등) ①드롭액삭제현황출력프로그램은 일정기간을 설정할 경우 당해기간의 드롭액 삭제현황이 표시되도록 구성하여야 한다.
②제1항의 드롭액삭제현황에는 당초자료입력일시, 일련번호, 게임테이블코드, 화폐종류별 수량 및 금액, 드롭액 당초자료입력자성명(입력자, 계산자, 감독자), 삭제일시, 삭제자성명 (입력자, 계산자, 감독자), 삭제이유가 표시되어야 한다.

제36조(출납관리프로그램의 구성) 출납관리프로그램은 지불금등록프로그램, 지불금조회 및 출력프로그램, 월매출액현황조회 및 출력프로그램, 년매출액현황조회 및 출력프로그램, 지불금삭제현황출력프로그램으로 구성하여야 한다.

제37조(지불금등록프로그램 구성방법등) ①지불금등록프로그램은 비밀번호, 지불일시, 액면가별칩스종류 및 수량을 입력할 수 있도록 구성하여야 하고, 액면가별칩스수량을 입력할 경우 자동적으로 지불금액이 표시되도록 하여야 하며 지불회수의 일련번호가 자동적으로 부여되도록 구성하여야 한다.
②지불금등록프로그램에 자료를 입력하면 제1항의 지불금등록프로그램을 구성하는 모든 프로그램의 관련자료에 자동적으로 분류되어 정리되도록 구성하여야 한다.

제38조(지불금조회 및 출력프로그램 구성방법) 지불금조회 및 출력프로그램은 특정일자를 입력할 경우 특정일의 지불시간, 지불횟수, 칩스액면가별수량 및 총지불금합계금액이 조회되고 별지 제7호 서식의 지불금현황에 의거 출력되도록 구성하여야 한다.

제39조(월매출액현황조회 및 출력프로그램 구성방법) 월매출액현황조회 및 출력프로그램은 특정월을 입력할 경우 특정월의 드롭액 · 크레딧상환금액 · 지불금 · 매출액(수입금 또는 손실금으로 구분표기) 및 누적금액이 일자별로 조회되고 별지 제9호 서식의 테이블게임 매출액현황에 의거 출력되도록 구성하여야 한다. 단, 머신게임을 운영하는 경우에는 별지 제8호 서식의 월매출액 현황에 의거 조회되고 출력되도록 구성하여야 한다

제40조(년매출액현황조회 및 출력프로그램 구성방법) 년매출액현황조회 및 출력프로그램은 특정년도를 입력할 경우 특정년도의 드롭액 · 크레딧상환금액 · 지불금 · 매출액(수입금 또는 손실금으로 구분표기) 및 누적액이 월별로 조회되고 별지 제10호서식의 테이블게임 년매출액현황에 의거 출력되도록 구성하여야 한다. 단 머신게임을 운영하는 경우에는 별지 제11호서식의 연 매출액 현황에 의거 조회되고 출력되도록 구성하여야 한다.

제41조(지불금삭제현황출력프로그램 구성방법등) ①지불금삭제현황출력프로그램은 일정기간을 설정할 경우 당해기간의 지불금삭제현황이 표시되도록 구성하여야 한다.
②제1항의 지불금삭제현황에는 지불일자, 순번, 입력시간, 액면가별칩스수량, 지불금액, 당초자료입력자성명, 삭제일시, 삭제자성명, 삭제이유가 표시되어야 한다.

제42조(크레딧관리프로그램의 구성) 크레딧관리프로그램은 크레딧제공내역등록프로그램, 크레딧상환내역등록프로그램, 크레딧내역관리프로그램, 크레딧상환잔액조회프로그램, 크레딧제공삭제현황출력프로그램, 크레딧상환삭제현황출력프로그램, 크레딧대손처리프로그램으로 구성하여야 한다.

제43조(크레딧제공내역등록프로그램 구성방법) 크레딧제공내역등록프로그램은 비밀번호, 제공일자, 차용증번호, 제공받은자성명 · 주소 및 전화번호, 제공금액, 제공자성명을 입력할 수 있도록 구성하여야 하고, 동프로그램에 자료를 입력하면 제42조의 크레딧관리프로그램을 구성하는 모든 프로그램의 관련자료에 자동적으로 분류되어 정리되도록 구성하여야 한다.

제44조(크레딧상환내역등록프로그램 구성방법) 크레딧상환내역등록프로그램은 비밀번호, 상환일자, 차용증번호를 입력하면 크레딧제공내역(제공자성명, 제공일자, 제공받은자성명, 제공금액, 기상환액, 상환잔액)이 자동적으로 표시되도록 하여야 하고, 금번상환금액을 입력할 수 있도록 구성하여야 하며 동자료를 입력하면 제42조의 크레딧관리프로그램을 구성하는 모든 프로그램의 관련자료에 자동적으로 분류되어 정리되도록 구성하여야 한다.

제45조(크레딧내역관리프로그램 구성방법) 크레딧내역관리프로그램은 다음 각호와 같이 구성되어야 한다.
1. 특정년월을 입력할 경우 특정월의 크레딧제공내역(제공일자, 제공자성명, 제공

받은자성명, 제공금액) 및 크레딧상환내역(상환일자, 상환자성명, 상환금액)이 조회되도록 구성하여야 한다.

2. 특정년월을 입력할 경우 특정월의 크레딧제공내역(제공일자, 제공자성명, 제공 받은자성명, 제공금액) 및 크레딧상환내역(제공일자, 상환일자, 상환자 성명, 제공받은 금액, 상환금액)이 별지 제12호 서식의 월크레딧내역에 의거 출력되 도록 구성하여야 한다.

3. 특정년월을 입력할 경우 특정년월의 제공일자별 제공자성명, 제공받은자 성명, 제공받은자 주소 또는 전화번호, 제공금액, 상환금액, 상환잔액이 별지 제13호 서식의 월크레딧제공내역에 의거 출력되도록 구성하여야 한다.

4. 특정년월을 입력할 경우 특정년월의 상환일자별로 제공일자, 상환자성명, 제공 받은 금액, 상환금액, 상환잔액이 별지 제14호 서식의 월 크레딧상환 내역에 의 거 출력되도록 구성하여야 한다.

제46조(크레딧상환잔액조회프로그램 구성방법) 크레딧상환잔액조회프로그램은 특정 연도를 입력할 경우 특정년도의 크레딧제공년월일, 제공받은자성명, 제공금액, 상 환금액, 상환잔액이 조회되도록 구성하여야 한다.

제47조(크레딧제공삭제현황출력프로그램 구성방법등) ①크레딧제공삭제현황출력프로 그램은 일정기간을 설정할 경우 당해기간의 크레딧제공삭제내역이 표시되도록 구성하여야 한다.

②제1항의 크레딧제공삭제내역에는 제공일자, 차용증번호, 제공자성명, 제공받은 자성명, 제공금액, 상환누적액, 입력자성명, 삭제일자, 삭제자성명, 삭제이유가 표 시되어야 한다.

제48조(크레딧상환삭제현황출력프로그램 구성방법등) ①크레딧상환삭제현황출력프로 그램은 일정기간을 설정할 경우 당해기간의 크레딧상환삭제내역이 표시 되도록 구성하여야 한다.

②제1항의 크레딧상환삭제내역에는 상환일자, 차용증번호, 제공자성명, 상환자성 명, 제공금액, 상환누적액, 입력자성명, 삭제일자, 삭제자성명, 삭제이유가 표시되 어야 한다.

제49조(크레딧대손등록 프로그램 구성방법) 크레딧대손등록프로그램은 대손처리될 자 의 성명 및 일자를 입력하면 크레딧관리프로그램을 구성하는 모든 관련자료에 자

동적으로 분류되어 정리되도록 구성하여야 한다.

제50조(크레딧대손처리조회 및 출력프로그램 구성방법) 크레딧대손처리조회 및 출력프로그램은 일정기간을 설정할 경우 당해기간의 크레딧대손내역이 조회 및 출력되도록 구성하여야 한다.

제51조(환전·재환전관리프로그램의 구성) 환전·재환전관리프로그램은 환전등록 프로그램, 환전내역조회 및 출력프로그램, 재환전등록프로그램, 재환전내역조회 및 출력프로그램, 환전·재환전집계표출력프로그램, 환전삭제현황출력프로 그램, 재환전삭제현황출력프로그램으로 구성하여야 한다.

제52조(환전등록프로그램 구성방법등) ①환전등록프로그램은 비밀번호, 일자, 외화종류별로 외화와 원화의 환전금액을 입력할 수 있도록 구성하여야 한다.
②환전등록프로그램에 자료를 입력하면 동자료가 가공되어 환전내역조회 및 출력, 환전·재환전집계표출력, 환전삭제현황출력프로그램의 관련자료에 자동적으로 분류되어 정리되도록 구성하여야 한다.

제53조(환전내역조회 및 출력프로그램 구성방법) 환전내역조회 및 출력프로그램은 일정기간을 설정할 경우 당해기간중의 환전내역(일자, 외화종류, 외화금액, 지급원화액)이 조회 및 출력되도록 구성하여야 한다.

제54조(재환전등록프로그램 구성방법등) ①재환전등록프로그램은 비밀번호, 일자, 외화종류별로 원화와 외화의 재환전금액을 입력할 수 있도록 구성하여야 한다.
②재환전등록프로그램에 자료를 입력하면 동자료가 가공되어 재환전내역조회및 출력, 환전·재환전집계표출력, 재환전삭제현황출력프로그램의 관련자료에 자동적으로 분류되어 정리되도록 구성하여야 한다.

제55조(재환전내역조회 및 출력프로그램 구성방법) 재환전내역조회 및 출력프로그램은 일정기간을 설정할 경우 당해기간중의 재환전내역(일자, 외화종류, 원화 금액, 지급외화액)이 조회되고 출력되도록 구성하여야 한다.

제56조(환전·재환전집계표출력프로그램 구성방법) 환전·재환전집계표출력프로그램은 특정년도를 입력할 경우 특정년도의 환전·재환전금액이 별지 제15호 서식의 월 환전·재환전집계표에 의거 월별로 표시되도록 구성하여야 한다.

제57조(환전삭제현황출력프로그램 구성방법등) ①환전삭제현황출력프로그램은 일정기

간을 설정할 경우 당해기간의 환전삭제내역이 표시되도록 구성하여야 한다.

②제1항의 환전삭제내역에는 환전일자, 외화종류, 외화금액, 지급원화액, 입력자성명, 삭제일자, 삭제자성명, 삭제이유가 표시되어야 하다.

제58조(재환전삭제현황출력프로그램 구성방법등) ①재환전삭제현황출력프로그램은 일정기간을 설정할 경우 당해기간의 재환전삭제내역이 표시되도록 구성하여야 한다.

②제1항의 재환전삭제내역에는 재환전일자, 외화종류, 외화금액, 지급원화액, 입력자성명, 삭제일자, 삭제자성명, 삭제이유가 표시되어야 한다.

제59조(콤프관리프로그램의 구성) 콤프관리프로그램은 콤프발생등록프로그램, 콤프내역조회 및 출력프로그램으로 구성하여야 한다.

제60조(콤프발생등록프로그램 구성방법등) ①콤프발생등록프로그램은 비밀번호, 일자, 고객코드 및 콤프발생 사유별로 입력할 수 있도록 구성하여야 한다.

②콤프발생등록프로그램에 자료를 입력하면 제59조의 콤프관리프로그램을 구성하는 모든 프로그램의 관련자료에 자동적으로 분류되어 정리되도록 구성하여야 한다.

제61조(콤프내역조회 및 출력프로그램 구성방법) 콤프내역조회 및 출력프로그램은 고객코드와 일정기간을 설정할 경우 당해기간중의 고객별, 월별 콤프발생사유별 소계가 조회 및 출력되도록 구성하여야 한다.

제62조(알선수수료관리프로그램의 구성) 알선수수료관리프로그램은 알선수수료발생등록프로그램, 알선수수료내역조회프로그램, 알선수수료내역출력프로그램으로 구성하여야 한다.

제63(알선수수료발생등록프로그램 구성방법등) ①알선수수료발생등록프로그램은 비밀번호, 일자, 알선업자코드, 국가별인원, 알선수수료를 입력할 수 있도록 구성하여야 한다.

②알선수수료등록프로그램에 자료를 입력하면 제62조의 알선수수료관리프로그램을 구성하는 모든 프로그램의 관련자료에 자동적으로 분류되어 정리되도록 구성하여야 한다.

제64조(알선수수료내역조회프로그램 구성방법) 알선수수료내역조회프로그램은 알선

업자코드, 특정년도와 일정기간을 설정할 경우 알선업자별알선일자, 국가별인원 및 알선수수료가 조회되도록 구성하여야 한다. 단 내국인을 대상으로한 알선업자에게 수수료를 지급할 경우에는 국가별 인원조회를 하지 아니 한다.

제65조(알선수수료내역출력프로그램 구성방법) 알선수수료내역출력프로그램은 특정 년월을 입력할 경우 알선일자, 알선업자성명, 알선업자소속회사, 알선업자주소, 국가별알선인원 및 알선수수료가 출력되도록 구성하여야 한다.

제66조(코드관리프로그램의 구성) 코드관리프로그램은 국가코드등록프로그램, 화폐코드등록프로그램, 게임테이블코드등록프로그램, 알선업자코드등록프로그램, 고객코드등록프로그램, 기타코드등록프로그램으로 구성하여야 한다.

제67조(국가코드등록프로그램 구성방법) 국가코드등록프로그램은 국가코드, 국가명을 입력할 수 있도록 구성하여야 한다.

제68조(화폐코드등록프로그램 구성방법) 화폐코드등록프로그램은 화폐코드, 화폐명, 금액단위를 입력할 수 있도록 구성하여야 한다.

제69조(게임테이블코드등록프로그램 구성방법) 게임테이블코드등록프로그램은 테이블코드, 테이블명칭, 구분(사용유무)을 입력할 수 있도록 구성하여야 한다.

제70조(알선업자코드등록프로그램 구성방법) 알선업자코드등록프로그램은 알선업자코드, 알선업자성명 · 주소 · 전화번호 · 소속회사를 입력할 수 있도록 구성하여야 한다.

제71조(고객코드등록프로그램 구성방법) 고객코드등록프로그램은 고객코드, 고객성명(한글 및 영문), 여권번호, 생년월일, 전화번호, 국적코드, 주소등이 입력되도록 구성하여야 한다.

제72조(기타코드등록프로그램 구성방법) 기타코드등록프로그램은 칩스코드등록,알선업자코드등록, 알선여행사코드등록, 콤프발생사유별코드등록 등으로 구성되어야 한다.

제73조(머신게임프로그램의 구성) 머신게임관리프로그램은 머신코드등록프로그램,머신전표관리프로그램, 머신게임 월매출액현황 조회 및 출력프로그램, 머신게임 년매출액현황 조회 및 출력프로그램, 머신전표 삭제현황출력프로그램으로 구성하

여야 한다.

제74조(머신코드등록프로그램의 구성방법) 머신코드등록프로그램은 머신번호, 회사명, 일련번호, 모델명, 승률, 코인종류 등을 입력할 수 있도록 구성하여야 한다.

제75조(머신전표관리 프로그램 구성방법등) ①머신전표관리프로그램은 비밀번호, 일자, 머신별 미터기록, 핸드페이를 입력할 수 있도록 구성하여야 하고 동 프로그램에 자료를 입력하면 동 자료가 제73조의 머신게임관리프로그램을 구성하는 모든 프로그램의 관련자료에 자동적으로 분류되어 정리되도록 구성하여야 한다.
②머신별 입력시 자동적으로 입력순번대로 일련번호가 부여되도록 구성하여야 한다. 단 실시간으로 머신과 연결되어 미터기를 읽어오는 경우에는 적용하지 아니한다.

제76조(머신게임 월 매출액현황 조회 및 출력프로그램 구성방법) 머신게임월매출액 현황조회 및 출력프로그램은 특정월을 입력할 경우 특정월의 일자별,기종별 투입금액 · 지불금액이 일자별로 조회되고 별지 제16호서식의 머신게임 월매출액 현황이 출력되도록 구성하여야 한다.

제77조(머신게임 년 매출액현황 조회 및 출력프로그램 구성방법) 머신게임년매출액 현황조회 및 출력프로그램은 특정년도를 입력할 경우 특정년도의 일자별, 기종별 투입금액 · 지불금액이 일자별로 조회되고 별지 제17호서식의 머신게임 연매출액 현황이 출력되도록 구성하여야 한다.

제5장 시스템의 가동 및 장애방지

제78조(시스템의 가동시간) 카지노사업자는 영업시간 이외에도 전산시스템을 계속 가동할 수 있다. 다만, 영업시간과 업무마감 이후에 자료를 입력, 수정, 삭제한 경우에는 5일 이내에 문화체육관광부장관에게 작업내용 등을 보고하여야 한다.

제79조(백업) ①전산실책임자는 입력된 자료 및 프로그램의 파괴에 대비하여 매일 업무마감과 동시에 백업을 실시하여야 한다.
②전산실책임자는 제1항의 규정에 의하여 백업된 자료를 다음 백업자료가 제공될 때까지 전산실내의 적당한 장소에 보관하여야 한다. 다만, 매년도별로 연도별 최종일일마감이 끝남과 동시에 모든 파일을 다음연도 백업시까지 보관하여야 한다.

제80조(장애상황처리) 주전산기 설치부서는 별지 제18호서식에 의거 전산업무장애일 지를 비치하고 장애가 발생한 경우 그 상황을 기록·유지하여야 한다.

제81조(화일의 복구) ①전산실책임자는 단말기 설치부서로부터 화일의 이상상태를 통보받거나 이상이 있을 때에는 즉시 화일의 상태를 점검하여야 한다.

②제1항의 규정에 의하여 화일을 점검한 결과 화일에 손상이 있을 경우에는 지체 없이 손상된 화일을 복구하여야 한다.

제82조(화일의 복구방법) ①전산실책임자는 화일을 복구할 때에는 백업자료를 이용 하여 화일을 손상전의 상태로 복구하여야 한다.

②전산실책임자가 화일의 복구 또는 기타사유로 24시간이상 전산업무의 가동을 중지할 필요가 있는 경우에는 카지노사업자는 이를 문화체육관광부장관에게 보고 하여야 한다.

제6장 시스템의 보안 및 안전관리

제83조(단말기조작권한부여) ①각 프로그램에 대한 단말기조작권한 및 업무 내용 기준은 별표 2와 같다.

②카지노사업자는 별표 2의 단말기조작권한 및 업무내용기준에 의거 세부업무내 용별로 단말기취급자에게 조작권한을 부여하여야 한다. 다만, 칩스뱅크관리프로 그램, 카운트룸관리프로그램 및 출납관리프로그램의 단말기 취급자는 상호 중복 하여 부여할 수 없다.

③제2항의 규정에 의하여 단말기조작권한이 부여되지 아니한 자는 단말기의 자료 를 등록, 조회, 수정, 삭제 또는 출력할 수 없으며, 단말기설치부서의 장은 이를 방지할 수 있는 보호대책을 강구하여야 한다.

제84조(단말기조작권한등록) ①단말기설치 부서의 장은 단말기조작권한을 부여한 경 우 별지 제19호서식의 단말기조작권한등록조서를 작성하여 전산실책임자에게 등 록을 요청하여야 한다.

②제1항의 규정에 의거 단말기조작권한등록요청을 받은 전산실책임자는 특별한 사유가 없는 한 이를 별지 제20호서식의 단말기조작권한등록부에 기록하고 그 결 과를 요청한 부서의 장에게 통보하여야 한다.

제85조(단말기별취급자번호부여) 카지노사업자는 단말기별 취급자번호를 부여하여 운영하여야 한다.

제86조(취급권한 고지) 각 프로그램의 취급권한이 없는 자에 대하여는 화면에 "권한 없음"의 경고문이 표시되도록 하여야 한다.

제87조(단말기취급자비밀번호) 단말기취급자는 임의로 비밀번호를 조립하여 사용할 수 있다.

제88조(비밀번호누설금지) 전산실의 비밀번호등록담당자 및 각 단말기취급자는 비밀번호를 누설하여서는 아니되며, 누설되었거나 누설될 우려가 있는 경우에 단말기취급자는 즉시 이를 변경하여야 한다.

제89조(자료의 입력) 칩스뱅크관리프로그램, 카운트룸관리프로그램, 출납관리프로그램에 대한 자료는 발생즉시 입력하여야 한다. 단 내국인출입 카지노의 경우에는 출납관리 프로그램의 자료를 일일 일괄입력 처리할 수 있다.

제90조(자료입력시기의 표시) 칩스관리프로그램, 카운트룸관리프로그램, 출납관리프로그램에 대한 자료입력시 입력날짜와 시간이 반드시 표시되도록 하여야 한다.

제91조(입력된자료의 수정금지) 칩스관리프로그램, 카운트룸관리프로그램, 출납관리프로그램, 크레딧관리프로그램, 환전·재환전관리프로그램, 머신게임전표등록프로그램에 입력된 자료는 수정할 수 없다.

제92조(자료의 삭제) 테이블별드롭액등록자료, 지불금등록자료, 크레딧상환내역등록자료 및 머신게임등록자료를 삭제하고자 할 때에는 전산실책임자와 사전 협의 하여야 한다.

제93조(당일자료의 입력) 당일 발생한 모든 전산입력자료는 일일마감 전에 입력하고 이를 집계하여 관리하여야 한다.

제94조(업무마감) 단말기조작원은 업무종료시 부서의 장에게 입력자료에 대한 이상유무 확인을 받아야 한다.

제95조(자료유출금지) 카지노사업자 및 전산업무취급자는 권한있는 기관 등에 제출하는 경우를 제외하고는 각종자료를 외부에 유출하여서는 아니된다.

제96조(보안관리) 전산실책임자는 보안관리대책을 강구하고, 연 1회 이상 전산 요원에 대한 보안교육을 실시하여야 한다.

제97조(보안사고의 조치) 주요 전산자료의 보안사고 발생시 이를 인지한 자는 사고일시, 내용 등을 지체없이 전산실책임자에게 보고하여야 한다.

제98조(시설보안) ①카지노사업자는 전산실을 통제구역으로 설정하고 외부인의 출입을 통제하여야 하며, 다음 각호에서 정하는 보호대책을 강구하여야 한다.
1. 방재대책 및 외부로부터의 위해방지대책
2. 항시 이용하는 출입문은 한 곳으로 하고 시건장치 설치
3. 보조기억장치를 보관할 수 있는 철제용기 비치
4. 자료보관장치에 대한 안전지출계획 수립
5. 전산실 관리책임자 및 자료 또는 장비별 취급자 지정운영
6. 정전에 대비하여 무정전전압기(U.P.S)를 설치
②카지노사업자는 전산실 및 자료보관실에는 출입인가자를 지정한 후 그 명부를 비치하고 비인가지의 출입을 통제하여야 한다. 다만, 비인가자가 업무상 부득이한 사유로 출입하여야 할 경우에는 사전에 전산실책임자의 승인을 득하고 담당자의 안내를 받아야 하며 비인가자의 출입시에는 출입현황기록을 유지하여야 한다.

제7장 시스템 운영

제99조(업무처리시 유의사항) 기기조작원은 업무처리시 다음 사항에 유의하여야 한다.
1. 작업순서의 준수
2. 업무내용의 누설 방지
3. 지정시간외 무단사용금지

제100조(자료확인 및 정정) ①단말기설치 부서의 장은 매일 입력사항의 오류유무를 확인하여야 한다.
②제1항의 확인결과 입력 오류사항이 발견된 경우에는 당해업무에 대한 최종결재권자 및 전산실책임자의 확인을 득한 후 자료를 정정하여야 한다.

제101조(전산화일의 보존) ①전산화일은 종합적으로 관리할 수 있도록 하여야 하며 보관방법, 보존기간, 폐기 등에 관한 사항은 카지노영업세칙을 준용하되, 화일내

용에 따라 보존기간은 별도로 정할 수 있다.

②전산실책임자는 필요하다고 판단되는 전산화일에 대하여 복사본을 작성하여 별도 보관하게 할 수 있다.

제102조(재검토기한) 「훈령·예규 등의 발령 및 관리에 관한 규정」(대통령훈령 제334호)에 따라 이 고시 발령 후의 법령이나 현실여건의 변화 등을 검토하여 이 고시의 폐지, 개정 등의 조치를 하여야 하는 기한은 2015년 8월 31일까지로 한다.

부칙

이 기준은 공포된 날부터 시행한다.

3. 카지노 용어해설

1) 일반 용어해설

- Bank : 칩스, 카드를 보관·관리하는 사무실
- Buy In : 게임을 하기 위해서 현금으로 칩스를 구매하는 것
- Cash : 현금, 지폐, 동전
- Cash Equivalente : 여행자수표, 자기앞수표, 지급보증수표, 현금등가물 등
- Cash In : 칩스를 현금으로 교환하는 것
- Casino General Manager : 카지노 운영의 최고 책임자로서 각 고용부서와 카지노 설비의 일일운영에 대한 책임자
- Casino Floor Person : Pit의 간부
- Closer : 교대시간 종료시 Gaming Table의 집기 일체를 목록화한 테이블 Inventory slip의 원본
- Complementary Services : Room Food Beverage Airfare등을 무료로 제공되는 서비스
- Credit : 고객에게 신용을 담보로 신용대출을 해주는 것, 영업 부족 칩스에 대한 보충, 영업 잉여 칩스의 정리
- Credit Line : 고객에 대한 신용대출 한도액
- Customer Deposit : 고객예치금, 게임에 사용키 위해 일정액의 현금, 현금등가물, Gaming chips Plague를 Cashiers Cage에 맡겨 두는 것
- Dead Card : 게임에서 사용된 카드
- Deal : 고객에게 직접 카드를 나누어 주는 딜러의 행위
- Drop Box : 현금과 필요한 Slip을 넣을 수 있도록 Gaming Table에 부착된 금속용기
- Fill : Chips를 Banker로부터 가져와 Gaming Table에 분배되는 Gaming Chips, coin, Plague 등을 기록하는데 사용하는 양식.
- Float : 영업자산(케이지 내의 자산, 영업장 테이블 칩스)
- Refegin chips : 타 카지노에서 발행한 Gaming Chips
- Gaming Chips, Plague and Tokens(con) : 카지노가 국제규격에 준하여 발행 한 환전매체

- High Roller : 한번에 많은 금액을 베팅하는 고객
- Incompatible Function : 회계관리 목적으로 특정인 또는 특정부서가 정상 적인 업무 수행과정에 있어 잘못이나 또는 부정행위를 저지르거나 숨길 수 없도록 하는 기능
- Inventory : 영업 칩스와 현금 재고조사
- Junket : 카지노의 방침에 의해 결정된 무료 서비스를 제공받을 수 있음
- Maximum Bet : 베팅을 최대로 할 수 있는 한도금액
- Minimum Bet : 베팅을 최소로 할 수 있는 한도금액
- Marker : 카지노의 지정약식으로 고객의 현금 및 신용대출로 칩스로 교환할 수 있게 발급을 기록하는 것, 외상매출금처리
- Shift Sheet : 매 교대시 그에 따른 각 게임들에 대한 이득, 손실 계산기록
- Opener : 각 게임테이블마다 새 교대시간, 시작시점에 있어서의 테이블집기 일체를 목로화한 테이블 Inventory
- Payout : 지급, 게임테이블이나 Slot Machine에서 고객이 Win한 금액을 지급하는 것
- Pit : 카지노가 정한 바에 따라 Gaming Table의 배열로 에워싼 카지노의 영업구역으로서 그 안에서 카지노 직원이 구역 바깥 주변의 고객과 임을 진행한다.
- Regulation : 카지노가 채택한 규칙
- Order For Fill : Fill의 준비를 승인하는데 사용되는 서식
- Order For Credit : Gaming chips, Coin, Plague 등을 Gaming Table로부터 Banker로 옮기기 위해 카지노 계장이 작성하는 Manual Crdeit System의 서식
- Returned Check : 은행으로부터 반환된 부도수표
- Security : 카지노의 고용인으로, 카지노의 보안과 경비를 담당하는 자
- Shift : Cashier Cage Shot Machine, table Game 의 감독 또는 운영하는 종업원 Group의 정규근무시간을 말하며, 다음에 이어지는 Group 또는 먼저 종업원 Group과 일정한 시각에 맞추어 교체근무한다. 이때 카지노규정에 준해 Gaming Table에 부착된 모든 Drop Box 들을 신속히 Count Room으로 옮기고, 다른 빈 Drop Box를 Game Table에 부착한다.
- Signature : 카지노의 종업원 Sign은 카지노 내규 Sustem에 의해 준비된 시간과 기록, 서류 등의 Signer는 기록된 자료의 정확성을 입증하기에 충분한 정도로 그 행위에 참여 내지 위임 또는 관찰했다는 것을 나타낸다.

- Table Game Drop : Drop Box에서 Collect한 통화 Coin의 총액. Marker check(고객예치금 인출)등 위의 행위결과를 대장에 기록된 금액의 총계
- Table Game Win or Lose : 게임에서 고객에게 Win하여 얻은 Cash Plague, Gaming chips 등의 총액에서 고객에게 Lose한 Gaming Chips plague, cash의 총액을 제한 것 Table Game의 이득, 손실은 현금의 총액과 Closer에 기록된 액수, 그리고 Drop Box에 수거한 Credit Marker check예치금 인출(CPW : Customer Deposit With-drawal)에 기록된 액수의 총합을 더하고, Opener에 기록된 액수와 Drop box에서 수거한 Fill에 기록된 액수의 총합을 빼서 결정한다.
- Table Inventory slip : Gaming Table에서 Game chip coin, Plague등의 재고를 기록하는데 사용되는 양식.
- Table Limits : 카지노의 각 Game Table에는 Player의 Wager를 최저금액과 최고금액으로 제한하는 카지노 규칙
- Vale : 외상, 외상게임, 크레디트라고 하나 통일을 하기 위해 바래라고 칭함. 포르투갈어
- Vale Slip : 차용증
- 머신게임의 수익 = 머신게임드롭 − (핸드페어잭팟 + 호퍼필 총액)
- 이론적 기대수익 = 평균베팅액 × 게임시간 × 시간당게임수 × 카지노업체 승률 × 게임숙련도
- 카지노 매출 = 칩스 판매대금 − 칩스 환전액
- 카지노 손익 = 매출 − 재경비
- 윈(Win) = 드롭(현금, 수표, 마커 등의 드롭박스 총액) − 테이블게임 칩차액 − 칩 Credit − Shift 종료시 칩총액
- 홀딩비율(%) = 매출(칩스 판매액 − 칩스 환전액) ÷ 드롭액

2) 게임별 기본용어 해설

■ Blackjack의 기본용어 해설(자료: MGM월드, 머신게임 교육자료)

- Arranging : Shuffle 되어진 카드를 정리하는(손으로 매만지는) 동작
- Bank Roll : Dealer 바로 앞에 Tray속에 보관되어 있는 카지노 Money를 말한다.
- Barber Pole : Tray속에 있는 Chips Stack 모양의 명칭

- Base(1st, 2nd, 3rd) : 테이블에서의 Player의 Betting위치를 말한다.
  - First Base — Dealer의 왼쪽으로(처음으로 카드를 받는 고객)
  - Second Base — Dealer의 중앙으로
  - Third Base — Dealer의 오른쪽으로(마지막으로 카드를 받는 고객)
- Blackjack : First Two Card가 1장이 에이스(Ace), 다른 1장은 10이 되어 합이 21이 될 때
- Burst(Break) : 카드의 숫자가 21이 넘어 갔을 때 자동으로 패하게 된다.
- Burn : Play하는 장소에서 떠난 카드(버리는 카드) 그것은 Discard Rack에 Face Down으로 보관하며, 시작할 때 한 장 또는 두장 뽑아서 버린다.
- Box : Layout 상에 Chips를 Betting하는 장소로 네모나게 그려진 것
- Card Showing : 카드의 이상유무를 손님에게 확인시키는 동작
- Cutting : Arrange된 카드를 오른손으로 잡고 Top에서부터 3~4장씩 왼손으로 뽑는 동작
- Card Counting : Hand상 Card합의 수치
- Card Divede : 각 Hand에 카드를 나누는 동작
- Capping : Placing Money 에 Pay off할 때 그 Bet의 위에다 하는 행위
- Cut Card : Shuffle이 끝난 후에 표시를 지시하는 카드(Inidicating Card) 이 카드는 Player에 의해 사용되어진다.
- Drgging : 카드를 받음과 동시에 Betting Box로부터 Money를 치우는 행위
- Drop box : 테이블 아래쪽에 걸려 있는 Box로써 기타 Slip 등을 넣는 곳
- Deck : 카드 한 몫(52장)
- Discard rack(Card Holder) : 플라스틱 박스로 이미 사용되었던 카드를 Played되어졌던 카드를 넣는 곳
- 4Suits : Black Spade, Red Diamond, Black Club Red Heart(각각 13장)
- Hand : 한 Box에서 이루어지는 한판
- Hit : 카드를 더 받을 수 있는 의사표시
- Initial card(Original card) : First Two Card
- Lammer : 숫자가 기록된 Chip로서 한 테이블에서 Taken 되는 chips를 표시하여 돈의 양을 알려주는 것이다. 중앙위
- Limit Board : 테이블상에서 Minimum과 Maximum을 표시해 주는 플라스틱 기구
- One Round : One 게임이 이루어진 상태

- Paddle : Drop Box 안으로 통화나 Slip을 밀어 넣기 위해 만든 플라스틱 장치
- Pat Hand : 처음 두 장 카드가 Higj Count로 나왔거나, 통상 Hit하지 않은 Hand(Ex. 17, 18, 19, 20)
- Past Post : 카드가 나누어진 후에 Bet된 금액에 부당하게 더 Adds시키는 것.
- Pinch : 카드가 나누어진 후에 Bet된 금액을 불법적으로 가져가는 행위
- Press : Player의 주문에 의하여 Original 금액 위에 더 Adds시키는 것
- Prove a Hand : 손님의 order한 사실을 대조, 증명하기 위하여 바로 앞전의 Hand를 복원시키는 것
- Stacking(Boxing) : 묶음으로 만드는 동작
- Shuffle : Strip된 카드를 양손으로 잡고 One By One으로 섞이도록 하는 동작
- Scratch : Hit를 요구하는 행위
- Shoe : 카드를 통에 넣고 사용할 수 있게 한 장치
- Soft Hand : Initial card에서 Ace가 11로 Count되는 Hand
- Stand(Stay) : 카드를 더 받지 않기로 결정하였을 때
- Stand off : Player와 Dealer가 똑같은 숫자를 가지어 누구도 Win하지 못할 때 (Push/Tie Hand)
- Stiff Hand : 12, 13, 14, 15 or 16
- Stripping : 카드의 묶음을 똑같은 양과 높이로 Shuffle할 수 있도록 나누는 동작
- Sweeten a Bet : 카드가 나누어지기 이전에 정당하게 금액을 Adds한 Bet
- Tode(Tips) : 감사하는 마음으로 Dealer에게 주어지는 것
- Tray(Rack) : Gaming chips를 담는 통으로 사용케 한 장치
- Washing : Showing 후에 뒷면이 보이도록 하여 카드가 섞이도록 휘젓는 동작

■ Roulette(R/W) 기본용어 해설

- Mucking : Chips를 양손으로 집어올려 손에 20개를 잡을 수 있도록(Picking)하는 동작
- Matching(Cutting) : 같은 Unit 별로 자르는 동작(3개, 4개, 5개)
- Stacking : 흐트러진 Chips를 세우는 동작
- Counting : 각 Zone Bet의 배수 수치 읽기
- Arranging : 금액 및 Setting Stack의 Color 별 정리 Pay off
- Pushing : 40, 50, 60, 70, 80, 100, 120, 140개 등의 숫자로 Chips를 Rack 에서 꺼내서 Set하여 Player에게 밀어주는 동작

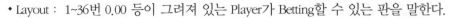

- Layout : 1~36번 0.00 등이 그려져 있는 Player가 Betting할 수 있는 판을 말한다.
- Wheel : Layout과 똑같은 번호가 있는 Ball이 돌아갈 수 있게 한 기재
- Marking : 플라스틱 또는 금속으로 된 Marker로 표시하는 동작
- Rack : Bank Roll과 Play chip를 정리해 두는 곳
- Color chips : Play 할 수 있는 Chips
- Apron : Dealer가 Chips를 Sweeping한 다음 Chipping하는 장소 또는 Helper가 있는 곳
- Drag : Pay할 때 한 Stack에서 필요하지 않는 수량의 개수를 위에서 빌어서 떼어놓는 동작
- Tidy Bet : 어수선하다고 느껴져 Dealer가 인위적으로 단정하게 만든 것
- Obscut Bet : 분명치 않게 놓여진 Bet
- Push off Bet : Ball이 떨어진 상황에서 Bet를 하거나 아직 Pay가 끝나지 않아 Marker를 Take off 하지 않은 상황에서 Bet

■ Baccarat의 기본용어 해설

- Baccarat : Card 3장의 합이 Zero("0")를 뜻함
- Scoop : 손이 미치는 곳보다 먼곳에 카드를 보내거나 회수를 하는데 사용하는 용구
- Scooper : Scoop를 사용하여 Dealing하는 사람
- Pay-Man : Money 및 Chips를 다루는 사람
- Sgueeze : 카드를 open하는 행위(손님)
- Discard Cylinder : 한 게임이 끝난 후 게임에 사용된 카드를 넣는 통
- Natural : 두 Hand 중 어느 한쪽이 8 또는 9일 경우
- Mark : Player와 Banker의 Hand 위치 및 액수가 많은 손님 앞에 놓여져서 카드를 Sgueeze할 수 있는 권한을 부여하는 기구

■ 머신게임 기본용어 해설(자료: MGM월드, 머신게임교육자료)

- Attract Mode(어트렉트 모드 : 고객 유인 메시지 설정) : 기기가 비게임 중에 있을 때, 고객을 끌어들이기 위한 시각적 혹은 청각적(음악) 옵션
- Bank : 고객으로 하여금 잔돈을 거슬르고, 잭팟을 지급받게 해주는 특정 구역 내의 현금 총액

- Belly Glass : 문의 하단부에 위치한 글라스로 화폐단위나 시상표 혹은 게임테마 관련 그래픽을 보여준다.
- Bet One : 1회 누를 때마다 하나의 크레디트가 베팅되게 해주는 스위치
- Bill Acceptor or Bill Validator : 옵션 사양으로 종이 지폐를 받아들이고, 검색하여 줌
- Bonus Pay : 매스 코인으로 베팅이 이루어졌을 때, 최고 시상에 대한 증가된 페이(지급)
- Cabinet : 금속 부분을 둘러싸고 있는 목재로 라미네이팅된 외관
- Candle or Tower Light : 기기의 상단에 장착이 되어 있는 다층으로 이루어진 조명등, 각각의 컬러는 화폐단위를 지칭하여 주며, 반짝거리는 패턴의 종류에 따라 기기의 동작, 잭팟, 혹은 관리자(어텐던트) 호출이 표시가 된다.
- Cash Out : 기기상의 크레디트를 현금화시켜 주며, Cash Out 버튼은 이 기능을 수행해 준다.
- Coin Accptor : 코인 혹은 토큰을 받아들이는 기기안의 기계적 부속장치
- Coin Comparator : 코인을 받아들이고 판별하는 전자 코인 접수기 메커니즘
- Coin Tray : 코인이 나오는 기기부의 강철 트레이
- Coin-In : 베팅되는 코인. 코인—인 어셈블리는 기기의 코인을 받아들이고, 확인하고, 계수하며, 미터기안의 코인은 총 투입수를 축적한다.
- Coin-Out : 시상되고, 지급되는 코인 혹은 크레디트의 수, 코인—아웃 미터기는 총 코인—아웃 수를 축적한다.
- Commnication System : 기기와 컨트롤 장비를 중앙 컴퓨터에 연결하여, 중요한 회계관련 장비와 기타 관리상에 필요한 테이터를 획득하게끔 해주는 시스템 구성
- Credit Limit : 기기가 호퍼—페이, 핸드—페이, 혹은 캐쉬—아웃 상황을 유발하게끔 해주기 전까지 축적하게 될 최대의 크레디트 수
- Credit Play : 호퍼로부터 지급이 일어나는 것이 아니라, 모든 시상이 크레디트 이스플레이에 축적이 되게끔 해줌
- Cycle : 기기에서 가능한 총조합의 수, 혹은 포카기기에서 가능한 총 카드 조합의 수
- Denomination : 코인 혹은 토큰의 특정 지정된 액면단위
- Divorter : 코인을 호퍼나 드럽 박스로 이동시키는 코인—인 어셈블리의 한 부분
- Drop : 드럽 박스안의 코인들

- Drop Box : 호퍼가 가득 채워졌을 때, 코인을 담는 캐비닛 하단의 컨테이너
- EPROM : 소거 가능, 프로그램 가능한 판독 전용 메모리. 필요에 따라 재프로그래밍이 가능한 전자장비, 기기의 플레이를 결정하게 되는 프로그램 정보를 저장함
- Escalator : 슬랜트 탑과 바-탑의 경우에 있어 호퍼로부터 상단의 트레이로 코인을 이동시켜 주는 호퍼의 일부분
- Fearture Glass : 기기의 상단부에 일반적으로 위치해 있는 글라스. 시상표, 게임의 특징 즉 멀티플래이어, 라인게임, 혹은 옵션 게임인지 표시해 주는 글라스
- Fill : 호퍼가 비었을 때, 기기의 호퍼 안에 채우는 코인의 가치
- Gross handle : 저수된 총 배팅수
- Hand Pay : 기기의 의해 지급이 되는 것이 아니라 관리자에 의해 지급이 되는 방식. 시상이 크거나 기기의 오작동시 이것이 유발이 됨
- Hard Drop : 드롭 바케츠 안의 총 코인수
- Hard Meters : 스롯과 비디오 게임기 위의 전자-메카니컬 미터기 위에 디스플레이되는 내부 회계시스템
- Hit Frequency : 시상과 관련된 플레이의 이론적 확률
- Hold Percentage : 기기의 의해 보유되리라 여겨지는 베팅된 코인의 퍼센티지
- Hold Percentage : 기기의 의해 보유되리라 여겨지는 베팅된 코인의 퍼센티지
- Hopper : 코인 혹은 토큰을 접수하고 지급해 주는 기기안의 어셈블리
- Kobetron : EPROM 데이터를 테스트해 주고, 각각의 EPROM에 대해 고유의 확인 코드를 만드는데 사용이 되는 이동식 장비
- Jackpot : 최고 시상액, 프로그래시브가 될 수도 있고, 기타 지정된 자동차나 집이 될 수도 있음
- LED : 디지털 디스플레이, 인디게이터로써 사용, 발광 다이오드(Light emitting diode)
- Link : 프로그래시브 미터기에 연결된 두 개 이상의 기기
- Lockup : 승수조합의 단계로써 기기로 하여금 잠금단계에 들어가게끔 해주며, 이 단계는 관리자에 의해 지불이 되는 승수단계를 요구케 한다.
- Max Coin or Max Bet : 싱글 글페이에 대해 게임이 접수하게 될 최고 코인 혹은 크레디트 수
- Monitor : 게임 프로그램을 디스플레이해 주는 모니터

- Multi Line Progressive : 두 개, 세 개 혹은 그 이상으로 증가되는 프로그래시브 총수. 페이 레벨과 디스플레이는 기기의 프로그램 기능에 제한이 됨
- Multiple Line Games : 플레이되는 코인의 수에 의해 증가되는 가능한 승수의 추가 라인
- Multipller Game : 플레이되는 코인의 수에 의해 배가되는 승수 총액(2, 3, 4, 5 등)
- Optimum Player Retuml : 최고의 전략으로 게임을 운영하는 고객에 의해 플레이되는 포카게임에서의 이론적 배상 확률
- PAR : 이론적 확률과 100% 간의 차이
- Paytable Glass : 기기의 시상표를 보여주는 상단 혹은 하단 글라스
- Payback Percentage : 기기의 플레이 사이클 중에 고객에 의해 승수가 이루어질 코인의 이론적 퍼센터지.
- Player Tracking : 특정 고객이 얼마나 많은 게임을 하였는지를 카지노 측에서 추적하게끔 해주는 시스템으로 일반적으로 마그네틱 카드에 의해 고객은 확인이 된다.
- Probability : 특정 이벤트의 발생 가능성을 표시해 주는 수
- Progressive : 각각의 베팅의 일정분을 적립하여 최고 시상에 대해 지급을 해주는 시스템
- Progressive Meter : 최고 금액을 표시해 주는 프로그래시브 기기에 연결이 된 디스플레이 미터기
- Random Number Generator : 수의 비-일련적 흐름을 만들어내는 소프트웨어 혹은 하드웨어로, 이 수는 동일한 발생 가능성을 가진다. 이 수는 게임의 최종 결과를 결정하는데 사용이 됨
- Reel Strips(tapes) : 심벌을 표시해주는 기기상의 스티립(플라스틱 조각)
- Reset Switch : 옵션 선택 프로그래밍, 통계상의 데이터 모드로의 진입, 잭팟 후의 내부의 프로그래시브 파라미터의 리셋을 위한 스위치
- Safe RAM : 상시 판독이 가능하나, 새 정보의 입력시 특별한 기능을 요하는 게임 메모리의 일부
- Salnt Top : 탑의 모양이 기울어진 형태의 착석형 기기
- Slot Management System : 마켓팅상의 결정을 지원키 위한 회계와 기타 관련 정보의 수집
- Soft Drop : 지폐 드롭 안의 지폐의 총수

- Slot Club : 최고의 플레이어에게 시상을 해주는 멤버십 클럽
- Stand : 일반형 슬롯기가 위에 장착이 되고, 그 안에 드럽 박스를 가지고 있는 목제형, 혹은 금속형 케이스
- Stepper Meter : 릴을 사전에 결정된 무작위 위치로 이동시켜 주는데 사용이 되는 장비. 스텝퍼 모터는 게임 소프트웨어로 하여금 릴이 어디에 있는지를 알 수 있게끔 해준다.
- Stepper Meter : 릴을 사전에 결정된 무작위 위치로 이동시켜 주는데 사용이 되는 장비. 스텝퍼 모터는 게임 소프트웨어로 하여금 릴이 어디에 있는지를 알 수 있게끔 해준다.
- Top Box : 일반적으로 형광등 어셈블리, 디스플레이 글라스, 슬롯 트래킹 시스템과 기타 다양한 옵션 상의 어셈블리를 담고 있는 기기의 상단부의 밀폐된 지역
- Total In : 코인/토큰 그리고 크레디트의 형태로 총 유용한 베팅의 기록
- Total Out : 호퍼에 의해 지급되는 코인 혹은 토큰의 총수와 베팅되는 총 크레디트의 기록
- Tower : 기기의 상단부에 장착이 되는 두 개 혹은 그 이상이 레벨로 이루어진 라이트, 색깔은 기기의 액면단위를 표시해줌(Candle 참조)
- Volatile Machine : 홀드 퍼센티지를 유지하기 위해 더 많은 수의 코인-인을 필요로 하는 대량의 잭팟을 자주 유발시켜 주는 기기
- Volatility : 변경 가능성, 즉 갑작스러운 변화가 일어날 수 있는 가능성
- Zero RAM(zero clear) : Safe RAM 클리어에 대한 일종의 슬랭, 게임 소프트웨어는 바테리 지원의 메모리의 일부를 소거한다.

■ **게이밍 회계 관련 용어해설**(자료: 고택운 외 카지노경제학, pp.266~268)

- 캐시(Cash): 현금(지폐 또는 동전)
- 현금등가물(Cash Equivalents): 여행자수표, 자기앞수표, 또는 카지노가 승인한 법적 등가물
- 클로저(Closer): 시프트(Shift) 종료시 게이밍 테이블의 칩스트레이에 있는 모든 칩스의 액면가 총액
- 컴플리먼터리 서비스(Complementary Service): 카지노의 무료 서비스로 객실, 식음료, 여행 및 기타 무료로 제공되는 서비스와 품목 또는 카지노가 제삼자에게 지급하는 서비스를 말한다.

- 마커(Marker): 카지노가 발행한 일정한 양식에 고객의 가입과 서명함으로써 뱅크(bank)인출이 가능한 환전 증서
- 커스터머데포짓(Customer Deposit): 고객예치금 즉 게임에 참여하기 위해 일정액의 현금, 현금등가물, 게이밍칩스 또는 플라크를 케이지(cage)에 보관하는 것을 말한다.
- 드롭박스(Drop Box): 현금과 슬립전표를 넣도록 게이밍테이블에 부착된 철제용기
- 필(Fill): 칩스뱅크로부터 가져와 게임테이블에 분배되는 게이밍칩스, 코인, 플라크 등을 기록하는데 사용되는 양식으로 이는 분배절차를 뜻하기도 한다.
- 퍼린칩스(Foreign Chips): 타 카지노에서 사용하는 머니칩, 고객이 교환을 원하면 정해진 액수까지 같은 액면가의 하우스머니칩으로 교환해주고 받은 칩을 드롭박스에 투입한다.
- 게이밍칩스, 플라크, 토큰(Gaming chips/Plaques/Tokens): 카지노가 국제규격에 준하여 발행한 통화 즉 현금환전매체를 말한다.
- 인컴페티블 펑션(Incompatible Function): 회계관리의 목적으로 특정인 또는 특정부서가 정상적인 업무과정에 있어 잘못이나 부정행위를 저지르거나 숨길 수 없도록 견제하는 기능을 말하며, 이에 특정한 부서는 겸직할 수 없도록 지정한다(예: 캐시뱅크와 칩스뱅크).
- 정킷(Junket): 게임을 목적으로 방문하는 단체관광객을 말하며, 이는 사전에 카지노와 조건협의로 고객을 위한 접대, 숙박, 음식, 교통편의 등을 제공할 수 있다.
- 시프트시트(Shift Sheet): 매 시프트 교대시 그에 따른 각각의 게임들에 대한 win/lose의 계산기록이다.
- 오프너(Opener): 각 게이밍 테이블마다, 교대시간 시작시점에 테이블칩스 총 금액을 기록한 3장의 인벤토리 중 1장의 사본
- 페이아웃(Payout): 지급을 말하며, 테이블게임 및 슬롯머신에서 고객이 이긴 금액을 지급하는 것을 말한다.
- 피트(Pit): 카지노가 정한 구역에 게이밍테이블의 배열로 에워싼 카지노의 영업구역으로 그 안에서는 카지노 직원이, 구역 바깥에서는 고객에게 게임을 진행하게 된다.
- 오더 포 필(Order for fill): 필(fill)의 준비를 승인하는데 사용되는 서식(필신청서)
- 오더 포 크레딧(Order for credit): 게이밍 칩·코인·플라커 등을 게임테이블로부터 캐셔케이지로 옮기기 위한 크레딧 슬립(slip)을 피트관리자가 작성하는 매

뉴얼 크레딧 시스템의 서식(크레딧 신청서)

- 필/크레딧(Fill/Credit): 피트매니저의 결정에 따른 신청결과로 칩뱅크에서 발생되는 양식을 수반하여 게임테이블에서 케이지로 또는 케이지에서 게임테이블로 옮기기 위한 파일시스템의 일환으로 사용된다.
- 리턴드체크(Returned Check): 은행으로부터 반환된 부도수표
- 시큐리티(Security): 카지노가 고용한 카지노지역의 보안 및 경비를 담당하는 보위업무담당자
- 시프트(Shift): 케이지캐셔, 슬롯머신, 테이블게임의 진행을 감독·운영하는 종업원(staff)들과 이전의 종업원들과 일정한 시각에 정규적으로 교체근무하는 시기로, 이 때 카지노의 규정에 준해 게이밍테이블에 부착된 모든 드롭박스들은 카운트룸으로 운반하고 다른 빈 드롭박스를 게이밍테이블에 부착한다.
- 시그내처(Signature): 사이너(siner)의 이니셜(initial)과 라스트 네임이 기본적으로 기록되어야 한다(카지노에 등록된 서명).
- 테이블게임드롭(Table Game Drop): 드롭박스에서 수거한 통화·코인의 총액과 마커체크, 커스터머디포지트위드럴(고객예치금 인출)의 결과를 대장에 기록한 금액의 총계를 말한다.
- 테이블게임 윈/로스(Table Game Win/Loss): 게임에서 고객에게 이겨 얻은 캐시, 플라크, 게이밍칩의 총액에서 고객에게 잃은 게이밍칩, 플라크, 캐시의 총액을 공제한 것이다. 테이블게임의 득·손실은 캐시의 총액과 클로즈에 기록된 금액 그리고 드롭박스에서 수거한 크레딧, 마커체크, CDW에 기록된 액수의 총합을 더하고, 오프너에 기록된 액수와 드롭박스에서 수거한 필에 기록된 액수의 총합을 뺌으로써 결정된다.
- 테이블인벤토리슬립(Table Inventory Slip): 게이밍테이블에서 게이밍칩, 코인플라크 등의 재고를 기록하는데 사용하는 양식 또는 서식을 말한다.
- 핸들(Handle): 게이밍에 건 금액(Wagered)의 합계(gross amount)를 말한다. 게이밍과 관련하여 카지노 회계에서 사용하는 핸들의 동의어는 게임에 진 금액전체(gross wagering), 총배팅금액(gross amount bet), 총거래액(money staked) 등이 있다.
- 드롭(Drop): 게임자의 게임자금(bankroll)으로 카지노 회계에서는 수입항목으로 계정하며, 드롭은 현금을 칩스로 교환한 것 또는 카지노를 상대로 게임에 건 현금금액 및 현금등가물을 의미한다.
- 드롭(Drop)과 핸들(Handle)의 차이점

- 드롭은 게임자의 최초게임자금 그 자체이고, 핸들은 게임에 베팅하였던 금액의 총합계로서, 예를 들면 한 개의 칩(chip)이 게임에 사용되어 그 칩이 이기거나 지게 될 때까지 여러 번에 걸쳐 베팅이 이루어진다. 이런 경우 각각의 베팅금액 은 누적해서 핸들금액으로 계산되는 반면, 최초의 드롭금액은 그대로 변하지 않는다.

- 총겜블링수입(Gross Gambling Revenue): 핸들에서 게임자에게 돌아간 지급금 또는 시상금을 공제한 금액의 합계를 말한다. 동의어로는 윈(win)금액, 테이크 아웃(take out), 보유금(retention) 및 순수입(net receipts) 등이 있다. 운영자의 회 계관리측면에서 볼 때, GGR은 게임자로부터 집합적으로 돈을 인출한 것으로 상업적 게임의 운영자에게 양도된 것이다. GGR은 겜블링산업의 원천(源泉)이 자 정부의 과세표준이 된다.

- 테이크아웃비율(Take-out Percentage): 핸들 대비 승률 및 겜블링 수입비율을 말 한다. 머신게임은 회계상 테이크아웃 비율이 정확한 편으로 알려져 있다. 그러 나 테이블게임에선 핸들이 아닌 드롭을 대비하여 승률을 계산한다.

- 홀드비율(Hold Percentage): 테이블게임에서 홀드비율은 드롭대비 승률(rations of win)을 나타낸다. 테이블게임은 드롭대비 12%~20%이며, 초기의 아트란틱시 티(Atlantic City)의 경우 또는 최근 폭스우드(Foxwoods)와 같이 독점시장에서는 비율의 범위가 25%까지 나타내고 있다.

- 핸들, 드롭 및 윈의 액션(Handle, Drop and Win in Action): 게임자 1명이 100달러 로 1달러짜리 칩수를 100개 구입하여 1%의 카지노 어드벤티지(기대값)를 가지 고 테이블게임에서 한 번에 한 개씩 베팅하는 기능을 가정한다면, 어떤 배팅은 이기고, 어떤 베팅은 지기도 한다. 100달러라는 드롭자산의 전액을 잃기 위해서 는 수학적 통계로는 통상적으로 핸들금액이 10,000달러가 되도록 게임을 해야 한다. 그렇지만 평균적으로 게임자들은 이 포인트까지 게임을 유지하려 하지 않는다. 앞서 언급한 바와 같이 테이블게임은 통상적으로 드롭(drop) 또는 게임 자의 자금(player's bankroll)의 12%에서 20%의 승률을 가지고 있으며, 이는 100 달러의 최초 드롭에서 카지노 수입이 12달러에서 20달러 사이가 된다는 뜻이다.

▌ 참고문헌

강만호, 카지노경영론, 백산출판사, 2010.

고택운 외, 카지노경제학, 백산출판사, 2014.

고택운, 최신 카지노산업관리론, 백산출판사, 2011.

고택운 외, 카지노게임의 실무이론, 백산출판사, 2009.

김성혁, 관광마케팅의 이해, 백산출판사, 2011.

사행산업통합감독위원회, 사행산업백서, 국무총리실, 2009, 2013, 2016.

육풍림 외 카지노마케팅실무론, 백산출판사, 2010.

조진호 외, 관광법규론(개정10판), 현학사, 2017.

최태광, 관광마케팅, 백산출판사, 2011.

Bill Friedman, Casino Management, Lyle Stuart Inc., 1984.

Bertha Davis, Gambling in America : A Growth Industry, An Inpact Books NY. 1992.

Chuck Y. Gee, Resort Development and Management, 2nd edition(East Lansing, Mich : The Educational Institute of the American Hotel & Mote Association, 1988).

Donald P. Crane, Personnel : The Management of Human Resoruces 2nd. ed., Wadsworth Publishing Co. Inc, 1979.

E. H. Schein & Warren G. Bennis, Personal Organzational Charge through Group Methods, John Wiley & Sons Inc, 1965.

E. Malclm Greenlees, Casino Accounting and Financial Management, University of Nevada Press Reno and Las Vegas, 1984.

Harry Chafetz, Play the Devil, A History of Gambling in the United States, 1592 to 1955. New York : Clarkson No Porter, Inc., 1960.

Jerry L. Patterson, Casino Gambling, First Perigree Printing 1882.

John C. Deane, Financing the Casino Gaming Industry. Thesis for Stonier Graduate School of Banking, American Bankers Association, Rutgers University, June 1978.

John R. Mills, Innovations in the Gaming Industry : The Case of Megabucks', Nevada Review of Business and Economics 10/3(Full 1986).

Koji Mitani & Hidekazu Kawarai, Yoi Kiku Ga Dekiru Jiten, Nippon Jistugyo Publishing co. Ltd.

Leonard L. Berry, Service Marketing is Different, Business Magazine, 1980.

Marty Wolf Game Company, Offical Casino Party Manual.

Nevada. Nevada Revised Statutes. Chapter 463, Licensing and Control of Gaming. Carson City, Nev.

_____, Regulation of the Nevada Gaming Commission and State Gaming Control Board. Carson City, Nev.

Nevada Gaming Commission and State Gaming Control Board, Gaming, Nevada Style, Carson City, New, April 1984.

Report on New Jersey Gaming Controls., Carson city, Nev. New Jersey, Casino control Act(P. L. 1977, C. 110).

New Jersey. Gaming Regulations Section 19 : 45.

Nick Gullo 7 Dave Verbon, Casino Marketing : A Professional Approach, GBC Press, 1982.

Nicholas Jr. Casiello, and Harry Levin. The Last Word on : The Casino Reinvestment Avt. Gaming Business 5/5(May 1985).

Ralph Peal, Las Vegas is My Beat, Lyle Stuart, Inc. secaus N. J. 1973.

Sheila Caudle, Turn of the Cards. Nevada Magazine 41/2(March/April 1981).

Stuart E. Curtis, The History of Going Public in Nevada, Gaming Business 4/2(February 1983).

University of Nevada, Las Vegas. College of Hotel Administration and Department of Mathematics. Casino Card Shuffling Report. 1975.

U. S. Government Printing Office. Gambling in America. Final Report of Commission on the Review of the National Policy Toward Gambling. Washington, D. C., 1976.

Washoe County Library. Gambling Bibiography, Chapter 7, Industry. Reno, Nev. undated.

William R. Eadington, Gambling Research. Volum 2, College of Business Administration, University of Nevada Reno.

The Evolution of Corporate Gambling in Nevada. Nevada Review of Business and Economics(Spring 1982).

Economic Trends in Nevada's Casino Gaming Industry. National Tax Association Proceedings, 1978.

저자약력

오수철
前 (주)제주국제컨벤션센터 근무

서정모
제주한라대학교 외식경영학과 교수

김영표
가톨릭관동대학교 관광경영학과 교수

허광무
NCS 카지노운영관리 집필위원

저자와의
합의하에
인지첩부
생략

카지노경영론

2015년 8월 15일 초 판 1쇄 발행
2018년 3월 10일 제2판 1쇄 발행

지은이 오수철 · 서정모 · 김영표 · 허광무
펴낸이 진욱상
펴낸곳 백산출판사
교 정 편집부
본문디자인 오행복
표지디자인 오정은

등 록 1974년 1월 9일 제406-1974-000001호
주 소 경기도 파주시 회동길 370(백산빌딩 3층)
전 화 02-914-1621(代)
팩 스 031-955-9911
이메일 edit@ibaeksan.kr
홈페이지 www.ibaeksan.kr

ISBN 979-11-5763-470-5
값 19,000원